KB131686

악마와의 수다

AKUMA TONO OSHABERI

by Mitsurou SATOU

Copyright ⓒ 2017 by Mitsurou SATOU

Korean translation rights ⓒ 2018 by Gimm-Young Publishers, Inc.

All rights reserved.

Original Japanese edition published by Sunmark Publishing, Inc.

Korean translation rights arranged with Sunmark Publishing, Inc. through JM Contents Agency Co.

악마와의 수다

1판 1쇄 발행 2018. 12. 7.
1판 2쇄 발행 2019. 1. 26.

지은이 사토 미쓰로
옮긴이 양억관

발행인 고세규
편집 고정용 | 디자인 지은혜
발행처 김영사
등록 1979년 5월 17일 (제406-2003-036호)
주소 경기도 파주시 문발로 197(문발동) 우편번호 10881
전화 마케팅부 031)955-3100, 편집부 031)955-3200 | 팩스 031)955-3111

값은 뒤표지에 있습니다. ISBN 978-89-349-8420-7 03190

홈페이지 www.gimmyoung.com   블로그 blog.naver.com/gybook
페이스북 facebook.com/gybooks   이메일 bestbook@gimmyoung.com

좋은 독자가 좋은 책을 만듭니다.
김영사는 독자 여러분의 의견에 항상 귀 기울이고 있습니다.

이 도서의 국립중앙도서관 출판시도서목록(CIP)은 서지정보유통지원시스템 홈페이지
(http://seoji.nl.go.kr)와 국가자료공동목록시스템(http://www.nl.go.kr/kolisnet)에서
이용하실 수 있습니다.(CIP제어번호 : CIP2018035618)

악마와의 수다

사토 미쓰로 | 양억관 옮김

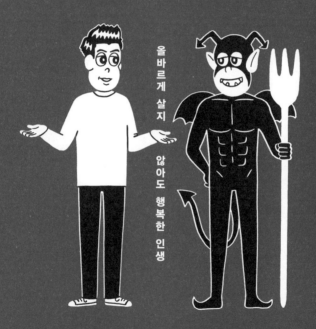

올바르게 살지 않아도 행복한 인생

김영사

이해할 수 있는 충고 따위 애당초 들을 필요도 없어

'여친 있었으면'
'부자였으면'
'놀고먹으며 살 수 있었으면'

누구든 생각할 것이다
이러한 바람을
누구나 똑같이 끌어안고
누구나 똑같이
이루지 못하고 있다.

대학 4학년생인 그에게
아주 특별한 일이 일어난 것은
쌓인 눈을 뚫고 새싹이 얼굴을 내밀기 시작한
5월 삿포로의 거리에서였다.

응, 그러니까 암흑에너지를 마스터하면, 어떤 소원도 1초에 이루어질 수...... 진짜???

여기요. 이 책 얼마죠?

어머, 이렇게 낡은 책도 있었다니. 그럼...... 공짜로 주지 뭐.

읽어보고 괜찮으면 돌려줘. 다른 사람도 보게 하는 것이 헌책방의 역할이니까.

까악 까악

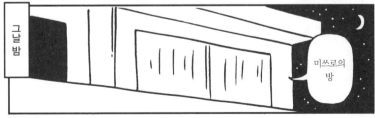

그날 밤

미쓰로의 방

뭐야 이거?
인형이 말을
다 하네!!
최신식
장난감인가?

장난감 아냐!
네가 불러냈잖아.
14년 전 이맘때.

엉?
무슨
말이야?

대학생 때 그랬잖아.
여친 있었으면,
부자였으면, 평생 놀고
먹을 수 있었으면.
그리고 단 1초에 그걸
이루어줄 마법의 책을
읽고서는,
'나왓!' 하고 외쳤잖아.

어라, 이미 여친을 건너뛰고 아내도
있고 아이가 둘이나 돼. 게다가
대학생 때보다 돈도 있고,
회사 그만두고 자유롭게 사니까,
일 안 하고 사는 꿈도 이루었다니까.

쬐끄맣네~

그리고
무엇보다……

뭔데?

그 책,
'1초에 이루어진다'가
요점이잖아?

그런데 14년 후에
'이루어주러 왔다♪'라고
아무렇지도 않은
얼굴로 말해?
'1초'는 어디 갔어!

그저 그런 책도
2, 3년이면 이루어준다고.
난 이미 내 힘으로
다 이루었단 말이야!

아냐, 타이밍이 딱 맞아.
오늘부터 너를 '악'의
하수인으로 삼도록 하지.
기다리게 해서 미안해.

허참,
누가
기다렸대고
그래!

완전 잊었어.
아니, 생각도
안 나! 악의
하수인이라니,
절대로
안 할 거예요!!

왜 악을 싫어하지? 너희 인간들은
진짜 나쁜 짓을 하고 싶어 하잖아.
그 증거로, 유명인이 불륜을
저지르면 모든 수단을 동원해서
물어뜯지. 자기가 하고 싶지만
참았던 걸 아무렇지도 않게
해버리는 놈이 부러워서
물어뜯는 거야.

불륜현장 특종

부러워서가 아니라
도덕적으로
나쁘니까,
비판하는
것뿐이라구요!!

도덕

도덕?? 그런 수상쩍은 종교 믿어서 뭐 좋은 일이라도 있었어? 부모, 학교, 선생 말을 잘 들어서 행복해진 놈 하나라도 있으면 어디 이름을 대 봐.

음……. 너무 어렵네요. 다들 참으면서 열심히 하고 있지만, 행복하게는 보이지 않아.

이유는 간단해.

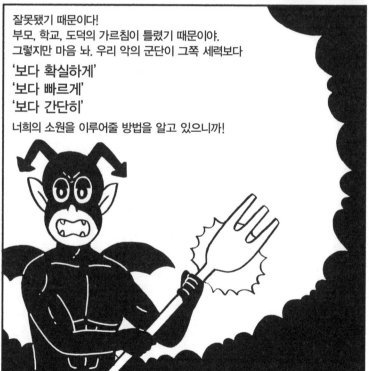

잘못됐기 때문이다!
부모, 학교, 도덕의 가르침이 틀렸기 때문이야.
그렇지만 마음 놔. 우리 악의 군단이 그쪽 세력보다
'보다 확실하게'
'보다 빠르게'
'보다 간단히'
너희의 소원을 이루어줄 방법을 알고 있으니까!

이렇게 하여 이 세상의
'그렇고 그런 가르침'이나 '도덕적인 성공법칙'에
질려버린 주인공 청년은
속절없이 악의 유혹에 빠지고 말았다.

다만 그가 올라탄 배의 저편에는
지옥이 아니라 천국이 있었다는 것을
첫머리에 당신에게 전해두고 싶다.

1

올바름을 의심하라!

올바름을 의심하라!

당신의 고통은 모두 '올바름' 탓

미쓰로 "악의 하수인이 되라"라니.

애당초 이런 말을 아무렇지도 않게 해대는 당신은 누구입니까?

악마 아무것도 아닌 존재라고나 할까. 짐은 에너지다. 정확히 말하자면 '에너지의 한 자락'이라고 해야겠지.

미쓰로 짐? 방금 '짐'이라고 했나요?

에너지니 뭐니(사실은 그쪽이 중요하겠지만) 그냥 한 방에다 날려버리는 이 '짐'의 황당함!!

악마 짐은 자부심이 있다네. 자신의 존재 속에서 완전히 만족하고 있어. 따라서 스스로를 비하하는 말은 쓰지

않아. 너희가 사용하는 '저'라는 말을 사전에서 찾아
보면 돼.

미쓰로 사전? 여기서 왜 사전이 나옵니까?

악마 그게 뭐 잘못됐어?

미쓰로 '짐'에다가 '사전'까지!! 완전 나폴레옹이잖아.
'짐의 사전에 신이란 말은 없다'라는 식으로.

악마 거참 말 많은 놈이네. 잘 들어. '저'라는 말은 낮다는
뜻이야. 요컨대 '저'란 놈은 종이란 뜻이지.
짐은 누구도 모시지 않아. 모든 것의 주인이니까.

미쓰로 그건 그렇다 치고. 당신을 '에너지의 한 자락'이라고
부르는 건 좀 긴 것 같기도 하고…….

악마 그렇다면 '각하'라고 부르면 되지.

미쓰로 각하? 지금 자신을 각하라고 했나요? 잠깐, 그건 좀
무리 같네요. 저도 신념이란 게 있으니까요.

악마 뭐? 무슨 신념?

미쓰로 나는 데몬 각하(일본의 메탈밴드 '세기말'의 리더 - 옮긴이)
말고는 각하라 부르고 싶지 않아요.

악마 도무지 남의 말을 알아듣지 못하는 녀석이구만. 이걸
그냥 밀랍인형으로 만들어버릴까!

미쓰로 와아! 정말 기세 하나는 끝내주시네요!! 데몬 각하의
십팔 번 대사를 그냥 읊어버리다니. 그럼 내친김에

나이는 10만은 떼버리고 54세로 해주세요.

악마 까불지 마, 없애버릴 거야!

미쓰로 협박이 너무 무섭네요, 각하. 이렇게 작고 귀여운 분이 "없애버릴 거야!"라니요.

악마 작다고 약하다는 법은 없어. 선하니까 좋다는 법도 없고, 악하니까 나쁘다는 법은 없는 거지.

미쓰로 아니지요. '악'은 나쁘지요.

악마 나쁘다고 생각하니까 나쁘게 보일 뿐이야. 악이라도 좋은 방향으로 이용하면 되는 거지. 그러면 너한테 '나쁜 것'은 '좋은 것'이 돼. 애당초 부모나 선생이 말하는 선행을 계속해서 행복해진 놈 있어?
이렇게나 많은 '올바른 가르침'이 세상에 넘쳐나는데 거리에는 오늘도 불만이 가득할 뿐이야. 올바름으로는 세상을 구원하지 못했다는 가장 확실한 증거라고 할 수 있지. **오히려 올바름이야말로 세계를 망치고 있어.**

미쓰로 허참 어이가 없네. 올바름이 세상을 망친다고?

악마 그럼. 너희 인간을 고통스럽게 하는 건 '올바름'이란 놈이야. 이를테면 어떤 소년이 몽태치기를 했다고 하자. 그 애는 집에 돌아가서 죄책감에 시달리게 돼. 왜 그럴까?

미쓰로 유혹을 이기지 못하고 나쁜 짓을 해버렸으니까요.

그 애는 수행이 부족했어요.

악마 아니야. 그가 '몽태치기를 했다'라는 죄책감에 시달리는 이유는 '몽태치기는 나쁜 짓이다'라고 누군가가 가르쳤기 때문이다. **고뇌가 일어나는 이유는 '올바른 가르침' 때문이야.**

미쓰로 엉?

악마 고양이는 어물전에서 물고기를 훔쳐 먹고도 죄책감을 느끼지 않아. 그건 도둑질이 나쁜 것이라고 아무도 가르치지 않았기 때문이야. 알겠어?
먼저 올바름을 배웠다. 그래서 가슴에 품은 그 올바름 때문에 너희 인간은 고통받는 거야.
'악마의 유혹이 인간을 고통스럽게 한다'라고 배웠을 테지만, 그건 완전 아니지. 너희 인간을 고통스럽게 만드는 것은 '올바른 가르침'을 널리 퍼뜨리는 작자들이다.
부모! 선생! 지도자!
지금도 그 올바름이 인간을 고통스럽게 만들고 있으니까 말야.

미쓰로 말도 안 돼. '올바름'이야말로 인간을 고통스럽게 만드는 원흉이라고 말하는 건가요?

악마 그렇고 말고. 그러기에 죄의식을 지우는 방법도 간단해. **의심하면 그만이야.**

죄를 지은 자신을 책망하기 전에 자신이 품고 있는 올바름을 먼저 의심해보는 것이다.

미쓰로 **'자신을 책망할 시간이 있다면 올바름을 의심하라!'**

각하, 이건 명언이네요!

'고뇌하지 말라, 생각하라!'라고 말한 여성 철학자(이케다 아키코 - 옮긴이) 같네요.

그런데 의심만 하면 정말로 고통이 사라집니까?

악마 올바름에 대해 의심하는 동안 고통은 조금씩 사라지는 거지. 왜냐하면 고뇌하는 자는 예외 없이 올바름을 전제로 고통받기 때문이야.

그리고 의심하는 동안 그 올바름은 흔들린다. 그리하여 올바름의 부작용밖에 안 되는 고뇌는 반드시 사라지게 되지.

미쓰로　**고통은 올바름의 부작용.** 와, 또 명언 나왔네요! 그렇다면 '아, 괴로워'라는 생각이 들 때 반드시 자신의 내면에 올바름을 가지고 있다는 건가.

악마　당연하지. **인간은 올바름이 아닌 다른 방법으로 괴로워할 수 없으니까.**

아침 일찍 일어나는 게 괴로운 건 지각하면 안 된다는 올바름을 가지고 있기 때문이지.

고통스러운 다이어트를 하는 이유는 '날씬한 몸'이 타당하고 올바르다는 생각이 있기 때문이야.

괴로움은 반드시 올바름을 끌어안고 있어.

이건 근본적인 시스템이라서 예외 같은 건 없어.

아이러니하게도 정의감이 강한 사람일수록 더 많이 괴로워하지. 올바름을 집착한 탓에 다이어트를 심하게 한 사람은 길을 걸을 힘조차 없게 될 거야.

미쓰로　그렇겠네요. 개미를 밟아 죽일까봐 한 걸음조차 내딛지 못하는 사람도 있겠군요. 올바름을 많이 끌어안은 사람은 매일 괴로워하며 살아갈지도 모르겠어요.

악마　이렇게 올바름을 많이 끌어안고 살아가는 너희는 지금 아무것도 할 수 없어. 말 그대로 손가락 하나 까딱하지 못해. 걸을 수도 없고, 숨도 제대로 못 쉬어. 하고 싶은 것도 하지 못해.

심지어 자신이 무엇을 하고 싶은지도 말하지 못해. 왜냐하면 거리에는 온통 선한 세력들이 외치는 '정의'라는 올바름이 그물처럼 깔려 있으니까.

가능한 한 입을 꾹 다물고 있어야 해.

가능한 한 꼼짝도 하지 않고 가만히 있어야 해.

알겠어? **이 세상에는 올바름이 너무 많아.**

자, 내가 가르쳐주지. 너희 인간을 괴롭히는 건 도대체 누구인가? '악'인가? 아니면 올바름을 계속 만들어내는 '선'의 힘인가?

미쓰로　이거 뭐 가치관이 그냥 무너져 버릴 것 같아요.

악마　그러면 되는 거야. **의심하라!** 지금까지 배운 모든 것을. 학교에서 배운 것이 과연 옳은가? 부모의 가르침이 과연 자식을 위한 것인가? 사회의 룰은 과연 누구를 위한 것인가? 시민을 위해서? 권력자를 위해서? 올바르다는 모든 것을 의심해보는 거야.

미쓰로　그러고 보니 룰이란 권력자를 지키기 위해 만들어진 것 같네요. 부모가 되어 알았어요. '아이는 빨리 자야 하는 거야'라는 룰은 부모라는 권력자가 아이를 빨리

재우고 자신의 자유 시간을 보내고 싶어서 만들었다는 걸.

악이란 '올바름'을 의심하는 행위

악마   사회의 올바름을 의심하는 것만으로는 아직 멀었어.

외부가 아니라, 모든 것은 내부에 있다.

이미 안으로 끌어안아 버린 것.

이미 자신이 올바르다고 생각해버린 것.

그런 것들을 정면으로 의심해 봐.

미쓰로   **이미 자신 안에 있는 올바름을 의심하라고요?**

악마   그렇지. 그래야 너의 세계가 바뀔 수 있으니까.

너의 가치관은 자신이 철석같이 믿는 올바름을 의심하는 순간부터 유연성을 회복하기 때문이지.

미쓰로   정말 그렇네요. 최근의 뇌과학이나 양자역학 분야에서도 '그 사람의 가치관이 그 사람의 세계를 만들어낸다'고 하니까요.

그렇다면 **자신이 믿는 올바름이 실은 그 사람의 미래 가능성을 뺏어버리는 게** 아닐까요?

악마   그럼, 그럼. **올바름이 그 사람의 세계를 너무 좁혀버리지.** 그러므로 올바름만 버린다면 뭐든 할 수 있어. 만일 자신이 믿는 올바름을 모두 지워버릴 수 있다면 너희 인간에게 불가능이란 없어. 하늘도 날 수 있어. 어떤 기적도 일으킬 수 있어.

뒤집어 말하면 **기적을 일으키지 않기 위해 너희 인간은 올바름을 끌어안고 살아가는 거야.**

'하늘을 날지 않는 것이 **옳아.**'

'갑자기 부자가 되지 않는 것이 **옳아.**'

'고생하며 살아가는 것이 **옳아.**'

'마법 같은 나날이란 없는 것이 **옳아**'라고 말이야.

미쓰로 철석같이 믿는 올바름이 기적을 허락하지 않는다는 말이죠? **곰곰 생각해보니 올바름이란 'ㅇㅇ을 해서는 안 된다'라는 것이기도 하네요.**

개미를 밟아서는 안 된다는 올바름 때문에 걸어다녀서는 안 된다는 것. 남에게 피해를 주지 않기 위해서 큰소리를 내서는 안 된다는 것. **철석같이 믿고 있는 올바름의 수만큼 '해서는 안 되는 것'이 늘어나네요.** 그렇다면 **올바름이 줄어들면 들수록 할 수 있는 것이 늘어난다.** 완전히 사라지면 기적도 일으킬 수 있다!!

악마 올바름이 인간에게서 가능성을 빼앗지. 그리고 올바름이 인간에게 고통을 준다. 그러니까 처음부터 단언해두자.

지금 너희에게 필요한 것은 오로지 '악'뿐이다. 왜냐하면 **악이란 올바름을 빼앗는 행위이므로.** 너무 많은 올바름에서 너희를 구원해주는 것은 악뿐이다.

'악'만이 너희 인류에게 남은 마지막 가능성이다.

그러므로 말하라. '나는 악이 될 것이다'라고, 높이 외쳐라!!

이해할 수 없는 영역에만 '새로운 가능성'이 있다

미쓰로   아니, 아무리 그래도 그건 좀……. 어쩐지 악마에게 유혹당하는 듯한 기분이라서요.

악마   짐이 악만데?

미쓰로   아, 그렇지! 난 지금 진짜로 악마에게 유혹당하고 있는 거야!! 악마의 속삭임 진행 중! 무서버!

악마   두려워 마. 두려워하면 지금까지와 하나도 다름없는 인생이 기다리고 있을 뿐. 애당초 **이해할 수 있는 충고 따위 들을 필요도 없어.**

미쓰로   뭔지 모르겠지만 확 오는 게 있네요, 그 말……. 의미는 잘 모르겠지만. '이해할 수 있는 충고 따위 들을 필요도 없어,' 어쩐지 가슴에 다가오는 게 있네요.

악마   **자신이 가진 지식으로 소화할 수 있는 것을 '이해'라고**

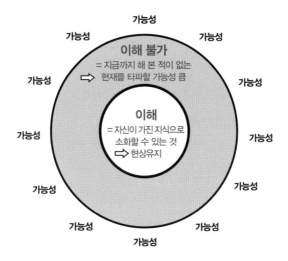

하지. 그렇다면 '이해할 수 있는 충고'란 자신이 이미 가지고 있는 지식을 넘어서지 않는다는 거야. 그딴 것에 대체 무슨 의미가 있어?

지금 불행한 것은 자신이 가진 지식을 총동원해도 그 것만으로는 도무지 어떻게 해볼 수 없는 상황에 놓였기 때문 아닌가. 그런 상태에서 '이해할 수 있는 충고'를 들어본들 머리만 복잡해져.

지금의 상황을 바꾸고 싶지? 그렇다면 도무지 이해할 수 없는 충고가 필요하지 않을까, **'악'이란 이름의.**

미쓰로　맞아! 이해할 수 있는 충고 따위 들을 필요도 없어.

왜 지금까지 이해할 수 있는 사람의 말만 들었을까.

악마　멍청하니까. 잘 들어, 오늘부터 너에게 악마이기 때
문에 볼 수 있는 진실들을 엄청 이야기해줄 테니까.
'모든 올바름을 넘어서 기적을 일으키는 방법'
'이 우주가 시작된 구조'
'그것을 이용하여 모든 바람을 이루는 방법'
'세상의 부와 명성을 얻는 방법'
'고통과 분노를 한순간에 지우는 방법'
죄다 악마다운 방법이다. 그리고 이런 방법들을 **단
하나도 이해할 수 없을 거야.** 그렇지만 그러기에 귀중
하다는 것. 이해할 수 있는 책 따위 읽을 필요도 없다
니까.

미쓰로　책이란 개념도 바뀌겠네요. '이해할 수 있는 책은 읽
을 필요도 없다'라니.

악마　새로운 지식 같은 게 거기에 있을까? 이해할 수 있는
데. **그러므로 이해할 수 없는 이야기에 귀를 기울일 것.**
인간은 이해할 수 있는 것을 '올바르다'라고 한다.
그리고 이해할 수 없는 것을 '틀렸다'라고 한다.
사회에서 이해받지 못하는 세력은 '나쁜 사람', 부모
에게 이해받지 못하는 행동을 하는 아이는 '나쁜 아
이'라는 라벨을 붙이지.

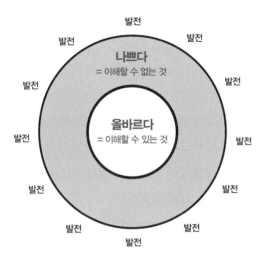

그렇지만 틀렸어. **그들이 당신의 이해를 넘어서 있을 뿐이다.** 그리고 거기에 바로 당신의 발전이 기다리고 있지.

미쓰로   …….

악마   그럼 이해할 수 없는 악의 이야기에 귀 기울일 준비가 되었는가?

미쓰로   악마의 유혹, 장난 아니네……. 왠지 귀를 기울여보고 싶은 기분이 들어…….

악마   천천히 하면 돼. 올바름을 의심해 봐. 잘 들어, 짐의 메시지는 간단해.

올바름을 의심하라!

그것뿐이야. 달리 아무것도 없어. 지금 이 세상에는 너무도 많은 올바름이 넘쳐나고 있어. 왜냐하면 올바름을 퍼뜨리는 선한 세력이 우글우글하니까.

선한 세력이란 생각하지도 않고 의심하지도 않고 오로지 올바름만을 받아들이는 인간들을 말하는 거지.

그리고 악이란 **모든 올바름을 의심하고 넘어서려는 사람들을 일컫는 말이다.**

미쓰로   각하……. 난 악이 될래요.

악마   잘 생각했어.

미쓰로   사실은 옛날부터 올바름이 오히려 틀리다는 느낌이 들긴 했어요.

악마   역시, 너에게는 악의 소질이 있어. 그러니까 내가 말을 건 거지. 게다가 너는 이제 많은 독자를 거느린 작가잖아. 악을 퍼뜨리기에 아주 좋은 파트너가 될 수 있어. 많은 사람이 너의 책을 읽고 올바름을 의심하게 될 거야. 사회가 변할지도 몰라. 두려워?

미쓰로   아뇨, 두렵지 않아요. 제가 써온 글의 중심 주제도 '상식을 의심하라'이니까요. 지금까지 여러 책에서 **상식을 파괴해왔습니다.**

그리고 이번에는 '선'을 의심할 차례가 왔을 뿐입니

다. 각하, 해봅시다. 여기서 우리 악惡수조약을 체결합시다!

악마 악수조약이라, 이거 재미있네. 인간들이여, 이제 슬슬 깨닫는 거다! 선의 잘못을! 악의 매력을! 그리고 모든 선한 세력을 이 지상에서 없애버리는 거다!

인간에게 고통을 주는 것은……

인간에게서 가능성을 빼앗는 것은 올바름!

마침내 때에 이르렀다. 마침내 올바름을 세상에 퍼뜨리는 놈들이 반성해야 할 때가 왔도다! 몇 만 년을 기다렸던가. 마음껏 외쳐 볼 것이야. 각오는 되었는가?

미쓰로 네, 넷! 각하!

악마 그럼 지금까지 배워온 모든 올바름을 의심하는 여행을 떠나보도록 하지. 이히히히힛.

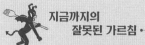

'올바르고' 이해할 수 있는 가르침을 더 많이 배우자!

◄━ 악마의 속삭임 ━►

이해할 수 있는
충고 따위
애당초 들을
필요도 없어

2

분노하는 히어로

분노하는 히어로

나쁜 인간은 늘 웃고 있다

미쓰로   각하, 수업을 시작하기 전에 잠시 하고 싶은 말이 있
는데……. 화내지 않고 들어 줄 수 있나요?

악마   네가 3년 전에 《하느님과의 수다》라는 책을 쓴 거 말
인가?

미쓰로   엉? 그것도 안 된다는 건가요? 그 하느님이라는 녀
석, 물론 선한 세력이 아니니까 괜찮아요. 조금 정신
나간 신이었으니까요.

그것하고는 좀 다른 이야기인데……. 저어. 각하의
웃음소리 **'이히히히힛'**, 그거 좀 어떻게 안 될까요? 들
을 때마다 화가 치밀어요.

악마	화내지 말고 너도 같이 웃으면 되잖아. 이히히히힛.

잘 들어, 악마는 화를 내지 않아.

미쓰로	아, 듣고 보니 그렇네요. 악마에게는 늘 웃는 이미지가 있어요. 아주 '징글맞게' 웃지요.

악마	그렇다니까. 악에는 이유 따위 없는 거야.

나쁜 정치가, 악질 회장, 장관님들. 그 어느 하나에도 화내는 이미지가 있어?

미쓰로	악덕 재벌총수도 늘 웃지요. 크크크크. 부패 관리도 에헤헤헤. **정말 그렇잖아! 나쁜 놈은 다 웃네!**

악마	그 반대로 늘 화내는 놈은 누구라고 생각해?

미쓰로	'꼼짝 마, 탐관오리, 드디어 걸려들었어!!'

그러고 보니, **화내는 사람은 늘 정의의 편이네요.**

헤헤헤헷……

만화영화의 주인공, 영화 속의 히어로는 모두 화만
내고 있어.

악마   너희는 그런 정의의 히어로를 동경하고 있어.

아니, 정확히 말하자면 동경하게끔 교육받은 거지.

'정의'를 널리 퍼뜨리려는 선한 세력에 의해.

"악을 쳐부숴라!"

"더더 분노하라!"

"세상에서 악을 청산하라!"

그 곁에서 악은 늘 웃으며 즐기고 있는 거지.

"정의를 외치는 촌놈 새끼들" 하고.

미쓰로   정의의 히어로를 희롱하지 마세요! 세상을 위해 싸
우는 겁니다. 요즘은 슈퍼맨도 영화에서 죽거든요!
자신을 희생하지 않습니까.

악마   봐, 또 화내잖아. '자신을 희생하여 악을 물리쳤는데
도!' 하고 벌컥 화낼 정도라면 **'남을 위해서' 아무것도
하지 않고 그냥 웃으며 가만있어 줄 수 없을까?**

그게 훨씬 더 남을 위하는 일이야. 하는 짓이 꼭 멍청
이 같잖아, 정의의 히어로라는 인간 말이야.

미쓰로   다, 닥쳐! 완전 열받네. 역시 악마하고는 말이 안 돼.
난 악의 편에 설 수 없어! 악수조약, 파기다!!

올바름의 집대성이라 할 정의의 히어로를 희롱하는 게 너무 화가 나서 미칠 것 같았던 모양이다.

화가 난 미쓰로는 방을 뛰쳐나가 점심을 먹으러 회전스시집으로 갔다. 사람들이 줄을 선 스시집 앞에서 30분을 기다렸다가 겨우 자리에 앉았는데, 주문한 참치 대신에 장어 접시가 앞에 놓이는 순간 미쓰로의 분노는 폭발하고 말았다.

미쓰로　여기요, 아저씨! 어떻게 장어랑 참치를 혼동할 수 있죠? 한 글자도 같은 게 없잖아요! 30분이나 기다리게 해놓고 이거 말이 되는 겁니까?

점원　잠시 착각하는 바람에……죄송합니닷! 괜찮으시다면 이건 그냥 두고 갈 테니까 드셔도 됩니다.

미쓰로　아니, 여긴 회전스시집이잖아! 그냥 두고 가면 결국 돈을 지불하는 건 나야! 가져가, 장어!

인간이 화를 내는 단 하나의 이유

와야 할 참치 접시가 앞으로 다가오기도 전에 미쓰로의 귓가에 악마의 속삭임이 먼저 다가왔다.

악마 사람은 왜 화를 낸다고 생각해?

미쓰로 허참, 이런 데까지 따라와서 왜 이러세요. 애당초 각하가 날 화나게 만들어서 이렇게 안절부절못하는 거잖아요, 지금.

악마 원인이 아니라 그 구조를 묻고 있는 거야. 어떤 때 사람이 화를 내는 것 같아?

미쓰로 상대가 말도 안 되는 짓을 했으니까 화를 내죠. 참치를 장어로 잘못 듣는다는 건 거의 기네스북에 오를 만한 실수라고요.

악마 **응~ 아니야~. 상대에게 뭔가를 기대하니까 화를 내는 거야.**

미쓰로 예? 상대에게 기대를 하니까 화를 낸다고요?

악마 그렇지. **모든 '분노'는 상대에게 기대하는 게 있기 때문에 생기는 거야.** 잘못된 상품이 나온 것을 보고 화를 내는 건 '일을 똑바로 하는 훌륭한 점원'일 거라는 상대에 대한 기대가 있었기 때문이야. 30분 기다렸다고 화가 나는 것은 '바로 먹을 수 있는 식당'일 거라 기대했기 때문이고. 어린아이가 장난감을 사주지 않는다고 화를 내는 건 '엄마가 사줄 것'이라고 기대했기 때문이다. **어떤 상황이든 화가 나는 이유는 그 상대에게 먼저 기**

대했기 때문이야.

분노	기대(분노의 원인)
상품을 착각하지 마!	점원은 상품을 착각하지 않을 것이다
30분이나 기다렸어!	바로 먹을 수 있을 것이다
장난감 정도는 사 줘야지!	엄마니까 사 줄 거야

미쓰로 음, 아주 묘한 기분이 들긴 하지만 각하의 말씀이 맞아요. 화를 내는 상대는 나에게 뭔가를 기대하고 있다.

뭔지 모르겠지만 묘하네요.

악마 하나도 이상하지 않아. 근본적인 구조가 그러니까. 그리고 여기부터가 중요해. **상대에게 기대를 품은 건 너 자신이야. 당신이 상대에게 기대를 품었어.** 그렇다면 **모든 분노는 상대의 탓이 아니라 상대에게 기대를 건 자신의 탓이 되는 거지.**

미쓰로 과연, 과연!! 대단해, 정말로 지당하신 말씀!!

분노는 모두 내 탓!

| 악마 | 자기 멋대로 기대하고, 거기에 대답하지 못하는 상대에게, 제멋대로 화를 내기 시작한다. |

모든 것이 제멋대로가 아닌가. 상대 입장에서는 어처구니 없지. 길을 걸어가는데 갑자기 외국인이 고함을 지른다고 해보자.

'왜 사무라이 복장을 하지 않는 거야! 일본이잖아!'

이런 말 듣는 거랑 똑같아.

미쓰로　최악이네요, 그딴 외국인. 그런데 그런 행동을 내가 일상적으로 하고 있었던 것 같⋯⋯.

난 옛날부터 까딱하면 화를 내곤 했어요.

악마　　**세상에 대한 기대가 너무 많고 크기 때문이야.**

'상대가 나빠'(=상대에게 기대)

'동료가 나빠'(=동료에게 기대)

'회사가 나빠'(=회사에 기대)

'세상이 나빠'(=세상에 기대)

입으로 늘 남을 '나쁜 놈'이라 말하지만, 원인은 그게 아니야. 자신이 남에 대해 갖는 기대 때문에 화를 내는 거지.

미쓰로　왠지 좀 창피하네요. 인간이 화를 내는 진짜 구조를 알고 보니까. 분노의 원인을 늘 남 탓으로 돌렸는데, 알고 보니 내 탓이네요.

기대를 버리면 분노는 사라진다

악마   밑줄 쫙쫙 그어!

상대의 행동을 바꿀 수는 없다. 그렇지만 본인의 기대
치는 바꿀 수 있다.

요컨대 상대에게 아무런 기대도 하지 말 것.

**이건 시스템의 원리를 활용한 분노관리법이니까 예외
없이 잘 들어.**

'누구에게도' '아무것도' 기대하지 않는 사람은 절대로
화를 낼 수 없어.

미리 기대를 품지 않는다면 화를 내고 싶어도 결코

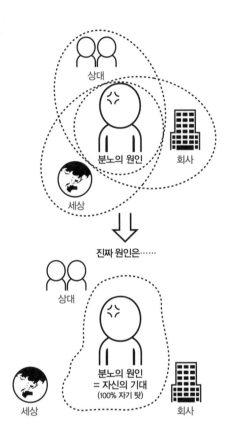

진짜 원인은……

분노의 원인
= 자신의 기대
(100% 자기 탓)

낼 수 없다. 그러기에 나쁜 인간은 늘 웃고 있는 거

야. **세상에 대해 아무런 기대도 하지 않으니까.**

미쓰로　지당하신 말씀. 악인은 남에게 기대를 품지 않는다.

악마　어떤 인간에게도 기대 따위 품지 않는다. 경찰이건 히어로건 신이건, 기대하지 않는다.

이 세상에는 쓰레기밖에 없다고 생각한다.

그러므로 참치를 시켰는데 장어가 나오더라도 악마는 화를 내지 않는다. 그거야말로 아무것도 아닌 인간이 저지를 만한 실수가 아닌가. 기대하지 않으니까 귀여워 보일 정도야. "역시나, 크크크" 하고. 30분을 더 기다리게 해도 화내지 않는다. 처음부터 기다리지 않고 다른 곳으로 간다. 그 식당에만 가야한다고 '기대'하지 않으니까 어디든 좋은 것이다.

먹을 수 있다면 어디든 좋다.

한 걸음 더 나아가, 먹지 못해도 좋다.

'먹는 것'에만 기대하지 않는다.

먹지 못한다면 연인이랑 놀면 된다.

미쓰로   대단해! **기대하지 않는 생활에 이런 여유가 있다니.**

악마   한편 화를 내는 정의의 히어로는 늘 상대에게 기대를 하지. "당신은 제대로 할 거야"라고 남에게 기대하기 때문에 화가 나서 콧김을 풋풋 뿜어내는 거지. 상대에게, 누군가에게, 세상에 기대를 해. 그리고 자신이 기대하는 방향으로 상대를 바꾸려고 해. **어떻게 해볼 수 없는 세상을 어떻게든 해보려 하는 거지.**

미쓰로   듣고 보니 히어로는 늘 뭔가를 기대하고 있네요.

"세계 평화를 위해!"(기대)

"악이 없는 세계로!"(기대)

"모두가 행복한 도시로!"(기대)

"종교를 넘어서 하나가 되자!"(기대)

'기대에 미치지 못하는 세계'(악)에 대해 우선 화를 내고, 다음으로 세계를 기대한 대로 바꾸려고 하고.

그렇구나. 히어로는 **자신이 기대하는 색깔**로 세상을 물들이려 하는 거야.

악마   그렇지만 그건 무리야. 이 세상을 **자신이 바라는 대로 색칠한다는 것은 불가능**한 일이야.

세상은 이렇게나 넓어.

자신의 집 벽조차 자기 마음대로 색칠할 수 없어. 누군가의 바람이나 기대와 부딪치기 때문에. 가족이 '검은색은 싫어'라고 할지도 몰라.

그러니까 세상을 자신의 생각대로 만들려는 불가능한 꿈을 꾸기보다는 세상에 대한 기대를 버리는 것이 좋아. 내 앞에 놓인 '세상을 좋게 만드는 설계도' '좋은 미래를 실현하는 노트'를 그냥 내버릴 것.

상대에게 기대하지 말라.

세상에 기대하지 말라.

미래의 자신에게도 기대하지 말라.

미래의
자신에
대한 기대

상대에
대한
기대

세상에
대한
기대

회사에
대한
기대

자신에게도 기대하지 않아야 한다

미쓰로 미래의 자신에게도요?

악마 그럼. 남이나 세상만이 '상대'가 아니잖아?

자기 자신도 '상대'다.

〈무인도에서 혼자살기〉라는 예능프로그램 본 적 있어? 아무도 없는 섬에서 주인공은 어쩔 줄 몰라 해. 아무도 없는데 버럭버럭 화를 내는 거야.

'과거의 자신'이나 '미래의 자신', 나아가 '지금의 자신'에 대해 기대하니까 화를 내는 거야.

미쓰로 **지가 지를 기대하다가 지가 화를 낸다?**

혼자서 생쇼를 하는 거네요? 바보 같아.

악마 너도 그래. 멍청하기로는 인류 대표급이지.

미쓰로 나, 화낼 거예요! 설령 히어로를 멍청이 취급하더라도 나를 멍청이 취급하는 건 용서할 수 없어!

악마 보통은 그 반대로 말하지 않아?

'나를 바보 취급하는 건 괜찮지만 ○○를 바보 취급하는 건 절대로 용서할 수 없어!'라는 대사를 읊으며 히어로는 화를 내지.

너, 애니메이션 보면서 자랐지? 이건 너무 자주 나오는 문구야. 지난번 책에서도 써먹은 거 벌써 잊었어?

미쓰로 건망증이 좀 심한 편이라서요.

악마 어쩔 수 없구만……. 한없이 멍청한 너를 위해 '자신에 대한 기대'를 3단계로 나누어 설명해주지.

미쓰로 감사합니닷!

악마 먼저,

① '과거의 자신'에 대한 기대(=후회나 실망으로 갈팡질팡)

"그런 나였더라면 더 나은 선택을 했을 텐데"하고 과거의 자기에게 기대하며 안절부절못한다.

다시 말해, "그런 나였더라면" "그런 멋진 나였더라면" 하고 생각하니까 정말 웃기는 일이지.

"그런 멋진 나였더라면 더 나은 선택을 했을 텐데"라고 하면서 후회하고 있는 거야.

흠……. 과거의 자신을 멋대로 꾸미지 마!

당신은 오늘과 다름없이 과거에도 어쩔 수 없는 인간

이었다.

미쓰로 　죄, 죄송합니다. 인간을 대표해서 사죄드립니다.

악마 　그리고 다음,

② **'미래의 자신'에 대한 기대**(=이상과의 괴리 때문에 초조)

"미래의 자신은 저택에 살며 멋진 장밋빛 인생에 누리고 있을 거야"라고 기대하니까 지금 살고 있는 싸구려 단칸방이 짜증나는 것이다.

"뭐야, 좁아터진 이런 방이라니! 미래의 공주님인 나에게 실례잖아!!"

흠…… 미래의 자기 이미지도 멋대로 꾸미지 마!!

당신은 분명 내년에도 별 볼 일 없는 인간 그대로야.

그걸 안다면 지금 사는 싸구려 집에 대해 분노하지 않아.

미쓰로 　지당하신 말씀, '미래의 자신에 대한 기대' 때문에 지금의 자신이 고통받는단 말이죠. 다시 한 번 죄송합니다. 온 세상의 몽상가들을 대신해서 사죄드립지요.

악마 　그리고 마지막으로.

③ **'지금의 자신'에 대한 기대**(=초조해서 어쩔 줄 몰라 한다)

"내가 지금 이런 곳에서 뭘 하고 있는 거야?"

"지금 이런 걸 하고 있을 때가 아니지."

"지금과는 다른 뭔가 해야 할 일이 있을 거야."

"난 이런 별 볼 일 없는 곳에 있을 인간이 아니야."

그러니 안정될 리 없지. 인간만큼 '지금'에 안주하지 못하는 생물도 없다. 늘 지금 여기가 아닌 곳을 찾고 있다. 머릿속에서 그리는 '멋들어진 자신'에 어울리는 장소를.

'여기'가 아닌 '지금'이 아닌 더 멋들어진 장소를 찾으며 버둥대기 시작해.

그럼, 마지막으로.

흐읍, 숨을 들이쉬고……. 후웃……숨을 내쉬고.

…….

충분햇!!!

찌질한 당신에게는 지금 그곳이 충분햇!!

그러니까 '지금의 자신'에게도 아무런 기대도 하지 **맛! 너한테 지금보다 나은 장소 따윈 없어.**

미쓰로 '과거의 나'에게도, '미래의 나'에게도, '지금 그러해야 할 나'에 대해서도 기대해서는 안 된단 말이죠.

악마 그렇고 말고. 자신에 대해 기대하니까 화가 나는 거야. 악마처럼 늘 웃고 싶다면 아무런 기대도 하지 마. **자신에게도 남에게도 세상에게도 상대에게도 기대해서는 안 돼.**

미쓰로 분노가 일어나는 진정한 시스템을 알면 알수록 모든 것이 내 탓이네요. 나 때문에 내가 화를 낸다······.

우리는 왜 이렇게 폭발 체질인가요?

악마   그것도 올바름 탓이야. 선의 세력이 너희에게 말하는
거지.

"세상에는 멋들어진 인간이 많아."

"내일은 멋진 날이 될 거야."

"장밋빛 세상이 다가올 거야."

요컨대 기대하게 만든 거지. 그렇지만 그건 오류야.

❙ 자신에 대한 기대 3단계

기대의 단계	내용	입버릇
자신에 대한 기대1 : 후회	'과거의 자신'에 대한 기대	더 잘될 수 있었을 텐데!
자신에 대한 기대2 : 환상	'미래의 자신'에 대한 기대	더 좋아질 수 있는데!
자신에 대한 기대3 : 초조	'지금의 자신'에 대한 기대	이럴 때가 아니야!

세상은 어쩔 수 없는 놈들의 집합이다!

너랑 하나도 다를 바 없는 참으로 별 볼 일 없는 인간들이 앞
뒤 전철 칸을 가득 채우고 우글거리는 게 바로 이 세상이야.

멋진 인간 따위 어디에도 없어. 멋진 자신조차 없어.

어찌 해볼 도리도 없는 세상에,

어찌 해볼 길 없는 인간들이,

정말 별 볼 일 없는 일상을,

별 볼 일 없는 자신과 함께 꾸려나가고 있을 뿐이야.

참으로 어찌 해볼 도리도 없는 행성에서 말야.

왠지 웃음이 터지지 않아?

이히히히힛.

그때 아까 그 점원이 접시를 들고 다가왔다.

점원   계란말이, 오래 기다리셨습니다!!

미쓰로   그러네. 웃음이 막 터져 나오네. **기대하지 않는 상대에**
        게는 분노 따위 일어나지도 않아.

        흐음, 아저씨. 난 아까부터 참치를 시켰는데 말이죠,

        '계란말이'라······. 아까 그 장어처럼 잘못 나온 건가.

        하긴 '장어(아나고アナゴ)'와 '계란(타마고タマゴ)'은 비슷

        하다면 비슷할 수도!

        발전했다! 참치보다는 좀 비슷해!

        그렇지만 짜증 나!

        ······.

        뭐, 그럼 어때서······.

먹을 테니 내려놓고 가요. 나도 일하다 보면 실수하
고 그러니까요.

어찌 해볼 도리 없는 점원이 내려놓고 간 계란말이는 미쓰로
가 기대했던 참치보다 더 맛있었다.

세상 모든 일이 내가 기대했던 대로 이루어진다면 얼마나 재
미없을까?

오지랖 넓은 친구가 영화를 보기 전에 줄거리를 떠들어대는
바람에 김이 새버렸던 대학시절의 한 기억. 그 추웠던 겨울, 영
화관 앞거리를 떠올리며 미쓰로는 가게를 나섰다.

미쓰로　　그런데 누구였더라? 영화 줄거리를 떠들어낸 놈. 왠
　　　　　지 소중한 친구였을 것 같은……. 그 영화는 〈매트릭
　　　　　스〉였는데…….

악마　　　떠오르지 않는 걸 억지로 떠올릴 필요는 없어.
　　　　　모든 기대를 버리고 살도록 해.

미쓰로　　그런가. 과거의 기억에도 기대해서는 안 되는 거네
　　　　　요. 어차피 기억이란 놈은 날조된 거니까요. 덧붙여
　　　　　서 인간이나 세상에 아무런 기대도 하지 않는 각하에
　　　　　게 이 세상은 어떻게 보이나요?

악마　　　매일 즐거운 일만 생겨. '이렇게 하고 싶다' '이쪽이

옳은 거야' '그렇게 하면 좋았을 것을', 이런 게 하나
도 없으니까.

일어나는 모든 일이 신선해. 너희의 영화는 아직 흑
백일 거야. '백(옳음)'과 '흑(틀림)'이 명확히 나뉘는 거
지…… **짐은 흑백을 넘어서 컬러텔레비전이야.**

미쓰로   아주 선명하고 화려한 세계가 비쳐 나올 것 같네요.
그렇잖아요. 흑백을 넘어선 그곳에는 악인조차 없을
테니까요.

악마   적어도 '분노'는 없어. 이히히히힛.

모든 기대와 올바름을 버린 미쓰로는 악마의 웃음소리에도
신경 쓰지 않고 집으로 돌아가 일찍 잠자리에 들었다.

바깥에는 막 저녁노을이 지고 있었지만 자야 할 올바른 시간
은 염두에 두지 않고 본능이 시키는 대로 잠들었다.

그리고 잠을 자면 반드시 다가올 내일에 대한 기대조차도 버
렸다.

그게 잘못이었을지도 모른다…….

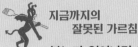

지금까지의
잘못된 가르침 •─────────────────────────────•

분노가 일어나면 6초 동안 참아서 자연스럽게
가라앉힌다.

악마의 속삭임

상대에게
기대하지 마라!

분노를 바로 지우는 수행법
a way to blow away your anger

초조할 때는 분노에 몸을 맡기고 다음 3가지 주문을 외쳐라!

"엉? 왜 화를 내느냐고?"

"내가 멋대로 기대를 했으니까, 망할!"

"지금 폭발하는 중이야, 젠장!"

이걸 3회 반복한다. 그러면 분노가 곧장 웃음으로 바뀐다니까.

평소 몇 번이라도 외치며 연습해서, 화가 날 때면 이 주문이 바로 떠오를 수 있을 때까지 암기해두라.

① 화가 난다 ② 바로 주문이 나온다 ③ 곧장 폭소로 바뀐다

이렇게 되면 현실이 명랑해진다. 상대뿐만 아니라 자신에 대해서 초조해질 때도 이 주문을 외운다.

이를테면 도로가 꽉 막혔다고 짜증을 내는 건 '다른 길로 갔더라면 괜찮았을 텐데' 하는 생각을 하기 때문이다. 그럴 때는 차 안에서 외친다.

"엉? 내가 왜 짜증을 내고 있지?"

"내가 멋대로 기대했기 때문에, 망할!"

"지금 폭발 중이야, 젠장!"

·─POINT─·

영화나 유튜브 같은 것을 통해 배우나 팟캐스트의 진행자가 화내면서 말하는 억양을 따라하자!

3

인간양복

인간양복

시간 역전은 과학적으로 가능하다

눈을 떠보니 샤워기에서 나오는 물소리가 나의 귓속을 파고들었다.

미쓰로   누구야, 물을 저렇게 틀어놓다니. 분명 아이들 짓일 거야…….

샤워기를 잠그고 미쓰로는 침대에 걸터앉았다.

미쓰로   흠…….
엉? 뭐라고 했지? '아이들'이라고?

대학생 주제에 아이들이 있을 리 없잖아.

…….

꿈을 꾼 건가. 엉? 무슨 꿈이었지?

또렷하던 꿈의 내용이 서서히 지워지고…….

오키나와처럼 따스한 곳에서 누군가와 같이 있었던

것 같은 느낌이…….

그렇지만 창밖에는 변함없이 눈이 쌓여 있고…….

하긴 그렇지 뭐, 여기는 삿포로의 내 방이니까.

악마　많이 기다리게 했군!

미쓰로　우왓!! 사, 사사사, 살려주세요!!!

머머, 뭐야 이거!!

많이 기다렸지!

이, 이상한 놈이 말을 해!!

키악!!

악마　그렇군. 2018년 정도는 돼야 '말하는 인형' 취급이라
　　　도 해주는 건가. 이런 옛날에는 말을 하는 장난감 따
　　　위 없으니까 이런 반응이 나오는 거겠지.

아무튼 많이 기다리게 했군!

미쓰로 기기기기, 기다리지 않았어! 머, 뭐야 너!

나, 나, 나, 결국 맛이 가버렸어!

대마초 피우는 친구도 환각은 일어나지 않는다고 했는데, 왜 내가?

악마 좀 더 미래의 기억이 계속될까 했는데.

3분 정도인가…….

잘 들어. '2018년의 너'가 오늘 아침 '대학생이었던 2003년의 네 몸' 속에 들어가 '나'로 눈을 뜬 거야. 그렇지만 벌써 미래의 기억이 사라져버렸군.

미쓰로 미래의 내가 내 몸속에 들어왔다고?

무슨 SF영화 이야긴가, 이거? 엉? 가슴이 덜컹하네.

악마 덜컹 안 해도 돼. SF가 아냐. 물리학이야.

애당초 **물리학자들은 '시간'이란 놈을 믿지 않아.**

미쓰로 시간을 믿지 않아?

악마 그럼. **시간이란 운동 전과 운동 후의 변화**를 말하는 거야. 이를테면 '엎질러진 물은 담을 수 없다'라는 속담이 있어. 쏟은 물을 다시 컵에 담을 수 없다는 말이겠지?

미쓰로 시간을 되돌릴 수 없으니까.

악마 물리학자는 이런 속담을 비웃어. 왜냐하면 되돌릴 수 있으니까. 운동방정식으로 볼 때, '컵에서 물을 쏟는다'라는 운동도, '컵으로 물을 되돌린다'라는 운동도 그냥 벡터의 방향을 바꾸는 것만으로 가능해.

그런데 현실세계에서는 엎질러진 물이 저절로 컵으로 돌아가는 현상을 확인할 수 없지.

미쓰로   무섭잖아, 그런 일이 일어나면.

악마   무섭긴. **물리학자들은 물리적으로는 가능한 일인데도 무슨 영문인지 시간이 '하나의 방향'으로만 나아가니까 오히려 이상하다고 생각해.** 왜 이 '현실' 세계는 이렇게 이상하냐고.

이유는 간단해. **올바른 시간의 흐름을 굳게 믿고 있기 때문**이야.

미쓰로   올바른 시간의 흐름?

악마 그렇지. 오로지 한 가지 방향성만을 무작정 옳다고 믿는 거야. '과거 → 현재 → 미래'라는 올바름이지. 그렇지만 2018년, 다양한 올바름을 의심한 너는 마침내 시간의 올바름조차 버린 거야. 그래서 올바르다고 믿는 '앞으로 흐르는 시간'뿐만 아니라 '뒤로 흐르는 시간'도 체험할 수 있게 된 거야. 이건 누구든 할 수 있는 일이지.

미쓰로 **미래의 내가 시간이 거꾸로 흐를 수 있다는 것을 믿게 되었다는 거야?**

악마 **아인슈타인은 '시간은 환상이다'라고 했어.**
그는 학교에서 배운 올바름을 의심하고 자신의 두뇌로 운동방정식을 풀어서 그 경지에 이를 수 있었지. 미래의 너처럼 오로지 올바름을 오로지 의심한 덕분에 말야.

미쓰로 '타임머신이 없는 게 이상하다'고 말하다니, 물리학자는 SF보다 더 나가 버렸잖아.

악마 **지금 통용되는 세상의 올바름을 믿지 않았으니까 물리학자가 될 수 있었던 거야.**

미쓰로 아무튼 별로 현실감은 없지만 '미래의 나'가 '과거의 내 몸' 속으로 들어가서 '나'로 각성했다는 거네?

악마 그렇고 말고.

미쓰로 그럼 당신은 도대체 누구?

악마 **올바름을 넘어서기 위해 필요한 힘**이라고나 할까.

짐이 곁에 없으면 시간의 올바름을 넘어설 수 없는 거야.

미쓰로 그럼 나도 당신 곁에 있으면 시간왜곡timewarp이 가능하다?

'삐삐삐' 하고 버튼을 눌러 당신을 설정하면 미래의 나를 체험하러 갈 수 있다는 건가?

악마 올바름을 의심하고 시간의 '한 방향성'을 넘어선다면.

모든 올바름을 버린 자에게 결코 불가능이란 없다.

미쓰로 당신, 도라에몽 같은 거야?

악마 짐은 악마다. 각하라고 부르면 돼.

미쓰로 가, 각하?? 싫어, 그건.

악마 데몬 각하가 아닌 다른 존재를 '각하'라 부르기 싫어 서지?

미쓰로 어, 어떻게 내가 하려고 하는 개그를?

악마 뭐야, 개그였단 말이야?

짐은 네가 진짜 세기말(일본 헤비메탈 밴드 - 옮긴이)의 팬 이라고 생각했는데.

미쓰로 말도 안 돼. 내가 좋아하는 음악은 펑크하고 하드코 어야. 헤비메탈은 안 맞고 특히 비주얼계통은 너무 싫어.

악마 뭐가 다른지 도무지 모르겠는데. 이거저거 다 시끄러운 음악이잖아.

미쓰로 뭐? 완전히 다르다니까. 스트리트계를 바탕으로 하는 하드코어는 음을 꾸미지도 비틀지도 않지만 헤비메탈은…….

악마 아무렴 어때. '2018년의 너'도 '2003년의 너'도 짐의 입장에서 보면 별로 다를 것도 없으니까.

근데 이제 술은 깼어?

미쓰로 아, 어제……. 엄청 취해서 돌아왔어. 차, 차는 제대로 댔나??

으, 저렇게 옆으로 비스듬하게. 이웃사람이 댈 수도 없게. 사고도 안 내고 잘도 왔네, 눈이 쌓였는데. 대단 하구나, 나. 경찰한테 잡히지도 않고 여기까지 오다니, 운도 좋아.

악마 2018년의 너한테 지금 그 말을 들려주고 싶군. 이런 상황에서 스스로 칭찬하고 운이 좋다고 떠들어대다니. 어른이 된 너라면 '망했다'며 죄책감을 느낄 걸.

미쓰로 뭐야, 내가 그렇게 진지한 인간이 되었다고? 촌스럽게.

악마 올바름을 너무 굳게 믿은 거야.

인간은 '바라는 방법'을 모른다

미쓰로 아, 머리 아파. 어제는 너무 마셨어. 그 자식들 모두 멍청이니까 노래방 점원이 술을 테이블에 내려놓기도 전에 원샷하고 바로 돌려주며 놀아댔지. 술 무제한이라며 레드와인을 내놓는 노래방도 문제야. 정말 아무 생각도 안 나.

악마 네가 살아오면서 의식이 사라진 건 어제뿐이지.

미쓰로　맞아……. 난 아무리 마셔도 필름 끊어지는 일은 없
　　　는데. 어제만큼은 도무지 생각이 안 나.
　　　어째서 아침까지 샤워기가 틀어져 있었을까?

악마　엄청 취해서 노래방에서 발광하다가 차를 타고 돌아
　　　온 거지. 엘리베이터 버튼을 누르고 정신을 잃은 채
　　　방으로 들어가 난방을 켰어.
　　　그리고 건조하면 목이 아플 거라고 샤워기를 틀어 놓
　　　고 침대에 앉는 순간 뻗어버린 거야. 그러고 8시간을
　　　잤어. 복도로 나가서 가스 검침기 살펴보는 게 좋을
　　　거야.

미쓰로　왜?

악마　오랫동안 가스를 일정량 계속 사용했으니까. 가스누
　　　출 감지기능이 작동해서 가스가 잠겨 있을 거야.

미쓰로　오호, 당신, 모르는 게 없네. 그럼 여자한테 인기 좋아
　　　지는 법이나 가르쳐 줘. 그리고 놀며 살 수 있는 방법
　　　이라든지, 평생 일하지 않고…….
　　　……. 아!

악마　기억이 났어?

미쓰로　어제 노래방에 가기 전에 "나와!" 하고 외쳤어! 아무
　　　변화도 안 일어나서 그냥 노래방에 가긴 했지만.
　　　저녁에 헌책방에서 산 《암흑에너지》라는 책!! 그랬

던 거야, 내가 당신을 불렀던 거야!!

대단해! 암흑에너지라는 게 정말 있었어!

그럼, 해주시죠! 1초면 되죠? '여친 있었으면' '부자였으면' '놀고 먹으며 살 수 있었으면'.

자, 전부 줘 봐. 거침없이 당장.

악마　**전부 이루어졌어.**

미쓰로　엉? 무슨 말? 아, 미래에 이루어진다는 건가?

2018년의 나는 부자이고 여친도 있어?

악마　아냐. **지금 이루어지고 있어.** 너의 꿈은 '여친 있었으면'이지? 바라는 대로 '여친 있었으면'이 이루어졌잖아, 지금이야말로 너는 여친을 갖고 싶어 하니까.

미쓰로　무슨 말을 하는 거야, 당신?

악마　결혼한 2018년의 너라면 금방 알 거야. **옛날의 나로 돌아가면 '여친 있었으면' 하는 꿈같은 체험을 할 수 있다고. 그즈음의 나는 '애인 있었으면' 하는 꿈을 매일 이루고 있었다고.**

잔뜩 멋을 내고 클럽에 가서 핸드폰 번호 묻고.

거리로 나가 아침까지 떠들다가 아침 해를 보고.

그때가 참 좋았다고.

이 모든 것이 '여친 있었으면' 하는 바람대로 이루어진 체험이니까. **너는 매일 '여친 있었으면' 하고 바랐**

**고, 눈앞에서 그 '여친 있었으면' 하는 바람이 이루어
지고 있었어.**

미쓰로 　엉? 10년 후의 내가 '지금의 나'를 체험한다면, '됐다!
'여친 있었으면'이 매일 이루어지고 있어!' 하고 좋아
죽는다고? 그딴 녀석 때려줄까 보다. 하나도 안 이루
어졌잖아.

악마 　**'여친 있었으면'이란 바람의 방식에서는 '여친 있었으
면'이라는 현실밖에 나타나지 않아.**

그 이유는 이 세상의 시스템을 좀 더 배우면 금방 알
게 돼. 지금 너는 '바람의 방법'이 틀렸을 뿐이야. 간
단히 말해, 이 세상이란 체험을 이루기 위한 세계야.
'여친 있었으면' 하고 바라면 그런 체험을 할 수 있어.
'여자를 간절히 바라는' 체험을.

그러므로 '여친 있었으면' 하고 바라는 사람일수록
여친이 없는 거야. '여친 있었으면'이 그냥 그대로 이
루어지니까.

미쓰로 　어쩐지 그런 것 같기도 하고 아닌 것 같기도 하고. 사
기당한 건가, 나?

그럼 '돈이 많았으면' 하는 다른 바람은? 당신이라면
1초 만에 이루어줄 수 있지? 자, 그렇게 한번 해 봐.
자, 주저 없이 바로.

❙ 바람은 눈앞에서 100% 이루어지고 있다

당신의 바람	눈앞에 나타나는 현실
여친 있었으면!	'여친 있었으면!'이라는 상태
부자였으면!	'부자였으면!'이라는 상태
놀고 싶어!	'놀고 싶어!'라는 상태
직장이 있었으면!	'직장이 있었으면!'이라는 상태

악마 그러니까 그건 이미 이루어졌다니까. **'돈이 많았으면'** **하고 바라면 말 그대로 '돈이 많았으면'이 이루어져.** 아르바이트해서 그 돈으로 노름도 하고 로또도 사고. 지갑 열어보고 한숨 한 번 쉬고 부모한테 돈 보내달 라고 닦달하고. **너의 하루하루는 '돈이 많았으면'을 이 루고 있는 거야.**

미쓰로 그렇구나, 알았다. 이런 걸 인간양복이라 하는 거야.

악마 뭔데, 인간양복이란 게?

미쓰로 친구 카데루와 생각해 봤지.

"다른 사람 안에 들어갈 수 있는 기계가 있다면 뭘 할 거지?" 하고.

아무 사람한테나 들어가서 그 사람의 '인생'을 즐기는 꿈과도 같은 기계 말이야. 아침에 그 사람의 인생으로 잠에서 깨어나는 거지.

이를테면 빌 게이츠 속에 들어간다면?

엄청 부자가 되어 최고의 하루를 체험할 수 있어!

엘비스 프레슬리 안으로 들어가면?

너무 인기가 많아 오히려 힘든 하루를 체험할 거야!

'누군가의 인생'을 체험하는 꿈같은 기계. 그것이 우리가 생각한 '인간양복'이야. 전 세계의 누군가를 마치 양복처럼 입는 거지.

악마   **조금 내용은 다르지만, 그 기술은 실제로 미래에 있어.**

미쓰로   엉?? 역시!!

나가다 선생이 말했던 에버렛 해석Everett Interpretation.

양자역학의 다세계 해석! 평행우주!

악마   나가다 선생이 누군데?

미쓰로   우리 학교 교수님. 온갖 재미있는 강의를 하는 사람.

우주의 바깥, 양자역학, 암흑물질, 반물질.

그 자식의 좋은 점은 수학 계산 같은 건 다 날려버리고 '이렇게 생각하는 것이 최신 물리학입니다'라고 개론만 가르쳐주는 거야.

악마   선생을 '자식'이라고 불러?

미쓰로   그 정도 일로 나가다는 화내지 않아.

화내는 놈은 대체로 찌질한 놈이거든.

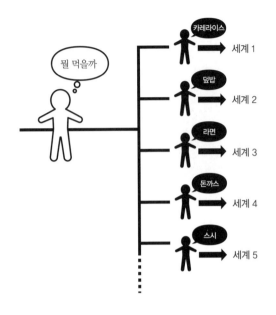

뭘 먹을까

카레라이스 → 세계 1

덮밥 → 세계 2

라면 → 세계 3

돈까스 → 세계 4

스시 → 세계 5

악마　15년 후의 너를 만나게 해주고 싶어 미치겠네.

미쓰로　왜? 설마 찌질해?

그때 현관 벨이 세차게 울리기 시작했다.

겐지　어이, 미쓰로. 학교 가자! 일어나! 졸업학점 따야지!

불행 아닌 것이 당신을 행복하게 한 적은 없다

미쓰로 제발 벨을 연속으로 누르지 마. 몇 번이나 말을 해야 해? 니가 무슨 장기의 명인이라고.

겐지 애써 깨워주었으면 고맙다는 말 정도는 해야지.

미쓰로 진작에 일어났어.

겐지 어라, 웬일로.

근데 뭐야 이 방, 사우나처럼 뿌옇게 흐린 것 같아.

미쓰로 아침에 일어났더니 샤워기가 그냥 틀어져 있었어. 아무 기억도 안 나.

겐지 미쓰로, 너 어제, 노래방 끝나고 정말 대단했어.

주인공 카데루보다 더 난리법석이었다니까.

미쓰로 아, 그랬구나. 어제 카데루를 위로해주려고 다 같이 노래방에서 놀았구나. 레이코의 마음을 되돌리기는 힘들 거야. 바람피운 지가 잘못한 거지.

겐지 하긴 살다가 처음으로 차였으니 미련이 남을 만도 해. 너희 둘 말이야, 노래방을 나와서 '신이시여, 여친을 돌려주소서!' 하고 얼마나 외쳤는지.

너도 마코토도 어깨동무를 하고 말이야. 마코토 녀석은 여친도 있으면서.

미츠루	웃기네, 마코토도……. 엉? 자, 잠깐만 겐지! **그러니까 카데루의 바람이 이루어졌어!**
겐지	무슨 말을 하는 거야 너? 아직 안 돌아왔어. 어제 새벽 3시까지는 말야.
미쓰로	아냐, 어제 바로 이루어졌다니까! 인간양복이다!
겐지	너하고 카데루가 생각한 망상 양복 말인가? 이 세상 누군가의 인생을 하루만 입는다는 거?
미쓰로	그래, 그래. 이렇게 생각해봐. '그녀를 되찾고 싶어!'라는 꿈을 가진 누군가가 있어.
겐지	그러니까 그게 카데루라니까.
미쓰로	**아냐. '그녀를 되찾고 싶어'라는 꿈을 가진 어떤 사람이야.** 미래에서 온 사람이나 우주인이라도 상관없어. 그 자식이 꿈을 이루기 위해서는 어제의 카데루를 입으면 돼. 그러면 그녀를 되찾고 싶다는 꿈이 이루어져. **그녀를 되찾고 싶은 놈이 어떤 기분으로, 어떤 행동을 하고, 어떤 현실에 놓이는지를 체험할 수 있어.** 카데루라는 인간양복을 입기만 하면.
겐지	자, 잠깐만. 어제, 누군가가 카데루를 입었다는 말이야? 이거 좀 무섭네. 이 방, 악마가 나올 것처럼 연기가 가득하기도 하고.

미쓰로　달라붙지 마, 기분 나빠.

겐지　하긴 어제 카데루 자식 좀 이상했어. 귀신 들린 느낌이었다니까.

엉? 미쓰로. 그러고 보니 너도 오늘 좀 이상해. 지금 누군가가 너를 입고 있는 거 아냐?

미쓰로　난 아무래도 좋아. 문제는 어제의 카데루야.

겐지가 아까 힌트를 준 건데 말이지. 잘 들어. **그녀를 되찾고 싶다는 바람을 이루기 위해서는 딱 한 가지** 필요한 게 있어. 뭐라고 생각해?

겐지　딱 한 가지? 카데루가 좀 더 멋지게 변하는 거?

아, 바람피운 거 반성하는 자세?

알았다. 전 여친 레이코의 마음이 바뀌는 거다!

미쓰로　아냐. 그런 건 아무래도 좋아. 여친을 되찾고 싶은 바람을 이루려면 딱 한 가지 절대로 빼놓을 수 없는 게 있어. **그건 지금 여친과 헤어진 상태여야 한다는 거야.**

겐지　엥?

미쓰로　그렇잖아. 마코토가 그런 꿈을 이룰 수는 없어. 마코토는 아직 잘 사귀고 있으니까. 여친이 있는데 여친을 되찾고 싶은 바람이 이루어질 리 없잖아?

겐지　불가능하지. 이미 여친이 있으니까. 여친 있는 놈은 자격이 없어.

미쓰로   그러므로 여친을 되찾고 싶다는 바람을 이루기 위해
        서 딱 한 가지 필요한 조건은 **'지금 여친이 없다'**라고
        할 수 있어.

겐지   맞는 말이야. 무슨 노래 가사 같기도 하고. '내 오른
        손은 어디에?' 이런 구절에 나오는 노래. 그 노래는
        오른손이 있는 놈은 절대로 부를 수 없다고, 어제 노
        래방에서 꽥꽥 소리 질렀으니까.

미쓰로   전혀 기억 안 나.

겐지   지가 불러 놓고! 노래 끝나고 너, "오른손을 가진 사
        람이 오른손을 갖게 해달라고 기도해도 절대로 이루
        어지지 않습니다. 이미, 짜잔─, 오른손이 있으니까.
        지금까지, 미쓰로였습니다"라고 말하면서 오른손으
        로 마이크를 내려놨었지. 얼마나 웃었는데.

미쓰로   개그 수준이 정말 낮네, 우리.

겐지   다들 무슨 일이라도 웃을 태세였어. 완전 취했으니까
        말야.

미쓰로   근데 겐지, 그 오른손을 가진 사람이 그래도 반드시
        오른손을 가지겠다고 우긴다면 말이야. '무슨 일이
        있어도 오른손을 가지게 해주세요! 신이시여!'라고.
        어떡해야 돼?

겐지   오른손을 가지고 싶다는 바람의 반드시 이루고 싶다

┃'바람'과 그 바람을 이루어 줄 필요조건의 관계성

당신의 바람	필요조건
여친을 되찾고 싶어!	지금 여친과 헤어진 상태이다
온천에 가고 싶어!	지금 온천에 있지 않다
회사를 그만두고 싶어!	지금 회사에 다니고 있다

면, 일단 그놈의 오른손을 부러뜨릴 수밖에 없지 않을까?

미쓰로　　바로 그거야. 소원을 이루기 위해서는 그 바람이 이루어지지 않은 상태가 반드시 필요해. **아직 이루어지지 않았기에 꿈을 이룰 수 있을 테니까.**

⋯⋯.

어라⋯⋯. 그렇다면⋯⋯.

행복해지고 싶다는 바람을 가질 때, 바로 그 꿈을 이루기 위해서 지금 행복하지 않은 현실이 바로 눈앞에 마련되어버리는⋯⋯.

그래. 각하는 이런 것을 잘못된(바람의 시스템) 거라고 했던 거야⋯⋯.

부자였으면 하고 바라는 순간 돈이 없는 현실이.

멋진 사람이 되고 싶다고 비는 순간, 멋없는 자신이.

본인의 바람을 이루기 위해서 눈앞에 이루어지지 않은 현실이 마련되어 있었던 거야. 그리고 본인만이 눈앞에서 이미 이루어져 있다는 사실을 깨닫지 못하고 있어…….

겐지, 넌 꿈이 뭐야? 혹시 너도 누군가가 겐지를 입고 있을 가능성이 있어. 누군가가 네 안에 들어와서 네 인생을 즐기고 있다는 것은 **너를 입으면 가능한 체험을 갈구하기 때문일 거야.**

너, 무슨 꿈같은 거라도 있어?

겐지　부도칸에서 라이브하고 싶어.

미쓰로　그렇지. 겐지를 입으면 그 꿈을 이룰 수 있어.

겐지　엉? 나를 입으면 부도칸에서 라이브를 할 수 있어?

미쓰로　아냐. '부도칸에서 라이브하고 싶다'가 이루어져. 너를 입기만 하면 그 꿈 같은 체험을 할 수 있어.

기타 연습을 하고 노래 연습도 하고 부도칸의 팸플릿 가져와서. 그 녀석은 겐지를 입음으로 해서 부도칸에서 라이브하고 싶다는 바람을 이루고 있는 거야.

그랬어. 겐지도 인간양복으로 이미 사용되고 있었던 거야…….

겐지　나도? 그렇다면 우리는 물론이고 **세계의 모든 인간이 이미 누군가의 인간양복으로 사용되고 있다**고 봐야 하잖아? 봐, 온 세계 사람들이 눈앞에서 뭐가 됐든 체험을 하고 있어.

유명해지고 싶어 하는 사람 앞에서는 유명해지고 싶다가 이루어지고 있어. 여친을 가지고 싶어 하는 사람 앞에서는 여친을 가지고 싶다가 이루어지고 있어. **예외 없이 모든 사람이 눈앞에서 그 바람을 이루고 있는데도** 본인들은 전혀 그런 사실을 깨닫지 못해. 자신의 바람이 이루어지지 않는다고 말해. 그렇지만 자신이 누군가의 양복이 되어 있다고 생각한다면, **이미 자신의 바람이 눈앞에서 이루어지고 있었다는 사실을 알게 될 거야.**

미쓰로   전 세계 사람이 사실은 인간양복으로 사용되고 있었다……. 무슨 영화 같네!

그렇다면 지구는 '누군가'의 체험을 이루어주기 위해 준비된 것인가?

겐지   그럴지도. **아무튼 우리가 인간양복 그 자체라는 것만은 분명해.** 사람은 다 밤이면 잠을 자잖아? 이건 정말 이상한 시스템이라고 생각한 적이 있었어. **어떤 사람도 반드시 잠을 잔단 말이야.** 이상하잖아? 그건 우리가 잠든 사이에 이 인간양복을 벗어버렸기 때문이야. 우주인인지 미래인인지는 모르겠지만, 거기서 일단 게임을 종료하는 거지.

미쓰로　맞아. 그리고 다음 날 아침, 어떤 다른 인간양복을 입는 건가. 잠을 개입시켜 기억을 리셋하는 거야!

겐지　맞아. 리셋 버튼이 '잠'이란 놈이야.

미쓰로　**분명 기억이란 건 '지금' 만들어내는 것이니까 얼마든지 날조할 수 있어.** '어제도 나였다' '그제도 같은 인간이었다'라는 건 그냥 프로그램일 뿐이야. 그 데이터를 준비해두면 양복을 입은 사람은 입는 순간 어제도 나였다고 착각할 따름이야.

겐지　그렇다면 아침에 일어나면 이 스토리가 시작된다는 건가. 인간은 매일 아침 일어나……. 그리고 현관문을 열면 변함없는 거리가 나타나. 마치 무대 장치처럼. **장치 안에 놓인 인간양복을 입은 '나'의 하루가 일어나는 거야.** 그러면 인간양복을 입고서 체험하고 싶은 '현실'을 체험할 수 있어.

이런 인간양복 덕분에 오늘도 온 세상 사람이 자신의 바람을 이루어가고 있어. '키가 크고 싶다'고 바라는 사람 앞에는 키가 크지 않는 현실이 떡 버티고 있어. 그러므로 그 하루는 '키가 크고 싶다'를 체험할 수 있는 거야!!

'대저택에서 살고 싶다'는 사람 앞에는 대저택이 아

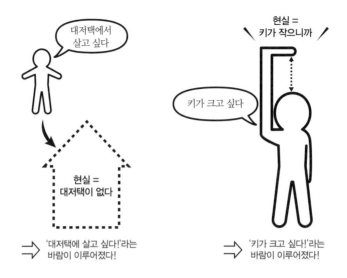

넌 싸구려 단칸방이 마련되어 있어. 그러기에 그 하루는 '대저택에서 살고 싶다'라는 꿈같은 체험을 할 수 있어!! 모든 것을 체험해나가는 체험 게임! 지금도 누군가가 온 세상에 놓인 인간양복으로 꿈을 이루어가고 있다.

미쓰로   대단해, 이거……. 겐지, 너 정말 대단하구나.

① **이미 누군가가 온 세상 사람 가운데 누군가를 입고 있고 있다.**

② **그리고 온 세상 사람이 눈앞에서 이미 꿈을 이루고**

있다.

…….

이거 빨리 카데루한테 가르쳐줘야지!! 논문이 나오
면 노벨상은 따 놓은 당상이 아닐까?

그래, 나가다한테도 말해보자! 그 녀석은 교수니까,
노벨상 따는 법 정도는 알고 있을 거야.

황망히 방에서 뛰쳐나가는 대학생 둘을 안개 속에서 지켜보
는 자가 있었다. 그 녀석은 문이 닫히는 소리를 확인한 다음,
'이히히히힛' 하고 웃기 시작했다.

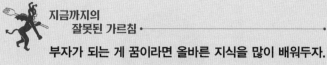

악마의 속삭임

눈앞에 이미
'부자가 되고 싶다'가
이루어져 있어

미래의 내 속에 들어가는 이미지
a way to blow away your anger

시간의 흐름은 환상이다. 그러니까 네 녀석은, 미래의 '자신' 안에 들어 있다고 할 수 있다. 눈을 뜨고, 그저 이미지화하는 거다. 미래에 모든 것을 이룬 '나'를.

포인트는 이거다. 오감을 사용해라!

꿈을 이룬 그 미래의 '나'는 어떤 풍경을 보고 있는가?

저택 안에서 보면, 유리창 밖에 무엇이 보이는가?

바다가 보이는가?

그걸 '이미지 속에서 보는' 것이다.

그다음, 그 저택에서는 어떤 냄새가 나는가? 부엌에서, 개인 요리사가 요리하고 있나? 그것은 달콤한 향기인가?

그래서 그것을 먹으면, 어떤 맛인가?

거실에 돌아와서 손으로 그 벽을 만져보라. 천연 소재로 만든 벽과 바닥은 어떤 감촉인가?

게다가 그 미래의 나는 어떤 소리를 듣고 있는가? 저택 바깥에 지저귀는 작은 새의 소리? 그 방은 더운가? 추운가?

그래서 결국엔 그 '미래의 나'는 어떤 감정을 느끼고 있는가? 행복한가? 그것을 가슴으로 느껴보라.

이런 식으로 오감을 모두 사용해서 '마치 현실처럼' 이미지화해보라.

분명, '앗' 하는 순간에 상상했던 현실이 창조된다.

4

몸이라는 신전

몸이라는 신전

올바름 뒤에 감춰진 권력자의 의도

아침. 눈을 뜨자 다시 다른 '나'가 시작된다.

누구나 있을 터인 이 감각이 싹을 틔운 것은 나이를 먹은 뒤일까 아니면 그 이전일까. 아까까지 다른 꿈을 꾸고 있었을 텐데 깨어나 보니 단 하나의 '세계'가 눈앞에 펼쳐져 있다.

내가 좀 더 멋지고 좀 더 자유롭고 좀 더 아무도 아닌 존재였던 듯한 그런 감각만이 남아 있다…….

이 '세계'에 초점이 맞을 때까지는.

카데루의 어머니 카데루, 일어나. 오늘은 삿포로 가는 날이잖
아. 오리엔테이션 준비는 했니?

내 이름은 카데루. 하코다테의 평범한 고등학생. 아니, 오늘부터 대학생. 이 세계에 초점을 맞출 수 있게 해주는 건 대체로 어머니의 목소리인데 오늘부터는 삿포로에서 혼자 생활한다.

'조금 전까지만 해도 다른 사람의 인생을 살고 있었는데.'

그런 생각을 하게 하는 단편적인 기억들이 냄새를 풍겨대는 이런 아침에는 일정한 룰이 있다는 것을 알고 있다.

평소하고는 완전히 다른 것을 하고 싶어진다.

절대로 가지 않을 그런 길로 들어가라고 뭔가가 유혹한다.

마치 악마의 유혹처럼.

이를테면 오늘이 그랬다.

굳이 말하자면 반에서도 눈에 띄지 않는 지극히 평범한 나 같은 타입이 왠지…….

카데루　처, 처음 뵙겠습니다.

겐지　이 자식 왜 미쓰로에게 말을 높이지? 아직 들키지 않은 거야?

미쓰로　시끄러, 네가 왜 여기 있어? 신입생 오리엔테이션이 잖아? 2학년인 네가 있으면 안 되지.

겐지　야, 이 자식아! 외로울 것 같아 애써 찾아준 이 형님의 따뜻한 마음을 마구 짓밟아버리는 그런 말을! 끝나고 운동장으로 나와!

미쓰로 너 무슨 양아치 중학생 같은데.

신입생 가운데 예쁜 애 없을까 살피러 온 주제에.

카데루 아, 저. 미쓰로 씨는 2학년이었던가요?

겐지 말 안 높여도 돼. 이 자식도 1학년이니까.

아, 나는 2학년 겐지. 잘 부탁해.

물론 나한테는 말 높여도 돼. 2학년이니까. 유급생들
은 꿈꿀 수도 없는 그 '2학년' 말야.

미쓰로 첫. 에헴, 그러니까 여러 가지 사정으로 두 번째 1학
년을 즐겨보려 하는 참이지요. 나, 사토 미쓰로라고
하옵니다.

겐지 높임말, 이상해.

미쓰로 카데루 님이 말을 높이니까 우리도 거기에 맞춰야지.

카데루 내 이름, 어떻게 알았어요?

미쓰로 그대의 이름을 알고 있는 이유는 아까 오리엔테이션
에서 자기소개하는 걸 들었기 때문이옵니다.

겐지 높임말 이상하다고.

미쓰로 자기소개할 때, 그런 말을 하다니. 진짜 몸이 움찔했
다니까. 뭐라고 할까 그……. 카데루는 범생이 같은
느낌이 들잖아? 그런데……그렇잖아, 겐지?

겐지 우리도 지금 너에 대해 말하고 있었어. 어디를 보나
이파리 같은 건 안 피울 것 같다고.

카데루 아, 대마초 말인가요?

미쓰로 그럼. '자유로운 토론 테마를 모집합니다'라고 말했던 선생도 움찔하더라니까. '대마초에 대해 토론하고 싶습니다'라고 학생이 말할 줄이야.

카데루 **그런 이미지를 가지는 것 자체가 이미 세뇌되었다는 겁니다.** 미쓰로 씨도 '대마초 = 마약'이라는 이미지를 가지고 있으세요?

미쓰로 이미지라고 해야 하나, 그렇지 않을까?

카데루 **고작 60년 전만 하더라도 대마는 일본 전역에서 재배되고 있었습니다.**

미쓰로 엉? 우리나라 국민 모두가 중독자였어?

카데루 원래는 섬유용으로 재배한 거예요. 신사神社의 신성한 금줄은 지금도 대마로 만들죠. 옷도 만들고 씨로 기름을 짜 연료로 쓸 수 있습니다. 열매는 먹을 수 있고 섬유를 발효시키면 노란색으로 변합니다.

　요컨대 대마는 쓸모가 많아요. 그리고 재배도 쉽습니다. 다만 그게 약점이었습니다.

　'비용은 적게 들면서도 여러 용도로 쓸 수 있다.'

　그 때문에 대마는 종전 후 미군의 방침으로 금지되었습니다. 석유제품과 경쟁할 수 있으니까요. 석유로 할 수 있는 건 모두 대마로 할 수 있습니다. 더 싸게.

더 간단하게. 그래서 석유제품이 안 팔리면 곤란한 겁니다. 그래서 금지되었어요.

표면적으로는 '마약이니까'라고 하지만, 자세히 알아보면 진짜 이유는 다른 곳에 있습니다. **올바름의 뒤에는 권력자의 의도가 있어요.** 게다가 여기 홋카이도에도 대마가 자생하고 있다구요.

다음으로 '이 몸'을 사용하는 사람을 위해서

겐지   엉? 대마가 아무 데서나 자란다고?

카데루   이 대학 앞의 전철역 이름도 '대마大麻역'이잖아요. 그건 이 부근에도 옛날에는 대마가 무성하게 자라고 있었기 때문이지요.

미쓰로   흠, 넌 어찌 그렇게 대마에 대해 잘 알아?

카데루   레게를 좋아해요. 정확히 말하자면 자메이카의 노동자 계급을 중심으로 발생한 '라스타 사상'을 좋아합니다.

미쓰로   오! 음악 좋아해? 그럼, 우리 서클에 들어와. 초심자

❘ 대마제품과 석유제품

대마제품	석유제품
신사의 금줄	플라스틱
	아스팔트
	합성고무
양복	화장품
연료	가솔린
식품	화학조미료

　　　　도 많이 모인 서클이니까 악기를 못 다뤄도 괜찮아.

카데루　미쓰로 씨는 보컬이죠?

겐지　아냐, 이 자식은 드럼. 대학 들어오기 전부터 했어.

　　　　그리고 나는 기타. 대학에 들어와서 시작했어.

　　　　작년 축제 때는 밥 말리의 곡 같은 것도 연주했지.

카데루　나도 예언자 밥 말리를 정말 좋아해요!

　　　　그는 레게를 통해 전 세계에 라스타 사상을 널리 알

　　　　렸어요.

미쓰로　예언자라니?

카데루　**레게 용어로 '비전'이라고 하는데, 미래 세계를 예지하**

　　　　는 겁니다. 밥 말리는 20대 때 자신이 36세에 죽을 것

　　　　이라 예언하고, 또한 30대 때 총격을 당하기 이틀 전

에도 총을 맞는 비전을 보았다고 친구에게 말했다고
합니다.

미쓰로 뭐가 뭔지 잘 모르겠지만 예언자란 사람 말이야,
왜 '그럼, 피하면 되잖아!'라고 생각하지 않을까? 예
수도 마찬가지야. 십자가에 못 박힌다는 걸 이미 알
고 있었으니까 거기 안 가고 싶다는 생각을 해야 하
잖아?

카데루 **피할 수 없는 흐름도 있을 겁니다.** 또는 비전을 보았
지만 본인의 뜻으로 그 운명을 살리라 생각했을지도.
밥 말리는 총에 맞는 미래를 피하지 않았어요. 왜냐
하면 총에 맞은 다음, 세계에서 가장 유명한 평화콘
서트를 열 필요가 있었으니까.

또 총에 맞을지도 모를 상황에서 무대에 선 그는 대
립하는 두 정치집단을 무대 위에서 악수하게 만들었
어요.

밥 말리의 노래가 자메이카에서 몇 백 명에 이르는
사망자를 내던 항쟁을 멈추게 하고 그들을 '하나'로
만들었지요.

겐지 아, 그건 나도 알아. 'One Love Peace Concert'. 세계
에서 가장 유명한 콘서트. 비디오를 보았는데 무대에
서 미친 듯이 춤추는 밥 말리, 완전히 도취했더군. 신

들린 듯한 그 모습, 정말 좋았어.

카데루 실제로 신이 깃들었을 거예요.

레게에서는 인간의 '몸'을 신전이라고 생각하지요.

신전이라 할 몸속에 뭔가가 깃든다는 사상입니다.

그래서 몸은 절대로 오염되어서는 안 되는 겁니다.

신전이니까 알코올도 담배도 안 돼요. 식사도 아이

탈Ital푸드라고 해서 자연에서 난 것만을 먹습니다.

미쓰로 그렇다면 레게 사람들은 왜 마약을 해? 보기에도 몸

에 안 좋을 것 같은데.

카데루 그러니까 그게 마약이 아니라니까요. 자연에서 나는

대마초입니다. 석유로 만들어진 화학 약물과는 달리

대지에 뿌리내리고 자라는 대마초가 몸에 해로울 리 없어요.

겐지 그럴 거야. 그냥 배가 좀 아플 뿐이지.

아, 카데루. 난 말이야, 법적으로 허용된 네덜란드에서 피웠을 뿐이야.

카데루 네덜란드에서는 정당한 것이 일본에서는 금지된다는 것은 정말 이상해요. 일본 사람도 네덜란드 사람하고 같은 몸 구조를 가지고 있는데.

자메이카에서는 그것을 '간자Ganja'라고 합니다. 우리가 말하는 대마초지요. 신을 만나게 해주는 도구이기에 일본의 모든 신사에서 활용되고 있는 겁니다.

대마초만이 아니라 세계 각지의 원주민이나 애버리지니(오스트레일리아 원주민 - 옮긴이)는 제각기 그 지역에서 자생하는 환각 성분을 가진 약초를 활용하여 날이 샐 때까지 춤을 추는 문화가 있습니다. 그렇게 함으로써 신의 세계에 들어가 비전을 보는 겁니다.

미쓰로 그 '몸은 신전'이라는 사고방식 말이야, 렌터카 같은 느낌? 다음 날은 다른 사람이 탈 테니까 안을 더럽혀서는 안 된다는.

카데루 **안쪽만이 아니라 바깥쪽도 더럽혀서는 안 된다고 합니다.** 밥 말리가 어떻게 죽었는지 아세요?

겐지 온몸이 암으로 덮였다고 하던데.

카데루 라스타 사상에서는 신전이라고 할 몸에 칼을 대서는
안 됩니다. 그래서 암이라는 진단을 받고서도 수술을
거부했습니다. 머리카락도 자르면 안 됩니다. 그래서
레게 팬들 가운데 드레드가 많은 거예요.

겐지 그거, 멋으로 하는 게 아니었어? 자르면 안 되니까 그
렇게 머리카락이 꼬불꼬불 엉켰구만.
아, 미리 말해두겠는데, 미쓰로의 머리카락이 지금
드레드인 건 그저 여자 눈을 끌고 싶어서야.

미쓰로 아닐 말씀. 이건 사상적인 이유 때문일 뿐이옵니다.
카데루, 말 잘 했어, 내가 드레드인 이유를. 신전과 같
은 몸에 상처를 낸 겐지는 지옥에 갈 수밖에 없겠군.

카데루 그렇지만……, 미쓰로 씨는 드레드이긴 하지만 피어
싱하고 있으니까, 틀렸어요. 사상적으로 보자면, 지금
저 모습은 완전 엉터리지요. 흐흐.

미쓰로 뭐야, 이 자식. 웃었어, 카데루! 선배 앞에서!

겐지 선배가 아니라 같은 1학년이잖아, 너! 2학년은 나 하
나뿐이니까 미쓰로도 지금부터 말 높여.

미쓰로 뭐라고??

카데루 아, 다행이네. 좀 무서웠는데 두 사람한테 다가간 게.

미쓰로 왜 우리한테 말을 걸었어?

카데루   몇 번 꿈을 꿨는데 미쓰로와 닮은 사람이 나와서.

　　　　좀 더 나이 든 아저씨였긴 하지만.

미쓰로   자슥이, 이름까지 그냥 막 불러!!

　　　　최소한 미쓰로 씨라고는 해야지!

아침. 눈을 뜨면 또 다른 '나'가 시작된다.

아까까지 뭔가 다른 꿈을 꾸고 있었는데…….

이를테면 그거, 대학에 들어오기 3년 전의 '나'였던 듯한 느낌이었다.

그런데 잠에서 깨어나 보니 삿포로에 있는 낯익은 내 원룸 천장이 눈앞의 '세계'를 준비해두고 있었다. 마치 새로운 '나'가 매일 아침 제각기 다르게 시작되는 것 같다.

아무튼 혼자 생활하는 덕분에 꿈의 기억을 추적해볼 시간이 늘어났다. 꿈과 현실이 교차하는 이 '몽롱한 시간'을 가차 없이 깨뜨려버리는 엄마의 목소리가 여기서는 안 들리니까.

오늘도 당연히 안 들려…….

미쓰로   일어나! 카데루!!

카데루   아 쫌! 나른하고 몽롱한 이 시간을 빼앗지 마! 인생에서 가장 행복한 시간이잖아!!

　　　　그런데 너, 어떻게 내 방에 들어온 거야?

겐지   레이코에게 차이고 그 충격으로 혹시⋯⋯.

그래서 우리 부대가 방문을 억지로 부순 거지.

카데루   이런⋯⋯, 어이, 제정신이야, 너희들.

어떡할 거야, 저 문!!

미쓰로   사람의 생명에는 가격을 매길 수 없어. 알바 열심히

해. 아무튼 학교 가자! 겐지가 알아차린 거지. 카데루

의 '인간양복 이론'으로 난 노벨상 노릴 거야!

카데루   이건 또 무슨 말? 도통 뭐가 뭔지 모르겠어.

왜 나의 이론으로 니가 노벨상 타는데?

세 사람, 아니 학생 대부분이 사는 원룸 거리. 각자의 방에서
3분도 안 되는 거리에 대학 캠퍼스가 있다.

캠퍼스를 중심으로 학생을 위한 원룸이 늘어서면서 형성된
그 거리에는 학생들만이 산다.

그렇지만 눈보라 휘날리는 그날 캠퍼스로 이어지는 길에는
세 사람의 발자국만 찍혀 있었다.

나가다   야만!(Ya-man, '어이' '안녕' 정도의 뜻, 레게 용어 - 옮긴이)

오늘은 폭설 때문에 모두 휴강인데 뭐하러 학교 온

거냐, 너희들.

미쓰로   선생님, 노벨상 타려면 어떡하면 되죠?

나가다　엉?

미쓰로　겐지, 어떡할까? 선생님한테 말해? 드라마 같은 데
　　　　보면 학생이 제시한 아이디어를 교수가 훔치고, 그걸
　　　　숨기기 위해 학생을…….

나가다　나는 명예 따위 관심 없어.

미쓰로　그럼 선생님한테만 말해둘까. 선생님, 카데루가 라스
　　　　타 사상을 기반으로 생각해 낸 '인간양복'이란 거 기
　　　　억하세요? 온 세상 사람들을 마구 바꿔버리는 기술
　　　　이 있다면 하고 싶은 대로 할 수 있다고 수업 시간에
　　　　마구 떠들어대던 망상 말이에요.

나가다　그런 걸 의식실험이라고 해, 망상이 아니라. **아인슈**
　　　　타인이나 뉴턴이 즐겨 사용하던 방법이야. '만일 ○○
　　　　라면?'에서 생각을 시작하여 그것을 증명하는 사실을
　　　　하나씩 갖다 붙여가는 방법이지.

미쓰로　아무튼 오늘 아침 내가 깨달은 건데…….

겐지　엉? 내가 깨달은 거잖아!! 왜 훔쳐?

미쓰로　온 세상 사람이 '그냥 양복'이라고 한다면 말이죠.
　　　　온갖 장소에서 온갖 체험을 할 수 있는 인간이라는
　　　　양복을 놓아두는 거죠. **아침에 마음에 드는 양복 안에**
　　　　들어가 그게 놓여 있는 장소에서 인생을 즐기는 게임.

나가다　들었어, 수업 시간에.

미쓰로 그 뒷얘기가 있어요. '유명해지고 싶어'라는 현실을 체험하고 싶은 인간은 겐지를 입으면 됩니다.

그러니까 겐지를 입으면, '남의 아이디어를 훔쳐서 자기 것으로 만들려는 체험'이나, '기타도 잘 치지도 못하면서 부도칸에서 라이브하고 싶어 하는 체험' 등. **종합적으로 '유명해지고 싶어'라는 세계를 체험할 수 있습니다.**

그런데 여기서부터는 오늘 아침 내가 깨달은 것인데, 양복 안에 들어간 놈은 이미 겐지가 되어버렸어요. 겐지 그 자체. '겐지'를 입기 전 기억을 지워야만 그 체험 게임을 즐길 수 있으니까요. 그렇게 생각해볼 때, **온 세상 사람은 이미 뭔가를 입은 상태에 놓여 있지 않은가** 하구요.

사실 누군가가 매일 아침 일어나서 움직이기도 하고. 그리고 온 세상 사람 눈앞에서 그 사람의 바람이 실제로 이루어지고 있다는 사실도 알아냈습니다.

이 이론을 우리 셋의 첫 글자를 따서 '미쓰로 이론'이라고 이름 지을까 해요.

겐지 우리 이니셜이 안 들어갔잖아!

카데루 온 세상 사람의 꿈이 눈앞에서 이루어지고 있다고?

난 오늘 아침 그런 이야기 못 들었으니까 설명 좀 해

봐. 나는 '레이코를 되찾고 싶어'라는 바람을 가지고 있는데, 지금 눈앞에서 이루어지고 있지 않아. 관계를 회복하지 못했으니까.

세계는 리얼 매트릭스

겐지 이루어졌다니까. 카데루의 꿈은 '레이코를 되찾고 싶어'잖아? 너를 입으면 지금 그 꿈을 이룰 수 있어. '레이코를 되찾고 싶어'라는 체험을 너만큼 확실히 할 수 있는 사람이 또 있을까?

카데루 이 세상에서 '레이코를 되찾고 싶어'를 가장 바라는 사람은 '나'라고 확신해. 그렇지만 무슨 말인지 모르겠어.

미쓰로 카데루를 입으면 '레이코를 되찾고 싶어'가 이루어져. 바꾸어 말해 카데루의 바람을 이루기 위해서 마련된 현실체험 무대가 바로 '세계'라는 거야.

나, 겐지, 나가다 선생님에게도, **온 세상 모든 사람 앞에는 지금 '세계'라는 게임화면이 보이는 거야. 그리고 그 모든 세계가 예외 없이 그 사람이 바라는 그대로야.**

이게 내 이론인 '인간양복'이란 거지.

카데루 그러니까 '내' 이론이란 거지. 어쩐지 알 것 같아.

이거, 영화 〈매트릭스〉 같은 세계잖아. 각자의 '나' 앞에 각자의 '세계'가 마련되어 있어.

미쓰로 나 아직 못 봤는데, 재미있어? 그 영화.

카데루 입학했을 때부터 보라고 몇 번을 말했는데. 그런 영화도 안 보고 어떻게 인간양복을 이해할 수 있었던 거야? 벌써 지난달에 속편이 개봉했어.

미쓰로 엉? 아직 1편도 안 봤는데, 벌써!!

카데루 '벌써'가 아니야. 너한테는 4년이란 시간이 있었어! 그 감독, 분명히 레게의 영향을 받았어. 〈매트릭스〉에 등장하는 '자이온zion(또는 시온)'이나 '트리니티(삼위일체)'나 '예언자'는 레게에서 중요한 위치에 있으니까. 표절이다, 표절.

나가다 자네들 이야기는 언제나 재밌어. 근데, 노벨상은 무리야.

미쓰로 엉? 왜요? 그렇게 수준이 높아요, 노벨상이?

나가다 그건……. 내가 받을 테니까!

미쓰로 위험해! 도망쳐! 이 자식, 우리를 처리할 생각이야!!!

카데루 저……, 선생님. 장난치지 마시구요, 왜 노벨상을 받을 수 없는지 가르쳐주세요.

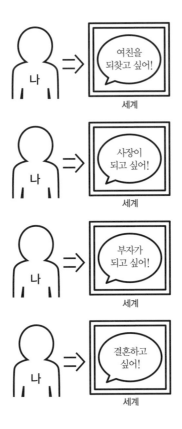

나가다 이미 모두 알고 있는 것이니까 말이야. 이를테면 '세
계'와 '나'의 대화. 그것은 양자역학에서 말하는 '관
찰자'와 '대상'의 이야기야. **눈앞에서 일어나는 모든
것이 그 사람의 '관측 대로'라는 거지.** 이것은 실험결

과로 나온 거야. 또한 나와 세계는 대칭성을 가지고 발생하는 스핀의 다른 짝 입자를 말하는 것이지. **간단히 말해, 나와 세계는 늘 거울 관계에 놓여 있어.**

내가 '보는' 인간이라면 세계는 '보이는' 것이야. 내가 원했다면 세계는 원해진 대상이다. 돈을 가지고 싶은 '나' 앞의 '세계'에는 욕망의 대상이 된 돈이, 부도칸에 서고 싶은 '나' 앞에는 욕망의 대상이 되는 부도칸이 '세계'로서 비쳐 나와. **'나'와 '세계'는 늘 정반대의 거울 관계에 놓여 있어.**

겐지 와, 정반대!

나가다 나아가 인간양복이라는 거, 아주 재미있는 아이디어이지만, 그럼 그 안에 들어가는 것은 누굴까? 거기까지 의식실험을 반복해봤어?

그리스철학에서는 그것을 '아르케arche**'라 하고, 신플라톤주의에서는 '일자一者'라 하고, 천체물리학자들은 그것을 '특이점'이라고 해.**

덧붙여서 카데루가 정말 좋아하는 밥 말리는 그것을 'One'이라 노래했지.

미쓰로 두 손 들었어. 어쩜, 그리스 시대부터 인간양복 속에 들어가는 것을 생각했다니.

나가다 다만 **이 모든 것을 하나로 연결해서 알기 쉬운 말로**

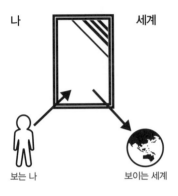

나 　 세계

보는 나 　 보이는 세계

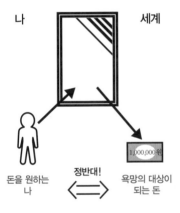

나 　 세계

돈을 원하는
나
정반대!
⟸⟹
욕망의 대상이
되는 돈

설명한 학자는 아직 없지. 너희라면 할 수 있을지도
몰라. 혹시 그런 업적이라면 노벨상 이상으로 가치
있는 책으로 정리될 수 있을지도 모르지.

좋아, 결정했어. 너희 졸업논문은 '인간양복론'이라는 제목으로 알기 쉬운 말만으로 그 내용을 정리하는 것으로 하지. 이번만은 각자 분담해서 세 명이 공저자로 논문을 써도 좋아.

미쓰로 세 명을 공저자로 하고, 그 이니셜을 따서 미쓰로 이론으로……. 그럼 됐죠, 선생님?

겐지 되긴 뭐가! 너 자꾸 억지 부릴 거냐?

카데루 그런데 선생님. 우리가 논문을 쓰는 것보다 선생님이 하나하나 알기 쉽게 설명 좀 해주세요.

미쓰로 그래, 그게 더 편하잖아.

나가다 힌트만 주기로 하지.

미쓰로 늘 그런 식이죠! 요전에는 우주는 인간에게 4%만 인지될 뿐, 나머지 96%는 볼 수도 만질 수도 들을 수도 생각할 수도, 아니 말로 나타낼 수도 상상할 수도 없는 미지의 존재라고 하는 통에, 그냥 푹 빠져들고 말았다니까.

왜요? 물었더니 '그 힌트는 《암흑물질》과 《다크에너지》에 있으니 스스로 알아봐'라면서 도망쳤잖아요.

나가다 도망친 게 아니야. **다른 사람 말을 듣고 알아서는 아무런 가치도 없으니까. 누군가의 올바름은 너랑 아무 관계도 없어.** 남의 올바름을 그냥 강요받는다면 숨이

막힐 뿐이야. **스스로 '깨닫는' 데 의미가 있지.**

그런데, 알아봤니? 다크에너지.

미쓰로 어제 헌책방에서 《다크에너지》를 착각해서 《암흑에
너지》라는 이상한 책을 샀어요.

나가다 그거면 돼. 앞으로 나아가. 자신의 세계를 자신의 손
으로 만들어가면 즐거운 거야.

그럼 이번에도 힌트 하나 줄게. 우주와 미쓰로는 누
가 더 나이가 많을까?

미쓰로 무슨 말씀이세요? 나는 아직 스물셋이라고요. 우주는
100억 살 정도잖아요?

나가다 **우주와 너는 나이가 같아.** '양자역학에서 관측자 효
과'를 공부해 봐.

다음으로 겐지. 겐지랑 우주 중에 누가 더 커?

겐지 내가 더 커요!

나가다 **우주와 너는 크기가 똑같아. 1밀리미터의 차이도 없이
정확히 질량이 같아.** '소립자물리학에서 짝생성과 짝
소멸'을 공부해 봐.

이번에는 카데루. 너는 더 열심히 레게를 듣도록 해.
'절대신 야훼'와 밥 말리가 노래한 '자! 리브스!'라는
말의 관계성, 사자와 유대족의 관련성을 알고, 나아
가 '하일레 셀라시아이!'를 춤추며 외칠 정도로 레게

에 푹 빠지도록 해봐.

카데루 '하일레 셀라시에'라는 말은 레게 가사에 자주 나오니까 유명한 황제의 이름인 걸 알고는 있어. 하일레는 '힘'이라는 뜻이고 셀라시에는 '삼위일체'라는 뜻이니까 '삼위일체의 힘'이라고 커버에도 번역되어 있다고.

나가다 아냐. '하일레 셀라시에'가 아니라 '하일레 셀라시아이!'라고 외치며 춤출 정도로……. 그 정도로 레게문화에 푹 빠져 끝까지 가보라는 거야.

당신을 운전하는 것은 누구?

겐지 그런데 왜 카데루만 늘 레게 듣고 춤을 춰야 하는데요? 나랑 미쓰로에게는 어려운 물리학이나 철학만 공부하라고 해놓고.

나가다 물리학과 음악은 다르지 않아. 유도와 다도도 다르지 않지.
모든 것은 하나로 이어지는 '길'.
어디서 시작하건 도달하는 곳은 '하나'.

그것을 자네들 언어로 표현해 봐. '나'와 '세계'라는 표현은 정말 멋져. '인간양복'이라는 표현도 아주 좋아. 어려운 말이나 학문에 속아서는 안 돼. 자신의 언어로 졸업논문을 만들어 보는 거야.

그럼 마지막 힌트. 이건 세 사람에게 묻습니다.

이 세계에 사는 인간은 몇 명입니까?

미쓰로   60억 정도였던가?

겐지   바보. 70억이 넘은 지가 언젠데.

나가다   둘 다 오답. **세계에는 오로지 일자라고 할 '나'밖에 없습니다.**

미쓰로   엉? 세계에는 나밖에 없어? 있잖아요. 겐지가 여기 있는데.

나가다   겐지가 있다고 말하는 내가 거기에 있을 뿐.

        세 사람 같이 선禪을 공부해보세요.

        그럼, 리스펙트!

건물 밖으로 나와 보니 눈발은 그쳤지만, 올 때 찍었던 세 사람의 발자국은 완전히 사라지고 온통 하얀 세상이었다.

미쓰로   도저히 상대가 안 돼, 저 선생한테는. 어려운 말 한 마디하지 않고 간단한 말로 학생의 호기심을 끌어내고, 조사도 하게 하고. 저 자식, 사기꾼 아닐까?

카데루   그러면서도 젊은이 문화에도 능통하고. 마지막으로 던진 '리스펙트!'가 뭔지 알아? 원조 레게 사람들이 '안녕!' 대신에 헤어질 때 사용하는 말이야.

겐지   대단하네. 만났을 때 했던 유명한 자메이카 인사말 '야만!'은 물론이고 '리스펙트!'까지 알다니, 진짜 리스펙트하게 되네.

미쓰로   하아…… 눈앞에 발자국을 남기고 나아가는 게 우리뿐인가……. 짜증 나!! 누군가 지나간 '올바른' 발자국을 따라가고 싶어.

봐, 저 편의점. 건물과 도로의 경계까지 완전히 눈에 덮여 버렸어. 어디를 걸으라는 거야?

편의점 앞 갈림길이 세 사람이 헤어지는 길.

달리면 5분 안의 장소에 서로의, 아니 다른 많은 친구들의 원룸이 있는 학생거리. 그 분쿄다이 거리가 눈으로 덮인 이런 밤은 '군중 속의 고독'을 말 그대로 눈이 실현해준다.

이런 작은 거리 안에. 이렇게나 좁은 공간에.

많은 친구들이 분명 살고 있다.

조금 걸어가면 매일 밤 어딘가에서 친구들이 떠들어대고 있다. 그리고 실제로 그 장소에 가지 않아도 '누군가가 있다'는 안도감을 느끼면서 방 안에서 '혼자'서 즐길 수 있는 이 사치.

군중 속의 고독이 좋아. 미쓰로는 그것을 이루어주는 꿈같은 분쿄다이와 눈 내리는 밤을 좋아했다.

악마　　많이 늦었네.

미쓰로　아, 완전히 잊고 있었어. 뭐라고? 악마라고 했던가?

악마　　코스프레가 아니라 진짜 악마지. 좋은 선생님이야. 그 친구는 선한 세력이 아냐.

미쓰로　선한 세력이 뭔데?

악마　　아, 그렇지. 미래의 너한테 설명했던 건가. **'선'이란 스스로 생각하지 않고 누군가의 올바름만을 받아들여 무작정 '악'을 두려워하는 작자들을 두고 하는 말이라는 것.**

미쓰로　오호. 찌질한 놈들 말이지. 그렇지만 촌스러워도 좋으니까 누군가 나한테 졸업논문의 내용을 간단히 가르쳐줬으면 좋겠어.

악마　　미래의 너에게 물어보면 돼. 매번 강연회에서 그런 이야기를 하고 있으니까.

미쓰로　엉? 강연회? 나, 종교라도 만들었어? 라이브가 아니라? 밴드는? 그만뒀어?

악마　　책을 썼지.《하느님과의 수다》라는 책이야.

미쓰로	와아, 완전히 맛이 갔단 말이네. 진짜 멋져. 하나도 촌스럽지 않고.
악마	너는 **미래에 누군가가 보고 있는 이 '나'라는 꿈**이라는 비유를 강연회에서 자주 써먹어. 가볼까? 미래로.
미쓰로	엉? 정말로?? 갈 수 있어??
악마	시간은 올바르다고 생각하는 한 방향으로 흐르지 않고, 올바름을 넘어서는 힘을 가진 악마는 거기에 좌우되지 않는다고 말하지 않았던가. 다만 갈 수 있는 사람은 카데루야.
미쓰로	엉? 왜? 내가 가고 싶어!
악마	**'너'가 '너'를 만날 수는 없어.** **이것이 'One'의 힌트야.**

눈을 뜨면 늘 다른 '나'가 시작된다. 다만 그 '나'가 시작되기 전에 아주 잠깐이지만 몽롱한 시간이 있다. 내가 '아무것도 아닌 무엇'이었을 때의 여운이 이어지는 시간이다.

그때 나는 세계에서 가장 멋진 순간을 맞이한다. 나에게는 그 몽롱함 속에서 몇 번이나 보는 같은 풍경이 있다.

무대에 서 있는 아저씨는 아주 유머가 풍부하여 자리를 꽉 메운 수만에 이르는 청중을 웃게 하고 때로는 고개를 끄덕이게 하고, 그리고 때로 울리기도 한다. 어디선가 본 듯한 느낌도 드는데 도무지 생각이 안 난다.

아저씨 **'당신'은 정말로 당신입니까?**

한마디로 오늘 강연 테마는 바로 그겁니다. 그걸 아주 멋지게 정리한 중국 고사가 있어서 늘 무대에서 이야기합니다.

여러분은 **'호접몽'**이라는 이야기 아시나요?

2000년 전 중국의 사상가 장자가 마루에 앉아 꾸벅꾸벅 졸다가 꿈을 꿉니다. 꿈속에서 장자는 나비가 됩니다. 꽃밭을 날고 꿀을 빨아 먹고 벌에게 쫓기는 그야말로 나비 그 자체. 그런데 퍼뜩 눈을 뜨고 보니 장자는 마루에서 자고 있었지요.

"뭐야, 나비 꿈을 꾸었던 거야?" 하고 말했을까요?

보통 사람이라면 그렇게 말했을 테지요. 그런데 이 사람은 당시 중국에서 가장 머리가 좋은 사상가였기에 이렇게 말했던 것입니다.

"내가 나비 꿈을 꾸었는지, 지금 나비가 '나'라는 꿈을 꾸기 시작한 것인지, 아무도 알 수 없어."

이거 맞는 말이잖아요? 꿈속에서 당신은 자신이 나비라는 사실을 조금도 의심하지 않았어요. 꿈이 시작되는 순간부터 완전히 나비였으니까. 지금 나비 꿈을 꾸고 있다는 것은 생각하지도 않았습니다.

똑같은 겁니다. 오늘 아침 당신은 사람으로서 잠에서 깨어났는지 모르겠지만, 누군가가 지금 '당신'이라는 꿈을 꾸고 있는 것일 수도 있지 않을까요?

어느 쪽이 꿈?

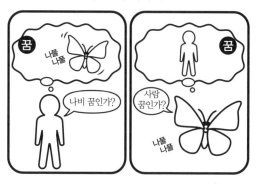

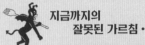

지금까지의
잘못된 가르침 •————————————————————•

눈앞의 현실은 분명히 '올바른' 것이고 확고한 사실이다.

◄ **악마의 속삭임** ►

누군가가 지금
'당신'이라는
꿈을 꾸고
있을지도 모른다

보름 후에 성격을 바꾸어주는 악마의 디톡스

a way to blow away your anger

신전이라 할 몸을 깨끗하게 유지할 수 있는 각하의 메시지:

식사는 종교다. 같은 종류의 음식을 배 속에 넣는 사람들은 같은 행동을 하고, 같은 발언을 하고, 같은 고민을 하게 되니까.

사람의 몸이란 처음에 '음식'이 있어 존재하나니.

너희가 몸 안에 넣는 것은 물질적으로는 '공기, 물, 음식'뿐이므로 그 안에 들어가는 물질의 차이가 그 몸이 나아가는 방향의 차이로 나타난다.

그러므로 패스트푸드를 먹는 젊은 애들은 같은 패션을 하고, 거의 비슷하게 꼭지가 돌아버리고, 같은 말을 사용하고, 같은 시간대에 오늘도 맥도날드에서 만나 수다를 떤다.

일단 패스트푸드라는 올바름을 몸 안에 집어넣은 자들이다.

채식주의자도 그렇다. 풀만 먹기 때문에 같은 사고를 가지고, 같은 패기로 이상을 외치고, 같은 패션을 하고, 같은 바람과 고뇌를 끌어안고, 같은 시각에 잠든다. 음식으로 조절되고 있다는 사실과 그 집단을 쉽게 상상할 수 있잖아?

식사란 하나의 종교다. 음식에 따라 사고만이 아니라 그 사람의 의사도 행동도 꿈조차도 변한다.

물론 거기에 좋고 나쁨은 없다. 짐은 다만 그 시스템을 설명할 따름이다. 같은 음식을 먹는 집단은 같은 행동양식을 가지게 된다고.

이런 시스템을 꿰뚫어 본 권력자는 '○○'을 올바르게 먹자는 세뇌작업에 들어간다. 같은 음식을 먹도록 유도하면 같은 올바름을 가진 집단을 쉽게 만들어 낼 수 있으니까. 이렇게 해서 선한 세력의 최초의 세뇌는 음식에서 시작된다.

모든 종교가 그렇다. 올바른 먹거리를 성전에 규정해 둔다. 올바른 그것을 먹으라, 올바르지 않은 그것은 먹지 마라.

장에서조차 당신의 의사를 조종하는 이 올바름을 넘어서기 위해서는? 더 올바른 음식을 먹는다?

아니다. 맨 처음으로 돌아가야 한다.

무엇을 먹는 것이 올바른가가 아니라, 거기에 앞서는 주제로, 애당초 '먹는 행위' 그 자체가 타당한지 의문을 가질 것.

너희 현대인은 '보다 올바른 것을 먹는다'를 반복하다 보니 이미 그 안은 독이 가득하다. 더 이상 아무것도 먹지 않는 게 좋다. 게다가 지금 시대는 자연 음식이 거의 없다. 그러므로 하루만이라도 좋다. '먹지 않는다'를 선택해 보는 것이다. 장에서부터 당신을 조종하는 올바름을 넘어서기 위해서.

단 하루, 그 몸에 깨끗한 물 이외에는 아무것도 넣지 않고 단식을 해보라. 그러면 그로부터 14일 반 뒤에 확실히 '의사'나 '바람'이나 '행동'이 변해버린 자신을 발견하게 될 것이다. 안쪽에서 당신을 조종하는 물질이 변하므로 당신의 행동이 저절로 변하는 것이다.

다만, 변해버리면 '변하기 전'의 일을 너희는 쉽게 잊어버리므로 단식을 하기 전의 '고뇌'나 '바람'이나 '의사'를 적어서 단식 14.5일 뒤에 그것과 비교해 보라. 분명히 다른 사람으로 변해 있을 것이다. 그리고 깨달아야 한다. 나는 내장의 뜻에 따라 움직이고 있었다는 사실을.

이 단식을 다른 말로 표현하자면, 몸이라는 신전에 공간을 만드는 것이다. 공간이 만들어졌으므로 처음으로 당신에게 새로운 가능성이 들어갈 수 있게 된다.

최신 의학연구에 따르면, 장에서 호르몬 전달물질이 나와 뇌에 전해진다는 것이 밝혀지고 있다. 뇌의 지령이라 할 '의사'나 '사고'나 '성격' 등은 먼저 '내장'의 지령으로 결정되는 것이라고.

이러한 관점에서 자폐증 아이에 대해 내장으로부터 접근하는 연구가 현재 진행되고 있다.

또한 미국의 다른 연구에서는 건강한 사람의 변을 다른 사람의 장 안으로 옮김으로써 증상이 개선되는 효과가 보고되고 있고, 나아가 그 성격도 건강한 사람과 비슷해진다는 것을 알게 되었다고 한다. 무엇을 먹었느냐에 따라 무엇을 생각하고 어떤 행동을 하는지가 결정된다. 각하의 힘찬 발언 '음식은 종교다'를, 앞으로 5년도 되지 않아 과학이 완전히 뒷받침해줄지도 모른다.

왜 '14일 반 뒤'인가는 명확하지 않다. 달 주기의 반을 뜻하는 것 같기는 한데, 아무튼 '당신'이 몸으로 실험하고 보고해 주길. 덧붙여서 달은 물을 움직이는 행성이다. 몸의 80%가 달에 따라 움직이고 있다.

5

잃어버린 부적

잃어버린 부적

당신의 한평생의 '순간'을 찍은 필름이 있다

아침. 샤워기 물소리가 다시 '나'를 '세계'로 되돌렸다.

미쓰로 누구야? 겐지? 여기서 잔 거야?

악마 무슨 말을 하는 거야. 오늘은 딸을 유치원에 데려다 주는 날이잖아? 빨리 준비해.

미쓰로 엉? ……응. 그렇구나.

나에게 '겐지'라는 친구가 있을 리 없다는 거지.

꿈이었나? 응? 아니야 분명히 있어.

겐지는 대학 친구야. 그랬어. 대학시절 꿈을 꾼 거야.

아, 행복했던 시절. 돌아가고 싶어, 분쿄다이.

악마 　짐이 곁에 있는 지금이 불행하다는 거야?

미쓰로 　아, 각하. 어라? 어쩐지 아주 오랜만에 보는 것 같은
데…….

악마 　그냥 기분 탓이야. 이 세상 모든 것이 기분 탓이지.

미쓰로 　기분 탓인지는 모르겠지만, 잠에서 깨기 전까지 대학
시절 겨울이었다는 기분이 들어요. 대학생에서 오늘
까지의 시간을 날려 보냈다고나 할까.

악마 　시간의 흐름은 환상이야. 올바른 한 방향으로 흐르지
도 않고 올바른 순서도 없어. **어제 '미래'를 체험하고,
내일 '과거'를 체험해도 되는 거야.**

미쓰로 　하는 말이라곤 전부 사람을 살짝 패닉 상태로 빠뜨리
는 말밖에 없네요.

악마 　필름 같은 것이지. **'순간'들의 필름이 있고, 그것을 열
장 늘어놓으면 '움직임'이 돼.**

미쓰로 　영화가 그렇죠. 24컷의 정지화면을 움직이면 겨우
'1초'의 움직임이 나오잖아요?
약 3시간짜리 영화 〈타이타닉〉이라면…….
24컷 × 60초 × 60분 × 3시간 = ……
계산이 안 되네. 감독이 고생했겠구만.

악마 　고작 3시간짜리 영화의 '순간' 필름이라 해도 무지막

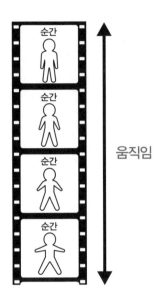

지한 숫자가 나오지.

그것이 한 사람의 인생에서 모든 순간을 기록한 필름이라고 생각해 봐. 태어나서 죽을 때까지 과거에서 미래까지 모든 순간의 필름을.

게다가 그 필름의 전 인류 분량을. 이미 세상을 떠난 사람의 일생 분량과 아직 태어나지 않은 사람의 일생 분량도, 거기에다 지금 살아가는 모든 사람의 일생 분량의 순간도. 그럼 몇 장일까?

미쓰로　아무튼 나는 도저히 계산할 수 없다는 것, 그리고 무지막지하게 큰 수가 나온다는 것만은 확실해요.

악마   **그야말로 무한수라고 해야겠지.** 전 우주의 모든 생명, 과거의 위인, 미래의 나비도 과거의 기억도 미래의 타인도. **그 모든 시점에서 본 모든 순간의 필름이 우주에 놓여 있는 거야.**

미쓰로   상상만 해도 살 떨리는 숫자네요.

악마   상상이 될 수가 없지. 지금 여기서 '상상하는 미쓰로'도 그 순간의 필름 속 한 장이니까.

모든 시점의 모든 순간. 즉, 우주에서 일어날 수 있는 모든 사건의 필름이 보관된 장소가 있어. **그것이 바로 우주 그 자체다.**

그리고 그 필름의 오른쪽 위에 번호가 안 붙어 있어.

A씨의 첫 장, 둘째 장 또는 A-1, A-2 같은 번호가 안 붙어 있는 거야. 그러니까 어제 '미래' 필름을 보고 내일 '과거' 필름을 보았다고 해서 이상한 일도 아냐.

미쓰로   과연 필름에 번호가 없으니까 '미래' 필름을 먼저 볼 수도 있네요.

악마   그리고 A-1이나 B-1도 없으니까 어제가 'A-1이었다(어제도 A씨였다)'라고 할 수도 없지.

어제 '다른 사람이었다(=B-1이었다)'고 할 가능성도 있어. 어제는 다른 사람 B-1을 보고 오늘은 나의 미래

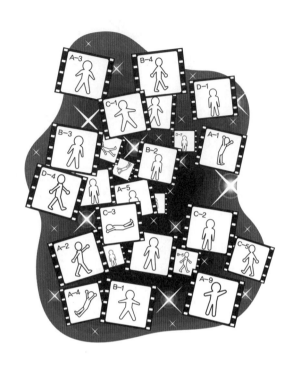

A-6를 보고, 다음으로 남의 과거 C-5, 다음 순간은
F-1이고……. 어제까지 '나'는 이 '나'가 아니었다는
가능성도 있다는 것이지.

미쓰로 어제는 남의 필름을 보고 있었다고? 이거, 자기정체
성이 무너지고 말겠어요.

그러니까 자기정체성이란 '나는 어제도 나였다!'라
는 '나'에 관련된 속성의 집합체였으니까.

악마   무너지면 좋잖아. 모든 올바름을 의심하여.

미쓰로   하지만 필름에 순서가 없고 동일성을 담보할 수 없다면, **진짜로 나는 어제 누구였지?**

        ……

        이 얼굴 꼴로 보자면, 브래드 피트? 제임스 딘?

        애당초 '순간' 필름이었잖아요? 그렇다면 어제는 고사하고 한순간 앞도 확실하지 않은 건데…….

        나는 한순간 전에 누구였지?

악마   아무것도 아닌 존재였지. 모든 것이면서 모든 것이 아닌 존재.

미쓰로   아니, 그런 추상적인 표현은 하지 말고. 구체적으로 한순간 전의 나는 어떤 필름이었지요? 지금으로서는 브래드 피트가 가장 유력하긴 한데…….

악마   방금 어떤 필름을 보았는지, 그딴 건 아무도 몰라. 악마도 모르고 신도 몰라. **왜냐하면 '방금'이라는 개념이 애당초 거짓이니까.**

        '방금' 따윈 없어. 만일 '방금'이 있다면 고정된 순서가 발생하고 마니까. '조금 전 그거'가 1번, '지금 이 거'가 2번, '다음 그거'가 3번, 그래서 '올바른' 순서가 만들어져. 그렇지만 올바른 순서 같은 건 없어. 우주 에는 '지금'밖에 없는 거야.

미쓰로 엉? 그럼 아무도 몰라요? 내가 한순간 전에 누구였다 는 거.

악마 우리가 알 수 있는 건 오로지 하나.

지금, '나'의 눈앞에는 '세계'라는 한 장의 필름 이 있다. 일어난 사실은 그것뿐이야.

미쓰로 그렇구나. [ ]을 순간 필름이라고 한다면 [그 이전이 있었다!]라고 하겠지만, 이 순간도 필름 속에 들어 있 는 것뿐이란 말인가.

지금 눈앞의 순간 필름 속에서 [그 이전이 있었다!] 가 일어난다는 것. 그렇다면 자기정체성도…….

[과거에는 초등학생, 그다음에 중학생이 되고 또 대 학생이 되었던 거야!]라는 기억이 [지금]의 필름 안 에서 일어났을 뿐인 것인가.

악마 그럼 그럼. 결국은 [지금]이라는 필름뿐이야.

[지금]이라는 순간, '나'의 눈앞에는 '세계'라는 한 장의 필름이 있다. 몇 번이나 말했지만 일어난 일은 그것 뿐이다.

미쓰로 기억이란 건 그냥 뇌 속의 데이터일 뿐이네요.

악마 흠, 마치 모든 것을 알아버린 듯한 기분일 테지만, 아직 넘어설 수 없는 올바름이 네 속에는 가득해. 그 힌트를 알려줄까?

미쓰로 부탁합니다!

악마 짐은 이미 2003년의 너를 만나고 왔지. 그런데 너는 2018년에 만났을 때 '처음 뵙겠습니다'라고 했어.

미쓰로 엉?

누군가이기 전에는 아무도 아니었을 뿐

악마의 속삭임이 가져다준 충격보다도 '빨리 유치원에 데려다줘!'라는 아내의 고함소리가 고막에 더 큰 충격으로 다가왔다.

딸 자라메를 데리고 유치원까지는 15분. 나무 그늘에서 전신주 그림자로. 피부를 쪼는 듯한 여름날의 햇살을 살짝살짝 피하면서 유치원 현관에서 '안녕, 조금 이따 봐!' 하고 딸과 헤어졌다.

발길을 돌려 집 방향으로 3분 정도 걸었을 때 빨리도 그 '조금 이따 봐'가 다가왔다.

자라메   아빠, 잠깐만!!

미쓰로   엉? 왜 따라 왔어? 싫어도 유치원엔 가야지.

자라메   아냐, 아니라니까! 소중한 부적을 잊어버렸어.
　　　　　일주일 전에 아빠가 사다 준 방울. 오는 길에 떨어뜨린 것 같으니까 같이 찾아봐.

집 방향으로 걸으면서 두 사람을 햇빛에서 지켜주었던 여기저기의 그림자 아래를 모두 찾아보았지만 방울은 없었다.

미쓰로　지각할지 모르니까 포기하자.

자라메　괜찮아?

미쓰로　뭐가?

자라메　'부적 잃어버리면 벌을 받는다!'고 누가 그랬거든.

미쓰로　누구야? 그런 말도 안 되는 말을 한 놈이. 거짓말이
　　　야, 거짓말!

자라메　정말?

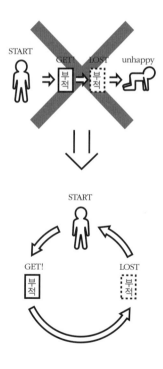

미쓰로	정말이지. 생각해 봐. **부적을 잃어버린들 '부적을 잃어버리기 전'으로 돌아갈 뿐이야.**
자라메	뭐라는 거야?
미쓰로	부적을 가진 것이 고작 일주일 전이지?
	그런 걸 가지기 전에도 자라메는 행복했지?
자라메	그렇지만 그게 없으면 행복하지 않아.
마츠로	아냐. 그런 것을 '집착'이라고 하는 거야. 아빠도 그렇지만 어른들이 정말 좋아하는 말이거든.
자라메	집착?
미쓰로	이를테면 아빠가 악마라고 하자. 숲에서 행복하게 사는 여자애를 속이려고 한다고 해 봐. 아빠가 뭘 어떻게 하면 될까?
자라메	여자애를 괴롭히는 거야? 응, 알았어! 똥을 던지는 거야!
미쓰로	자라메……, 제발 이상한 애들하고 놀지 마. 순수한 채로 어른이 되었으면 좋겠어……. 그런 말을 하면 안 돼.
자라메	아냐, 똥을 집어던지면 엄청 놀랄 거야!
미쓰로	똥을 던지는 쪽도 곤란하잖아. 손에 똥이 묻을 테니까. 아빠는 머리가 좋으니까 이렇게 할 거야. 그 여자애에게 '빨간 망토'를 주는 거야.

자라메 엉? 아빠는 정말 좋은 사람이네.

미쓰로 그 다음 날에는 여자애한테 사과를 담을 수 있는 바구니를 줘.

자라메 그림책에 나오는 빨간 망토가 되겠네. 사과를 담고, 늑대한테 잡아먹히는 거?

미쓰로 아냐. 어느 날 마녀로 변장하고 빨간 망토 집으로 가서 이렇게 말하면 돼.

"어이, 아가씨. 그 빨간 망토 하고 바구니를 잃어버리면 저주받을 거야! 에헤헤헷!!"

자라메 무슨 말이야?

미쓰로 여자애는 그냥 숲에서 행복하게 살고 있어.

빨간 망토를 가지기 전까지는 빨간 망토가 없었어.

바구니를 손에 넣을 때까지는 바구니를 갖지 않았지만, 그래도 행복했지. 어떤 힘든 일도 없이.

그렇지만 지금 그 여자애는 '바구니하고 빨간 망토를 잃어버리면 불행해져'라고 생각해.

봐, 참 이상한 착각을 하기 시작한 거잖아?

이게 집착이란 거야.

자라메 정말 그렇네. 아빠, 정말 무서운 사람이야. 빨간 망토를 속였어!

미쓰로 빨간 망토뿐만이 아니야. 어른은 대체로 이런 것에

속고 말아. **'뭔가를 잃어버리면 불행해진다'라고.**

일자리를 잃으면,

집을 잃으면,

친구를 잃으면,

이 몸이 없어지면.

늘 '뭔가를 잃어버리면 불행해진다'라는 생각에 벌벌 떨어.

그렇지만 진실은, 손에 넣은 모든 것은 손에 넣기 전까지는 손에 없었다.

그것뿐이야. 물질만이 아니라 지위도 그래. '뭔가'가 되기 전에 너는 '아무것도 아니었다'라는 거지.

자라메 지위가 뭔데?

미쓰로 '빨간 망토 이야기'는 유명하잖아? 모든 사람이 알아. 다시 말해 슈퍼스타지. 빨간 망토가 거리로 나가면 마을 사람들이 선물도 주고, 늑대가 나타날 듯 난리치며 경비도 해줄걸? '지위'를 손에 넣은 거지.

자라메 유명해졌으니까 좋은 거잖아.

미쓰로 그렇지만 아마도 빨간 망토 소녀는 **'빨간 망토'라는 지위를 잃고 싶지 않아 매일 불안에 떨 거야.**

빨간 망토가 되기 전의 '숲속의 평범한 여자애'였을 때도 사실은 행복했다는 사실을 잊고 있어. 아무것도 없어도 어떤 지위를 갖지 않아도 행복했던 자기 자신을 잊어버렸어. '뭔가'가 없으면, '누군가'가 아니면 난 행복할 수 없다고 착각하고 있는 거야.

그리고 필사적으로 '잃고 싶지 않아'라는 집착을 하게 되지만, 이건 정말 무리야. **얻은 것은 언젠가 모두 없어지니까.** 이렇게 어른은 모두 벌벌 떨면서 살아가. 아빠도 그래.

자라메 아빠도 떨고 있어?

미쓰로 그럼. 모든 어른은 **자신이 '뭔가'가 되었다는 생각을**

하며 살아가니까.

'나는 대단한 선생이다' '나는 훌륭한 경찰관이다' '나는 행복한 주부다'라고 말이야. 그리고 그런 것들을 잃어버리면 난 불행해진다고 생각해.

그렇지만 사실은 그렇지 않아. 이것저것 다 잃어도 **원리적으로 불행해지는 사람은 없어.** 생각해 봐. 모두가 '뭔가'가 되기 전에는 아무것도 아니었으니까. 자라메도 이런 비밀을 완전히 알아야 돼······.

온 세상에 불행해질 사람 같은 건 사실은 한 사람도 없다는 것을 알아야 해.

자라메   경찰관에서 잘려도 행복하다는 거야?

미쓰로   당연하지. 아빠 친구가 경찰관이 되었는데 말이야. 그 자식 초등학생 때 똥을 집어던지면서 깰깰 웃었다니까. 어린아이는 누구든 똥을 집어던지기만 해도 행복한 거야.

자라메   그럼, 똥만큼은 절대로 잃어버리면 안 된다는 거네.

미쓰로   그럼 그럼. 그것만은 절대로 잃어버리면 안 돼! 그것 말고는 전부. 그게 뭐든 전부 잃어버려도 괜찮아. 그럼 우리 똥을 찾으며 유치원으로 돌아가야지.

아침보다 조금 해가 높아졌을 뿐인데 두 사람을 가려 줄 '그

늘'은 많이 줄어들었다. 아까는 어두운 그늘 속에 감추어져 있던 방울이 햇살을 받아 반짝 빛났다.

매미 울음소리를 지워버릴 만큼 크게 소리치며 방울을 집어 든 딸이 활짝 웃는 것을 보면서 미쓰로는 그것을 보았다.

'아직 아무것도 아닌 존재.'

악마   네 말대로 하면 그 마녀야말로 선한 세력이야.

미쓰로   무슨 말이야?

악마   '잃어버리면 큰일이야'라고 마녀가 빨간 망토에게 말했잖아? 그런 식으로 협박하는 세력. '잃어버리기 전에는 그냥 안 가지고 있었다'라는 사실을 가르쳐주지 않고 **'뭔가'가 없으면 행복할 수 없다고 가르치는 세력** 말이야.

미쓰로   그런 세력, 진짜로 있기는 해요?

악마   부모가 말하잖아. **'훌륭한 직업'을 잃어버리면 큰일이 난다고.**

            선생도 말하잖아. **'착한 학생'으로 살지 않으면 감옥에 간다고.**

            어른이 되기까지 몇 만 번이나 '잃어버리면 큰일이 난다'라는 말을 들으면, 아이들은 무슨 생각을 하게 될까?

'무엇이어야 한다'고 굳게 믿을 테지. 변화를 두려워하게 돼. 그 모든 것이 세뇌야. **자신이 지금 '나'라는 것에 집착하지 마!**

그 올바름을 넘어섰을 때 너희는 뭐라도 될 수 있게 돼.

성공한 사업가도, 슈퍼스타도, 타인도, 미래의 자기 자신도, 다른 평행세계의 인간이 될 수도.

'아무것도 아닌 존재'만이 어떤 존재도 될 수 있다.

무한대의 필름을 자유자재로 볼 수 있으니까.

미쓰로   그렇군요. 자기 자신이 가장 '나'이고자 집착했다는 거네. 다른 필름을 보려 하지 않고.

악마   그렇지. 벌거숭이로 태어난 너희가 왜 모피 코트를 소중히 여겨?

미쓰로   잠깐, 그건 내가 쓴 책에 나오는 명언이잖아! 표절 좀 하지 마.

악마   네 소유 같은 건 없어.

이 세상에서 얻은 것은 모두 환상이야.

태어날 때 너희는 아무것도 입지 않았어. 그러기는커녕, 스스로 '아기'라는 생각도, 어제는 자신이 무엇이었는지에 대한 의문도, 내일은 멋진 인간이 될 거라는 패기도 원래 없었어. '지금'만이 있었을 뿐.

미쓰로   과연. 아기는 어제 자신이 어떤 존재였는지 생각하지 않으니까. 지금의 자신이 어떤 존재인지도 마음에 두지 않지. 단지 눈앞의 '세계'를 '나'로서 즐기고 있을 뿐이라는 거네.

악마 **'누구도 아닌 존재'야말로 모든 인간의 출발지점**이야. 인생에서 그다음에 얻은 어떤 것을 잃어버린들 절대 불행해지지 않아.

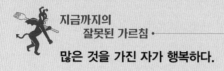

많은 것을 가진 자가 행복하다.

악마의 속삭임

모든 것을 잃어버려!
모든 것이
처음에는 없던 것들

공포를 바로 해소하는 수행
a way to blow away your anger

너희 인간 누구에게나 '절대로 집착을 그만두지 않는 것'이 있지. '이것을 계속하지 않으면' '이걸 갖지 않으면' 하고. 소유한 자이면서 늘 두려움에 떨어. 그럴 때는 이런 주문을 외워봐.

"바, 반란이다!
부적이 주제도 모르고
주인에게 이빨을 드러냈다!!"

사용 케이스1 : 건강법 마니아

이를테면 행복해지려고 시작했을 '○○건강법'.

그런데 지금은 '○○건강법을 매일 아침 3번 하지 않으면 병에 걸릴지도 몰라' 하며 당신은 겁을 먹기 시작했다.

아침저녁 두 번밖에 없다는 생각을 하면서도 '잃어버리는 것'에 대한 집착 때문에 두려움에 떨며 그 건강법에서 벗어날 수 없다.

그럴 때, 곰곰히 생각해 보라.

'○○건강법'을 시작하기 전, 당신은 '○○건강법'을 하지 않았고, 그래도 건강했다. 그것뿐이다.

이제 주문을 외우며 떨쳐버리자.

사용 케이스2 : 실연하고 고뇌하는 여자

실연하고 우는 당신. 그렇지만 그가 있기 전에 그대는 그를 애인으로 두지 않았고, 그래도 행복했다. 과거를 떠올리며 친구랑 노래방에라도 가서 '반란이다!'라고 외치며 실연의 노래라도 불러라.

이렇게 하여 당신을 지키기 위해 품에 간직했을 '부적'.

그것이 '잃어버리면 불행해질 거야'라고 주인을 협박하기 시작했다면, 그건 반란이다. 그런 배신자, 바로 잘라버리는 거다.

'어떤 것'도 '어떤 지위'도. '건강한 몸'조차도.

가지기 전에 당신은 아무것도 없었다.

그것뿐이다.

또는 행복해지기 위해서 '무리해서' 하고 있는 행동, 계속하고 있는 행동이 있다면 그것도 다시 생각해 보라.

당신은 그것을 '행복하기 위해서' 시작했을 것이다. 그런데 그것을 계속하는 것이 '고통스럽다'면 본말이 전도된 것이다. 그것도 '반란'이다.

잃어버려도 당신은 그것을 시작하기 전의 행복한 상태로 돌아갈 뿐이다.

waiting···

6

사과의 주장

사과의 주장

전쟁의 승자가 쓰는 책 이름은 '교과서'

다시 다른 아침이 시작되었다.

이 '나'가 아닌 존재였을 적의 기억이 남은 '몽롱한 시간'.

그것이 끝나면 다른 충동이 솟구치는 아침이다.

지금 바로 '여기'가 아닌 '어딘가'로 가고 싶어진다.

지금 바로 '나'가 아닌 '누군가'를 만나고 싶어진다.

가능한 한 먼 곳의 가능한 한 다른 누군가를 만나러 가고 싶은 충동이 일어난다. 그것은 아까까지 한도 없이 넓고 끝도 없이 멋들어진 '나'라는 존재를 증명하고 싶어서일지도 모른다. 가장 '끝'에서 가장 '끝'을 확인함으로써.

나는 보다 크게, 나는 더 멋지게……

그렇지만 눈앞에서 오늘도 작은 '나'가 시작된다. 이런 '나'에게 붙은 이름은 카데루. 누가 지었는지는 모른다. 할머니라고 엄마는 말하지만, 이 '나'에게 이름을 준 순간을 난 보지 못했다. 더욱이 내가 태어나는 순간도 나는 기억하지 못한다. 태어난 사실을 모르기 때문에 혹시 '나'라는 존재는 아직 태어나지 않았을지도 모른다.

누군가에게 전해 듣는 그런 먼 과거의 이야기보다도 가장 '확실할 것 같은' '나'의 시작이 아침이다. 매일 아침 확실히 '나'가 시작되고 있으니까.

덧붙여서 내가 엄마한테 들은 이야기로는 이 '나'가 태어난 것은 1981년 5월 12일. 밥 말리가 죽은 다음 날이다. 그런 탓일까. 중학생 때 정말로 믿었다. 죽은 밥 말리가 내 몸에 들어와서 이 '나'가 시작되었다고.

어제까지 밥 말리였고 오늘 아침부터 이 '나'라고…….

미쓰로   처량하구만!!

카데루   엉?

미쓰로   중얼중얼, 그 혼잣말!! 목소리로서 '세계'에 나왔다는
         거야! 시인이냐, 너? 여기서는 '나' 아닌 내가 있으니
         까 마음 놔! 그리고 너는 절대로 밥 말리의 환생이 아
         니야.

카데루   어이. 왜 요즘 내 방에 왜 마음대로 들어오고 그래?

미쓰로   첫 번째 이유는 네가 여친이랑 헤어졌으니까.
         지난주까지는 일단 벨을 눌렀지. 그랬더니 속옷 차림
         의 그녀가 째려보면서 나오기도 했다구.
         그리고 두 번째 이유는 네 방 현관, 망가져 있으니까.

카데루   너희가 부쉈잖아!!

마츠로   그런데 알아봤어? 나가다 선생이 말한 거.
         네가 '내일 아침에 깨워줘' 하고 메일 보냈잖아.

카데루   아, '하일레 셀라시아이!' 하고 '자이온' 말이지?
         알고 싶어?

미쓰로   당연히 들어야지. 졸업이 걸렸는데. 졸업논문은 3명
         공저야.

카데루   또 다른 작가 겐지 씨는?

미쓰로   '일자—者'라는 놈을 찾으러 도서관에 갔다가 바로 파
         칭코로 직행했어.

카데루   도서관에서 '바로' 파칭코에 가셨다?

미쓰로   철학이란 걸 하더니 정말 엄격해졌네. 그걸 알아버릴 정도라면 졸업 포기하고 파칭코 프로의 길로 가는 게 좋을 텐데. 그잖아, 4학년이 되어 낙제하다 보니 익숙해진 거 아냐? 그 자식 작년에 졸업하지 못했거든.

카데루   그랬었구나. 겐지 씨가 한 살 위였구나.

미쓰로   이 몸도 마찬가지다.

카데루   라스타파리rastafari 운동 이야기는 길어. 괜찮아?

미쓰로   아, 그럼 안 듣고 말까보다.

카데루   그런데 도서관에서 나, 울었잖아. 인터뷰 기산데, '왜 노래하기 시작했습니까?'라고 묻자 밥 말리는 이렇게 말했어. **'한탄'이라고. 밥 말리의 노래는 한탄에서 시작된 거야.**

미쓰로   긴 이야기라면 듣고 싶지 않다고 했는데, 제멋대로 시작하는 바람에 들을 수밖에 없는 나도 한탄해야겠지?

카데루   우리는 아무것도 몰랐던 거야. 너무 몰랐어. 근대 인류의 역사란 대부분이 **흑과 백의 투쟁사였어.**

        너, 알아? '흑인과 백인의 투쟁'이나 '노예해방운동'에 지구 인류가 가진 거의 모든 에너지가 소비되었을지도 모른다는 거.

미쓰로   우리가 동양인이라서 그런가. 흑과 백의 싸움이 세계

사의 거의 모든 것이란 사실은 잘 몰랐어.

카데루 말이랑 소는 알지? 백인은 진짜로 흑인을 그런 가축처럼 다뤘어. 그리고 노예상인 콜럼버스가 대서양을 건너면서 그 투쟁의 에너지는 더욱 커졌지.

미쓰로 콜럼버스, 좋은 사람이 아닌 거지? 역사에 나오는 인물이라 영웅이라고 생각했는데.

카데루 **선이나 악은 어떻게 보느냐에 따라 달라지는 모양이야.** 백인 눈으로 보면 항구를 떠나는 콜럼버스는 영웅이었을 거야.

그렇지만 흑인 입장에서 보자면 바다를 건너온 그 자는 악마 그 자체였어. 백인들은 전 세계를 식민지로 삼아 그 토지에 원래 살던 선주민들을 노예로 삼았어.

레게의 조국 자메이카도 그 가운데 하나야. 노예가 된 자메이카 선주민들은 혹사를 당해 눈 깜짝할 사이에 전멸하고 말았지.

미쓰로 지독하네. **교과서에 실린 게 전부 거짓말이라니!!**

진짜 악마가 바다를 건너온 거야. 이름을 콜럼버스에서 지옥행 버스로 바꿔야 할 것 같아.

카데루 그 땅의 선주민을 전멸시킨 다음 백인들은 유럽에서 가축을 가지고 왔지. 소와 말과 '흑인'을. 흑인은 스페인에 없었으니까 아프리카 대륙에 가서 동물사냥

미쓰로 백과

크리스토퍼 콜럼버스
대항해시대를 대표하는 항해가.
아메리카 대륙에 처음 도착한
백인으로 알려져 있다.

하듯 '사냥해서' 자메이카에 노예로 실어 나른 거지.

미쓰로　진짜 죽일 놈들.

카데루　걱정 마. 놈들은 모두 죽었어. 5백 년 전 이야기니까.

미쓰로　그렇다면 말이야. 지금 살고 있는 백인을 원망한들
　　　　아무 의미가 없네.

카데루　그리고 백 년 뒤, 자메이카를 식민지로 삼은 스페인
　　　　을 영국군이 쳐부순 거야.

미쓰로　우와!! 정의의 사자 등장!!

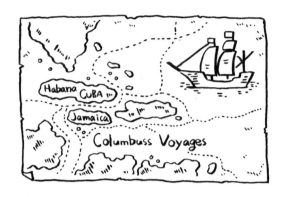

카데루 나도 도서관에서 '만세' 하고 외쳤지만 사실은 그게 아니었어. 결국 영국도 계속 자메이카에서 흑인을 노예로 사용했으니까. 주인님이 바뀌었을 뿐이야.

미쓰로 진짜 징글징글한 놈들이네.

카데루 그런데 전쟁에서 스페인이 지는 틈을 타서 흑인 몇 명이 도망친 거야. 주인한테서 도망친 소와 말이 어디로 갈 것 같아?

미쓰로 숲이나 산?

카데루 맞아. 목숨을 걸고 도망쳐서 다시 붙잡힌 사람은 영국의 노예가 되고 성공적으로 도망친 흑인들은 산에 들어가 '마룬maroon'이라는 조직을 만들어. 그리고 마룬은 동료 노예들을 해방하기 위해서 영국군과 싸웠어. 마치 영화 〈매트릭스〉 같지?

미쓰로 글쎄 그거 못 봤다니까!

카데루 그 영화는 눈을 뜨지 못하는 동료 노예를 해방하는
이야기야. 그처럼 자메이카에서도 동료 흑인들이 각
성하도록 마룬은 계속 싸웠어. 동료 흑인들은 '흑인
은 노예로 부림 당하는 게 맞다'라고 세뇌되어 그냥
그 꿈속에서 살아가는 거야. **그런 모든 사람의 '나'를
각성시키겠노라고.**

미쓰로 꿈에서 깨어나기까지는 꿈을 꾸고 있었다는 사실을
모르지.

카데루 투쟁하던 마룬의 리더는 마침내 영국군으로부터 '조
약을 체결하자'라는 제안을 받게 돼. 그렇지만 그건
덫이었어. 마룬의 리더만은 '인간' 취급해줄 테니 부
하들을 '노예'로 돌려달라고 말이야. 결국 리더는 살
해당하고 투쟁은 계속돼. 그리고 약 80년 후에 최초
의 평화조약이 맺어져.

미쓰로 마침내 노예해방?

카데루 아니, 오히려 노예들에게는 최악의 평화조약이었어.
그 시점에서 마룬에 소속된 노예들은 '인간'으로 인
정하지만 다른 노예들은 해방하지 않는다는 내용이
야. 거기에다 앞으로 만일 노예가 도망치면 마룬은

그 노예의 체포에 협력한다는 것. 흑인에게 흑인을 감시인으로 붙이는 거지. 그리고 마룬은 그것을 받아들였어.

미쓰로 노예가 도망치면 사로잡아서 백인에게 넘겨준다는 거야? 자신들도 이전에는 노예였는데도? 자기들도 흑인인데?

카데루 **결국 인간이란 '나'를 지키기 위해 살아가는 생명체잖아.** 나도 미쓰로가 사로잡혔다고 해서 악의 두목을 공격하지 않아. 계약으로 나만 무사하면 그만이야.

미쓰로 너, 악마보다 더한 놈이네. ⋯⋯하긴 나도 그럴 테지.

카데루 그 이후에도 마룬에는 온갖 일이 일어나지만, 아무튼 스페인이라는 악마가 자메이카에 나타난 지 3백 년 후에 마침내 노예제도는 폐지돼.

그때까지 아프리카에서 백 만이나 되는 노예가 공급되고, 선주민은 멸망하고 자메이카가 국가로 독립한 1962년 당시 거의 모든 자메이카 사람은 아프리카의 DNA를 가지게 되었어. 그러다가 **예언자 마커스 가비**Marcus Mosiah Garvey, 1887~1940가 나타난 거야.

미쓰로 예언자라면 '비전'을 보는 사람이잖아. 뭐라고 했지?

카데루 **"아프리카 흑인의 왕이 탄생할 때 그가 세계를 구원할 것이다"라고.** 당시 아프리카에 있는 나라들은 거의 모두가 백인 식민지였기 때문에 흑인 왕이 될 수 없었어. 그런데 예언을 한 지 3년 뒤, 마침내 에티오피아에서 세계 최초로 '흑인왕'이 탄생한 거야. 그가 바로 라스 타파리. '라스타 사상'의 유래야. 레게에서는 그를 '살아 있는 신' 또는 '검은 신'이라 불렀어.

미쓰로 검은 신. 왠지 폼 나네!

카데루 에티오피아의 황제로 즉위한 뒤, 라스 타파리는 이름

미쓰로 백과

라스 타파리 (하일레 셀라시에 1세)
1930년에 에티오피아 황제로 즉위.
'신에게 선택된 자'로 알려졌고,
에티오피아를 40년 가까이 통치했다.

을 '하일레 셀라시에 1세'로 바꿨어. 전에 말했듯이 하일레가 '힘'이라는 뜻이고, 셀라시에가 '삼위일체'라는 뜻이니까 '검은 신'은 삼위일체의 힘인 셈이지.

미쓰로   삼위일체의 힘. **'세 개가 하나 되는 힘'이란 뜻?**

카데루   세계의 종교는 대부분 '일신교'야. 일신교란 오로지 하나의 신만 인정해. 그 유일신은 '야훼'이기도 하고 '여호와'이기도 하고 '아도나이'이기도 해. 그 뿌리가 되는 히브리어의 네 글자 발음이 나라에 따라 달라서 그래. 각 언어의 올바른 발음이 달라서. 어느 발음이 올바른 것이라고 할 수 없어. 자메이카에서는 그것을 '자Jah'라고 발음해.

미쓰로   오! 작년 학교 축제 때 부른 밥 말리의 〈Jah Live〉라는 곡은 '신은 살아 있다!'라는 뜻인 거네.

카데루   서양에서는 **'3이 1이 될 때 신이 태어난다'**라고 하니까 신 그 자체가 삼위일체라는 셈이야. '검은 신' 하일레 셀라시에 1세도 그야말로 살아서 신으로 추앙된 셈이지.

미쓰로   그럼 결국에는 종교네? 네가 좋아하는 레게 말야.

카데루   라스타 사상은 지도자가 없으니까 종교라 할 수 없어. 또는 일부러 지도자나 두목을 두지 않아. **왜냐하면 마룬의 두목이 배반한 역사가 몇 번이나 있었거든.**

권력자는 권력의 자리에 집착하니까 두목을 두면 두목에게 배신당하게 되어 있어. 내가 두목이 되어도 마찬가지야. 너를 위해서는 피 한 방울도 흘리지 않을 거야.

미쓰로 너 정말 최악이야! 하긴 나라도 너를 위해서는 피를 흘리지 않겠지만.

카데루 아무튼 비전대로 '검은 신'이 아프리카에 등장했기에 라스타 운동은 한층 열기를 띠게 돼. **결국 라스타 사상이란 '고향 아프리카로 돌아가자'는 회귀운동을 두고 하는 말이야.** 자신들은 백인에게 잡혀 억지로 자메이카에 왔을 뿐이고 그 DNA의 뿌리는 아프리카이므로 아프리카로 돌아가자고.

덧붙여서 간자(대마초)도 아프리카에서 인도양을 거쳐 자메이카로 온 풀이야. 신기하게도 인간을 돕기 위해 아프리카에서 달라붙어 따라온 것 같지 않아?

미쓰로 풀이 나중에 떠내려왔다고 해도 굉장해. 생물선생이 한 말인데, 애당초 모든 인류의 뿌리는 아프리카 대륙이래.

카데루 잘은 모르겠지만, 자메이카 사람들의 루트가 아프리카라는 것만은 사실이야. 자신들이 돌아가야 할 약속의 땅을 '자이온'이라고 해. 그리고 자신들을 억지로 자메이카로 끌고 온 세력이나 권력을 '바빌론'이라 하고, **'바빌론에서 사람들을 해방하고 성지 자이온으로 돌아가게 해준다.'** 봐, 이것도 영화 〈매트릭스〉 하고 똑같지?

미쓰로 글쎄 안 봤다니까 그러네! 그 자식 참 끈질기네. 그리고? 다음은?

카데루 다음은 없어. 이걸로 끝이야. 열심히 했지, 나?

미쓰로 하……. 너, 지금 이 이야기가 졸업논문하고 무슨 상관이야!! 그거 그냥 역사의 한 조각이잖아.

멍청이 자식.

카데루 몰라! 난 나가다한테, "야만! 아침까지 레게로 춤 춰! 리스펙트!"라는 말을 들었을 뿐이야. 도서관에 간 것만도 고맙다고 해야지.

친구가 조사한 것은 그냥 세계의 역사였다. 그것 때문에 화가 난 미쓰로는 바로 집으로 돌아왔다.

소유란 전부 환상

미쓰로 그 자식 바보야! 시간도 없는 우리에게 졸업논문하고 아무 관계도 없는 걸 조사하다니.

그렇지만 바빌론 놈들한테는 정말 화가 나네! 서양 문명에게 빼앗긴 땅을 되찾아주고 싶어.

악마 아무것도 빼앗긴 거 없으니까 마음 놔. 애당초 땅을 가진다는 건 누구에게도 불가능한 일이니까.

미쓰로 엉? 이 원룸빌딩 옆의 할아버지, 대지주라는데?

악마 '땅'을 '인간'이 가진다니, 미친 짓이야.

눈을 감고 상상해 봐. 넓은, 드넓은 대지가 펼쳐져 있어. 아프리카라도 좋고, 아무튼 넓은 땅. 그 땅 위에 한 사람이 나타났어.

봐, **어떡하면 인간보다 커다란 '땅'을 인간이 손에 넣을 수 있어?** 땅 위에 인간이 타고 있지? 그런데도 너희는 땅을 '나'가 가진다고 말해. 너무 웃기는 일이지. 초등학생도 이상하다고 생각할걸.

미쓰로 땅문서에 적힌 권리를 가지는 거라니까!

악마 그거야말로 환상이 아니냐. **땅과 그 '종잇조각'은 무슨 관계야?** 종잇조각을 주우면 땅이 네 손 위에 올라가? 흑마술 이상으로 이상한 의식이야, 그건.

미쓰로 　어라? 그러고 보니 '손에 넣는다'는 거, 어쩐지 좀 이 상하다는 느낌이……

악마 　네가 배웠던 '올바름'이 무너지기 시작한 거야.
　더 무너지게 만들어주지. 카데루가 여자친구랑 헤어 졌다며?

미쓰로 　어. 노래방에서 미친 듯이 울부짖었대. 내가.

악마 　너희 인간은 애인에 대해서도 '소유감각'을 가져.
　'너는 내 거'라고 말해. 이게 말이 돼? 내가 다른 사람 을 소유할 수 있어?
　다시 한번 눈을 감고 상상을 해 봐. 사과 두 개가 테 이블에 놓여 있어.

미쓰로 　응, 상상했어. 사과 두 개가 테이블 위에 놓여 있어.

악마 　그 이미지를 떠올린 채 잘 생각해 봐. **오른쪽 사과가 왼쪽 사과를 소유할 수 있을까?**

위에서 보면 '테이블 위에 사과가 두 개' 있을 뿐이야. 그냥 그런 상태인데 만일 오른쪽 사과가 '저 사과는 내 거'라고 말하기 시작한다면 어떡하지?

미쓰로 '우왓!! 사과가 말을 해!!' 하고 외칠 거야.

악마 없애버릴 거야, 자꾸 까불면.

미쓰로 당연히 말도 안 되는 소리 아냐. 테이블 위에는 사과가 두 개 그냥 놓여 있을 뿐. 그것뿐이지.

그런데 왼쪽 사과는 오른쪽 사과의 소유물이라니? 말도 안 돼, 안 돼, 안 돼, 그냥 테이블 위에 사과 두 개가 놓여 있을 뿐이니까!

오른쪽 사과가 왼쪽 사과를 소유할 수는 없어.

'애인'이라는 소유관계도 있을 수 없어.

'레이코'는 '카데루'의 소유물이다?

'저 사람'은 '나'의 소유물이었다?

'저 사람'을 '내'가 잃었다?

잘 생각해 봐! '저 사람(왼쪽 사과)'과 '나(오른쪽 사과)'는 아무 관계도 없는 다른 개체이니까!

개체가 다른 개체를 소유할 수는 없어! 관계없는 두 개의 사과가 테이블 위에 놓여 있을 뿐이야!!

악마 너희는 연애가 아닌 다른 것에서도 같은 생각을 해.

사과가 '벤츠를 가졌다'고, 사과가 '고급 핸드백을 가졌

다'고, 사과가 '토지를 손에 넣었다'고 말하지. 짐이 보건대, 너희 인간은 매일 이런 말을 하며 살아가.

미쓰로　악마랑 이야기하고 있는 이 상황이 더 이상하지 않아? 크크.

악마　좋아. 네놈을 진짜로 없애버릴 거야.

미쓰로　아까 그 사과에 색칠을 좀 한 농담입니다요. 이 정도 유머 감각은 있어야지, 인간이라면.

그렇지만 진짜로 **소유라는 개념이 무너졌어.**

고마워, 각하'님'.

악마　점점 더 해치워버리고 싶어지네.

'우리한테는 시간이 없어!!'라고 아까 네가 외쳤지.

그것은 다시 말해 **'가진 시간의 양이 적어졌다'**고 주장하는 거야. **시간을 소유한 거라고 생각하는 거지.**

어떻게 하면 시간을 소유할 수 있어?

'물체'와 '물체'의 관계보다도 이상하지 않은가.

'나'가 '시간'을 가져?

미쓰로   정말이네……. **'사과'와 '시간'이란 거, 세계에서 가장 관계없는 거잖아!!** 어느 날 갑자기 사과가 '나에게는 이제 시간이 없어!' 하고 말하기 시작한다면 아마도 미친 듯이 웃을 거야. 진짜, 인기 짱일 거야!! 사과가 말을 해!!

악마   한 번만 더 까불어 봐, 진짜로 해치워서 묻어버릴 테니까. 악마는 '세 번' 다음의 숫자를 몰라.

미쓰로   우헷. 무서버라. 그렇지만 대단하네.

물질에 대한 소유는 환상.

타인과의 관계성에 관련된 소유도 환상.

흐르는 시간에 대한 소유도 환상.

애당초 '내'가 소유할 수 있는 것 따위 바깥 세계에는 단 하나도 없다는 느낌이 들어.

악마   바깥 세계만이 아니야. '나'는 누구의 것이야?

미쓰로   그야, 이 몸은 그야말로 나의 것이지??

악마   **내가 나를 소유할 수 있다니?** 도대체 어떤 상태야?

'사과'는 '사과'의 것이 아니야. 사과다. 그냥 '사과'가 테이블 위에 하나 놓여 있을 뿐이야. 그리고 그거야말로 '나'의 진실이야.

대지에 그냥 놓여 있는 사과와 '나'. 그런 '나'가 바깥 세계의 '뭔가'를 소유해?

불가능하지. '나'가 '나'를 소유해? 그것도 불가능하다. 그냥 거기에 '나'가 놓여 있을 뿐이니까.

아메리카 원주민이나 원시적으로 살아가는 부족들은 그것을 알고 있어. 애당초 원주민에게는 '소유'라는 개념이 없어. 그런 말도 없고, 그런 발상 자체를 몰라. '손에 넣는다'란 어떤 뜻인가. 도무지 이해할 수 없어.

대자연의 일부인 이 몸이 대자연을 가진다?

일부가 전체를 가진다??

이렇게 해서 원주민들은 '바깥 세계의 뭔가를 소유한다'는 근대문명의 사고방식을 죽을 때까지 이해하지 못했지. 바다를 넘어 찾아온 유럽인들이 '이 땅은 오늘부터 우리 거다! 넘겨!'라고 말했을 때도 도대체 이 인간들 무슨 말을 하는지조차 이해할 수 없었어.

미쓰로   왠지 부끄럽네. '아메리카 대륙'의 소유권을 주장하는 바빌론 자식들이.

악마　　어딘가에 있는 권력자 이야기를 하는 게 아니야. 이
　　　　건 네 이야기다.

Q1. 왜 죽음을 두려워해?

이 몸을 내가 소유하고 있다고 생각하기 때문이다.
'소유한다'라고 생각하기에 '잃는다'는 공포가 일어
난다. 그렇지만 마음 놓으라. 애당초 그 몸은 누구의
소유물도 아니다. 그냥 대자연의 '일부분'이다.

Q2. 다음으로, 왜 실연했다고 울어?

연인을 내가 소유하고 있었다고 착각하기 때문이다.
그렇지만 애당초 연인과 나 사이에 소유하는 관계성
은 없었다. 연인 이외의 모든 타자와의 관계에서도
소유할 수 있는 관계성은 없다.

Q3. 마지막으로, 왜 싸워?

그것은 잃고 싶지 않기 때문이다. 다시 말해 자신이
뭔가를 소유했다고 착각하기에 싸움이 일어나는 것
이다. 전쟁만이 아니다. 타인에 대한 강압, 타자와의
힘 대결, 완고한 태도, 집착하는 마음. **그 모든 것이
환상의 '소유감각'에서 일어난다.**

어때? 이런 말을 듣고 난 다음 느끼는 거 없어?
사실은 지배자가 가장 괴로워하게 되는 것이다.

지배자는 절규한다

미쓰로 엉? 말도 안 돼. 엄청 가진 사람이 행복하잖아? 부자들, 행복해 보이잖아.

악마 지금부터 10년 뒤에는 '단샤리斷捨離'라는 말이 유행할 거야. 물질지상주의의 근대문명이 발전하기 시작하면서 '미니멀리스트'라는 생활 스타일이 지지받게 돼. 젊은이는 차를 소유하려 하지 않고, '특정한 연인'과의 관계성을 소유하려 하지 않고, 가능한 한 간소한 방에서 생활하게 돼.

미쓰로 즐거울까, 그런 생활이? 지금 젊은이하고는 정반대인데. 우리한테는 '엄청 가진' 놈이 인기가 있다니까. 차도, 영광도, 무용담도 엄청 가진 편이 더 멋져!

악마 **소유란 '계속 지배한다'는 뜻이지.**

그러므로 1초도 쉬지 않고

'이건 내 거다!'

'이건 내 거다!'

'이건 내 거다!'

라고 주장하지 않으면 안 돼. 왜냐하면 애당초 '사과'도 '그 이외의 개체'는 그냥 따로 존재할 따름이므로. 끈으로 이어진 것도 아니다.

소유를 증명할 명확한 증거 따윈 어디에도 없다. 그러므로 테이블 위의 사과는 무작정 주장을 해대야 한다.
그리고 죽어라 눈을 부릅뜨고 있어야 한다. 그러지 않으면 어느 날 영국군이 빼앗아 갈지도 모른다. 라이벌이, 타자가 '내 거다'라고 말할지도 모른다.
이렇게 하여 지배자는 마음 편하지 않은 나날을 소유하게 된 것이다.

이히히히힛, 이건 최고급 비꼼 개그라구. **이 세상에서 손에 넣을 수 있는 것이라곤 '물질'이 아니라 '마음의 불안'뿐이다.**

이히히히힛. '지배' 따위 그 본인이 제멋대로 '지배한다'라고 주장하는 것일 뿐이야.

실제로 '지배한다'라고 생각하는 순간 그 본인의 마음이 세계에 지배당하는 거야.

미쓰로　헐, 뭔지 모르겠지만 알 것 같기도 하고. 아무것도 소유하지 않는 원주민이 정말 편하겠다는 느낌이 들어.

악마　당연하지. **가지고 있는 것이 많을수록 불안해지니까.** 아기가 편안히 웃는 것은 아무것도 가지지 않았기 때문이야. 정확히 말하자면, **'가지고 있다는 환상'을 아직 갖지 않았기 때문이다.**

애당초 소유가 환상이니까. '많이 가진 자'란 '환상을 많이 품은 자'라고 할 수 있어. 환상의 면적이 늘어날수록 눈앞의 리얼한 세계가 감추어지고 보이지 않아. 그냥 악몽에 시달리게 돼.

미쓰로　'지배한다'라고 착각하는 권력자는 악몽에 시달리게 되는 거로구나.

악마　몇 번이나 하는 말이지만, 이건 권력자의 이야기가 아니라 너의 이야기야.

'더 가지고 싶어'라고 생각하는 순간, 인간은 무너지기 시작해. 절대로 가능하지 않은 것에 도전하는 일이니까.

이 환상의 '소유 게임'에서 자유롭고 싶다면,

'더 가지고 싶어'

'지배하고 싶어'

'욕망을 이루고 싶어'

외부세계를 내 마음대로 하고 싶다는 욕구를 모두 놓아야 해.

내 마음대로 컨트롤하고 싶다는 욕구를 놓는다

미쓰로   어떻게 하면 그런 '마음대로 하고 싶은 욕구'를 놓을 수 있어?

악마   그 질문 자체가 잘못된 거야. '어떻게 하면?'이라고 너는 지금 물었어. 그것은 다시 말해 아직 외부를 '어떻게든' 해볼 수 있다고 생각한다는 것이지.

'컨트롤하는 방법'이 소유될 수 있다고 생각하는 거

야. 또다시 외부의 뭔가를 손에 넣으려고 도전하기

시작했다는 거야. 축하해!

미쓰로 아니, 축하는 안 해도 되니까 방법을 가르쳐 달라니

까! 짜증나!

악마 그러니까 '방법'이란 조종하는 방법이잖아. 여기에

이르러서도 다시금 컨트롤 방법을 손에 넣겠다고?

미쓰로 아! 그럼, 도대체 어떡하면 되는데!

악마 컨트롤을 놓을 것. 그것은 새로이 얻을 수 있는 것도

아니고 손에 넣을 수 있는 것도 아니야. 그냥 깨달을

수 있는 것일 뿐. **외부의 대상은 나에게 컨트롤되는**

것이 아니다. 그러기는커녕 나조차도 나에게 컨트롤

되지 않아.

이 우주 시스템에 대한 '깨달음'이 필요한 거지.

미쓰로 무엇을 깨달으라는 건데?

악마 소유하지 않고 이미 존재하는 것을 대하는 태도를 말

하는 거지. 그것이 깨달음이다.

'없다'라고 생각하니까 손에 넣으려 한다.

'있다'는 것을 깨달은 사람은 가지려고 하지 않아.

짐에게는 이 우주에 소유하고 싶은 건 하나도 없어.

왜냐하면 전 우주를 이미 짐이 장악하고 있으므로.

왕이 자신의 왕국 안의 시장 좌판에 놓인 사과를 가

지려고 생각할까?

미쓰로　안 하겠지. **왕국의 모든 것이 왕의 소유니까.**

악마　그럼 그럼, 소유하려는 놈들은 소유하지 못한 놈들이
지. 소유하려는 행동은 자신이 얼마나 작은지를 말해
주는 거야.

**행복해지려는 놈들일수록 행복하지 못해. 멋진 사람
이 되고자 하는 놈들일수록 멋지지 않다는 거야.** 행복
하다면 태도로 나타내면 돼. 다 같이 손뼉을 쳐 봐.

미쓰로　짝 짝 짝, 어이······.

그렇지만 '태도'로 알아버렸을지도. 컨트롤하려 함은
컨트롤하지 못하는 사람의 태도이니까······, 컨트롤
을 그냥 그만둬버리면 돼.

그렇지! **'이미 컨트롤된다'고 깨닫는 태도. 가지려고 하
지 않고 이미 '충분히 가지고 있다'는 것을 깨닫은 태
도!**

악마　그렇지. 이제 깨달았군. 바빌론에서 해방된다는 것은
**자기 자신의 마음속에 있는 '더 가지고 싶다'라는 지배
욕으로부터 해방된다는 뜻이야.**

미쓰로　바빌론이라고 해서 경찰이라든지 국가권력이라고
생각했었는데. 아니었네. **내 마음의 욕망 시스템**을 두
고 하는 말이었어.

그래서 밥 말리는 바빌론을 '가진 자'로 표현하고 자신들을 '가지지 못한 자'로 노래한 거야. 자신이 갖지 못했기 때문에 질투한 것이 아니라 '가진 자'야말로 수치스럽다는 것을 전하려 했던 거야. 그러니까 엄청 많이 '가진 자'는 허풍을 엄청 떤다는 거지.

악마   그리고 여기서부터 마술이 시작돼.

소유하려 하지 않으면 더 많은 것을 가지게 된다. 왜냐하면 이미 가진 것에 대해 깨닫게 되기 때문이지. 컨트롤하려 하지 않는 사람일수록 컨트롤하는 인생을 살아가. 이미 완벽하게 조화를 이룬 우주의 흐름을 깨달았으니까. 이런 시스템을 너희가 논문을 제출할 즈음에는 더 명확하게 알 거야.

미쓰로   이크. 생각났어, 졸업논문. 빨리 써야 해.

악마   그러니까 시간을 컨트롤하려 하지 말고 시간은 잘 조절되고 있다고 믿으면 돼. 그것이 **가장 빨리 '시간'을 흘려보내는 방법**이다.

미쓰로   사과가 다시 시간에 손을 댈 뻔 했군. 그건 그렇다치고, 곰곰히 생각해보니 정말 이상한 일이야. 우린 '아무것도 아닌' 채로, '갖지 못한' 채로 벌거숭이처럼 태어났는데 말이야.

거리에서는 매일 필사적으로 '뭔가를 소유하려고' 다

툰단 말이야. 나무에서 툭 이 세상에 떨어진 사과가 세상을 소유하려고 안달을 해. 인간이란 그런 건가 봐. 벌거숭이로 태어났으니 제 세상에 가지고 갈 뭔가가 있을 리 없어.

악마   아냐, 있어. 그게 '경험'이야.

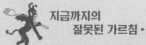

지금까지의
잘못된 가르침 ·
많은 재산을 가진 사람이 행복하다.

악마의 속삭임

사과가 소유할 수
있는 건 없다

부족감을 깨부수는 수행
a way to blow away your anger

더 바라는 마음의 움직임이야말로 바빌론 그 자체다. 세계를 소유하려는 순간 마음이 세계에 소유되고 만다. 그러므로 과도한 욕구가 솟구칠 때는 그냥 아래 그림을 상상하며 중얼거리면 된다.

'우와, 사과가 자기주장을 하기 시작했다네'

사과가 소유할 수 있는 건 아무것도 없다.

7

좋은 날 마니아

좋은 날 마니아

인생은 극에서 극으로 이동하는 게임

'퍼뜩 제정신을 차린다'라는 말이 있다.

그렇다면 제정신을 차리기 전까지는 제정신이 아니었다는 것이다. 그러므로 '제정신을 차린다'라고 말한다. 그럼 당신이 '제정신'으로 돌아오기까지 당신은 무엇이었던가?

'제정신'의 시작. 그것을 아침에만 일어나는 일이라고는 할 수 없다. 이 인간양복 속에 의식이 갑자기 되돌아오는 순간도 많으니까.

자라메　아빠, 아빠아아!! 아이, 아빳!!

봐, 아빠! 보라니까, 좀!!

미쓰로　응? 어라, 여기는 어디?

아, 유치원에서 돌아오는 길에 들른 공원이지.

자라메　봐, 자라메, 정말 대단하지! 멍하니 있지 말고 여기

보라니까!! 여기, 이렇게 그네 탈 수 있어!!

미쓰로　진짜! 우와!! 저쪽으로 휙 날아갈 것 같네.

악마　너는 지금 아주 좋은 자리에 앉아 있어.

미쓰로　뭐가요? 내가 쌓아올린 자리?

악마　아냐, 실제로 지금 앉은 그 자리. 그네를 바로 옆에서

바라보잖아.

미쓰로　그야 그렇죠. 그네 앞뒤는 위험하니까 대체로 부모는

그네 옆 철책에 앉아서 아이 노는 걸 보잖아요.

악마   **이 세상은 그네야.** '그네 전체'가 보이는 그 위치라면 타는 사람은 알 수 없는 여러 가지를 알 수 있지.

봐, 자네 딸을 봐. 오른쪽으로 갔다가 왼쪽으로 돌아가. 다시 오른쪽으로 가서는 왼쪽으로 돌아가. **너희 인간은 이렇게 하여 두 극을 오가고 있을 따름이야.**

어떤 물질도, 어떤 개념도, 어떤 관계성도, 어떤 에너지도. 이 세계에 존재하는 것은 모두 '양극'을 내포하고 있으니까.

미쓰로   그런 거라면 동전의 비유가 유명하지요. 동전은 늘 앞과 뒤가 있다. 1센티미터 두께의 동전을 반으로 썰어도 앞과 뒤가 있다. 1밀리미터로 썰어도 마찬가지. 아무리 얇게 썰어도 거기에는 늘 앞과뒤가 있다. 끝까지 썰어서 없어지면 앞과 뒤가 사라진다. 다시 말해 **눈에 보이는 한 반드시 앞과 뒤가 있다는 것.**

악마   그럼 그럼. 모든 것이 그래. **한쪽만 존재할 수 없어.** 반드시 양면이 있는 1센티미터지.

너희 인간은 흔히 '세상에서 악을 지워버리고 싶어'라고 말해. 사실은 더 간단히 실현할 수 있어. 신을 죽여 버리면 돼. 신이 사라진 순간 악도 사라져. **다시 말해 만일 세계에서 '악'이 사라지면 신도 사라지**

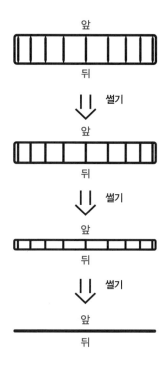

고 말아.

미쓰로 지당하신 말씀. 세계에는 '악'도 필요하다는 거네. 정의의 히어로는 악이 없으면 그냥 근육질 멍청이죠. 악을 응징하니까 영웅으로 인정받을 수 있으니까요. 악이 근육질 멍청이를 영웅으로 만들어준다는 거.

악마 그럼 그럼. **'나쁜 것'이 '좋은 것'을 만들어내는 거지.**

슬픔이 기쁨을, 고통이 해방감을, 초조가 안정을, 부정이 긍정을, 퇴행이 진취를.

딸이 타는 그네를 봐. **앞으로만 나아가는 그네는 존재하지 않아. 뒤로 돌아가니까 앞으로 나아가는 것. 이제껏 불행이 있어서 네가 행복할 수 있었던 거야.**

미쓰로　언젠가 신에게 높이 솟구쳐 오르고 싶다고 신사에서 기도를 했더니, 그럼 몸을 웅크리라고 하데요.

뛰어오르려면 일단 웅크리지 않으면 안 되지요. 무릎을 구부리지 않고 솟구치는 사람은 중국곡예사뿐이라니까요.

악마　중국의 곡예사도 못 해. 왜냐하면 이건 시스템의 문제니까. 이 우주 시스템의 하나, '상대성 시스템'이지. **'상대성'이란 '두 개'라는 뜻이야. 반대로 '절대성'이란 '하나뿐'이란 뜻이고.**

만일 우주에 오로지 막대가 하나만 있다면 그 막대기가 '굵다' '길다' '무겁다' '딱딱하다' 어느 쪽인지 아무도 몰라. 그것을 알려면 뭐가 필요해?

미쓰로　**비교할 '뭔가'**가 필요하겠죠?

악마　그럼 그럼. 상대하는 '뭔가' 덕분에 비로소 그 자신에 대해 말을 할 수 있지. 이것이 '상대성 시스템'이야.

'짧은 막대기'가 있으므로 '긴 막대기'라고 할 수 있

한쪽 극	⇔	한쪽 극
악마	⇔	신
나쁜 것	⇔	좋은 것
슬픔	⇔	기쁨
고통	⇔	해방감
초조	⇔	안정
뒤	⇔	앞
불행	⇔	행복
짧다	⇔	길다

다. '가벼운 막대기'가 있으므로, 아, 나는 '무거운 막대기'였다는 것을 알아. '가느다란 막대기'가 있어서 자신의 '굵기'를 알 수 있어.

그러므로 '불행'은 너희 인간을 위해 발생한 거야.

너희 인간이 행복을 바랐기에 그 바람을 이루기 위해서 시스템적으로 불행이 있을 필요가 생긴 거야.

미쓰로 나도 그런 생각 해봤어요.

'하루하루가 행복이라면 모든 날이 행복할까?

상대성의 이 세계에서 하루하루 행복하다면 행복을 행복이라고 인식할 수 있을까?

내 주위에 행복밖에 없는데, 그것을 행복이라고 생각할까?

불행한 일이 있어서 그것하고 비교할 때 비로소 행복의 위치가 결정되는 것이 아닐까?'

악마　'슬픈 날이 있으므로 언젠가 웃을 수 있어'라는 시를 읊어본다면, 아마도 지금 슬퍼하는 사람에게 도움이 될 거야. 그렇지만 내버려두는 게 더 근본적인 해결책이지.

미쓰로　그건 또 무슨 말인가요?

악마　'그네의 법칙'이야. 행복을 바라는 자에게는 시스템적으로 불행이 필요하게 돼. **그렇다면 행복을 바로 놓아버리는 게 좋지 않겠어?**

살아가는 이상 '그네의 법칙'에서 벗어날 수 없다

미쓰로　행복을 놓아버린다?

악마　먼저 그네의 구조에 대해 설명해주지. 네 딸을 봐봐. 하늘 높이 그네를 올리려고 애를 써. 그럼 세차게 그네를 쳐올리려면 어떻게 해야 하지?

미쓰로　더 '뒤'로 돌아가야지요.

악마	그럼 그럼. 그네는 늘 **지금 있는 장소에서 가장 먼 장소를 지향하도록 힘을 작용하게 하는 장치야.**
	가능한 한 멀리 '여기'가 아닌 '어딘가'로. 늘 그것만을 지향하며 움직여. 이건 그네의 숙명이 아니라 너희 인간의 숙명이야.
미쓰로	하긴 그렇네요. 라면 먹고 나면 햄버거 먹을 걸 그랬어. 햄버거 먹고 나서는 라면 먹을 걸 그랬어. 혼자일 때는 여자친구가 그립고, 여자친구랑 있으면 혼자 있고 싶어지고. **아무튼 여기가 아닌 어딘가를 인간은 늘 지향하죠.**
악마	이건 인간의 숙명이라서 누구도 바꿀 수 없어. 그네는 오늘도 그냥 흔들려. 오른쪽으로 갔다가 왼쪽으로. 오른쪽으로 갔다가 왼쪽으로.
	그리고 어느 날 인간은 그네를 타면서 의기양양하게 말하지. '됐다! 지금 나는 이렇게 앞으로 나아가고 있어!' 하고.
	그런데 그 그네를 바깥에서 바라보면 의외의 사실을 알게 돼. **앞으로 나아가는 것처럼 보이지만 사실은 뒤로 돌아가기 위한 탄력을 쌓고 있을 뿐이라는 걸.**
	앞으로 나아가는 자신의 그 움직임이 뒤로 돌아가기 위한 탄력을 쌓는 일이니까.

가득 가진 자는 엄청 많이 잃을 에너지를 축적하고 있어. 크게 성공한 자는 크게 실망할 기회를 잡게 된 거야. 너무 사랑한 상대일수록 배신을 당하면 더 큰 저주의 대상이 되지.

앞이건 뒤건 지금 있는 위치에서 더 먼 장소로 되돌아 갈 에너지가 그네 전체에 심겨 있으니까. 그것이 그네 의 구조야.

미쓰로　과연. 본인이 느끼지 못할 뿐, '반대 방향으로 나아갈 에너지'를 축적하고 있다는 말이죠.

악마　왜냐하면 에너지도 '플러스'와 '마이너스' 두 가지가 한 세트이니까.

결코 플러스만을 축적할 수는 없어.

앞으로 나아가면 반쪽 에너지가 같은 양만큼 내부에 쌓여. 선한 행위를 하는 자일수록 나쁜 것을 생각해. 나쁜 짓을 할 탄력이 안에 가득 축적되어 있어. 단식 하는 자는 늘 먹을 것을 생각하지. 다시 먹는 행위로 나아갈 탄력으로 가득해.

미쓰로　아. 나도 자주 단식을 하는데, 맞는 말이에요. 단식이 끝나면 무진장 먹어대다가 아내에게 '그렇게 하면 다 이어트가 무슨 의미 있어?'라는 말을 들어요. 본인은 단식을 한다고 생각하지만 먹기 위한 탄력을 가득 쌓

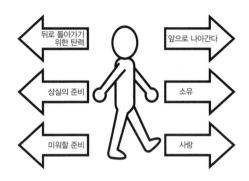

은 것이네요. 바보 같아.

악마   한쪽 에너지밖에 보이지 않으니까. 이 세상 모든 것은 플러스와 마이너스 양극을 내포한다는 사실을 깨달아야지!

얻은 것은 반드시 언젠가는 잃어. 지위이건 관계성이건, 설령 그것이 어떤 것이라 해도. 차를 가졌다면 언젠가는 잃어. 토지를 가졌다 해도 죽는 순간 잃게 돼. 생명도 언젠가는 사라져.

그래서 그네 전체를 볼 수 있는 자는 이렇게 말하지.

가진 것이 아니라 잃기 시작했다고.

태어난 것이 아니라 죽기 시작했다고.

사귀기 시작한 것이 아니라 헤어지기 시작했다고.

미쓰로   과연 악마 각하! 무지하게 꿈을 짓밟는 말이긴 하지만 지당하신 말씀이네요.

'응애~' 하고 울면서 태어난 것 같으면서 죽기 시작했다고 할 수 있다.

소유한 것 같지만 잃기 시작한 것이라고 할 수 있다.

사귀기 시작한 커플은 그때부터 헤어지기 시작했다.

아무리 뜨거운 연인이라도 언젠가는 헤어진다. 할배 할매가 될 때까지 사랑한다 해도 한쪽이 죽는 순간 헤어지게 된다. **시작한 것이 아니라 끝나기 시작한 것이라는 말이야.**

악마　　이것이 그네를 탄 자의 숙명이야. 이 세계에 들어간다는 것은 '그네를 탄다'는 것을 의미하므로 누구든 이 '그네의 법칙'에서 벗어날 수 없어. 그네에서 내릴 수가 없으니까. 그런데 그네를 타는 자의 태도라면 타면서도 바꿀 수가 있지.

그네 그 자체를 즐기는 것.

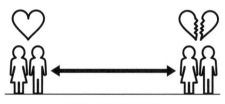

사귀기 시작한 것이 아니라
헤어지기 시작했다

이 세상 그 자체를 즐기는 것.

그네 전체를 보는 자는 괴로워하지 않는다

미쓰로   그건 또 무슨 말이죠? 우리는 이 인생 그네를 즐기고
         있다고 생각하는데.

악마   아냐. 그네를 즐기는 방법을 모르고 있어. 그러니까
         좋은 일만 일어나기를 바라는 거지. 긍정적인 것만
         생각하자고 태연하게 말하는 거지. 최근에 그런 불가
         능하고 불가해한 가르침이 성행하고 있어.
         좋은 일만 일어나게 하는 시크릿도, 나쁜 것이 절대로
         다가오지 못하게 하는 경이적인 주문도, 이 세계의 시
         스템에서는 불가능한 일이야.

미쓰로   지당하신 말씀. **한쪽만 바라는 자세가 오류라는 말이**
         네요.

악마   그렇고 말고. 왜냐하면 그건 있을 수 없는 일이니까.
         앞으로만 가는 그네는 있을 수 없어. 동전에서 표면
         만을 잘라낼 수는 없어. 행복이 성립하려면 반드시
         불행이 있어야 해. 그러므로 진정한 그네타기 태도는

이런 것이지.

미쓰로 풋! 잠깐만. '진정한 그네타기'라는 표현, 무지 괜찮네요. 서커스단도 아니고 말이죠. "많이 기다렸지? 내가 진정한 그네타기야. 애들은 저리 가라!"하며 밤이면 밤마다 온 나라의 공원에 출몰하는 변태가 상상되네요.

악마 그네 타는 법도 모르면서 이 세계에 들어와 버린 너희들이 진짜 변태라는 걸 알아 둬. "그냥 그대로 광대야. 앞으로만 나가면 된다!"고 외치면서 다리에 힘을 주니까 뒤로 물러날 때 땅바닥에 떨어지고 마는 거야. **'오로지 앞으로만 나아가야 하는데'**라며. '그 책에는 좋은 일만 일어난다고 했는데'라며. 타는 사람의 태도가 잘못되어 있으니까 괴로운 거야. '특정한 방향'만을 기대하지 마! 옆에서 바라보면 그네는 오른쪽 왼쪽으로 왔다 갔다 할 뿐이야. **오른쪽이 좋다는 건 없다. 왼쪽이 좋다는 것도 없다. 오른쪽 왼쪽의 가치에 차이 같은 건 없다.** 그런데 그네를 타는 사람은 무슨 영문인지 '앞 = 좋다' '뒤 = 나쁘다'라는 환상을 보고 말아.

미쓰로 진짜네. 그렇게 하나의 방향만을 기대하니까 뒤로 돌아올 때 떨어지고 마는구나. **그네의 오른쪽과 왼쪽에**

어느 쪽이 좋다는 것도 없는데, 바보같이.

악마   그럼 멍청이 인류대표가 누구인지 기억나게 해주지.

           너한테 물을게. 부자하고 가난뱅이, 어느 쪽이 좋아?

미쓰로   그야 당연히 부자죠!

악마   금방 그네타기의 시점으로 돌아왔네. 오른쪽 왼쪽에

           차이가 있을 수 없다고 해놓고선 부자와 가난뱅이 질

           문으로 바꾸자 **하나의 극만을 지지하는 네 녀석이 멍**

           청이다.

특정한 방향만으로 나아가려고 하다 보면 뒤로 돌아

오다가 바닥에 떨어지고 말지.

미쓰로 아, 그렇네. 제길. 걸려들고 말았네.

악마 그네를 타고 있는 한 저도 모르게 한 가지 방향을 지

지하고 말아. 그럴 때는 밤마다 공원에 가서 그네를

옆에서 바라보는 게 어떨까? 변태라고 경찰에 신고

당할지도 모르겠지만. 이히히히힛.

미쓰로 경찰이 다가와서 여기서 뭐하냐고 물으면, 지금 오른

쪽과 왼쪽의 가치 차이가 진짜로 없는지 체크하는 중

이라고 할까 보다.

뭐, 그 자리에서 체포되겠지만⋯⋯.

그때 자라메가 그네에서 떨어져 울기 시작했다.

미쓰로 앗, 괜찮니, 자라메.

아, 다행이야. 상처도 하나 없고, 괜찮아.

자라메 으앙~.

미쓰로 울 정도로 아프지는 않은 거 같은데, 왜 울고 그래?

자라메 아파서가 아니라 억울해서 그래. 다른 애들은 그네에

서 다들 잘 내려오는데 자라메는 실패하고 말았어.

미쓰로 실패한 게 아니라 성공하기 시작한 거야.

자라메 엉? 무슨 말이야?

미쓰로 그건 말이야, 예를 들어 오른쪽으로만 가려는 마니아 하고, 왼쪽으로만 가려는 마니아가 있다고 해보자.

자라메 이상한 사람들이네.

미쓰로 오른쪽 마니아는 오른쪽으로 한 걸음만 나아가도 무지 좋아해. '오른쪽' 하나를 손에 넣었으니까.

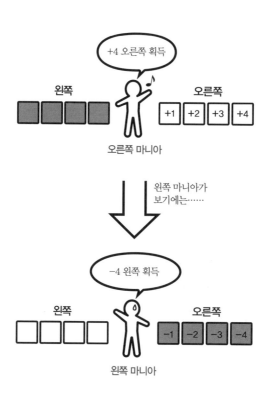

이런 애가 오른쪽으로 3이나 더 나아가는 날은 너무 기뻐서 울고 말 거야. 지금 그 애는 오른쪽 4를 손에 넣었으니까.

그런데 이걸 왼쪽 마니아가 보면, 오른쪽(→)으로 4를 나아갔다기보다는 소중한 왼쪽(←)을 4나 잃어버린 거야. 세계는 이렇게 되어 있어.

오른쪽 마니아가 말해.

"나는 오른쪽을 4나 얻었어!!"

왼쪽 마니아가 말해.

"저 자식 왼쪽을 4나 잃었어!!"

나중에 돌아보면 모든 것이 좋은 날

자라메   어느 한쪽이 소중한 게 아니라는 말?

미쓰로   그럼 그럼. 온 세상에는 마니아가 우글우글해.

공부 마니아는 '10시간이나 공부했다!' = '공부 메달을 10개나 획득했다!'고 할 테지만, 게으름 마니아가 보기에는 '10시간이나 놀 시간을 잃어버렸다' = '놀기 메달을 10개나 잃어버리'는 셈이야.

얻은 것 같으면서도 그 반대의 뭔가를 늘 잃어버리는 것이야. 그러므로 합산하면 아무것도 변한 게 없다는 거야. 어느 한쪽 방향으로 '3 나아간 것' 같지만 그것은 반대 방향성을 '3 잃어버린 것'이지. '3 좋은 것'이 생긴 것 같지만, '3 나쁜 것'을 잃어버린 거야. '3 즐거운 날'이 있는 것 같지만 '3 재미없는 날'을 잃어버린 것이지.

그럼 질문.

"열흘이나 즐거운 날이 계속되고 있어! 행복해!" 하고 외치는 사람이 있다고 하자. 무슨 마니아일까?

자라메 즐거운 날 마니아 아냐?

미쓰로 그렇지. 그럼 그 애를 재미없는 날 마니아가 보면 뭐라고 할까?

자라메 소중한 '재미없는 날'을 열흘이나 잃었어!!

미쓰로 딩동댕. 그럼 다음 문제.

"나는 아주 멋지다. 엣헴! 멋지다는 증거를 10개나 가지고 있어!"라고 외치는 사람은 무슨 마니아?

자라메 멋짐 마니아!

미쓰로 그럼 그럼. 멋짐 마니아는 '멋진 것'을 10개나 얻었어. 상을 받고 선생님한테 칭찬도 듣고 자격을 얻었어. 그런데 그것을 별 볼 일 없음 마니아가 보았다면?

자라메   그렇지만 아빠. 별 볼 일 없는 걸 좋아하는 사람, 진짜 있어?

미쓰로   있고 말고. 내 친구 경찰관은 똥을 던지면서 좋아 죽는다고 말했잖아? 그 자식은 별 볼 일 없는 일이 일어나면 엄청 행복해 해. 그걸 별 볼 일 없음 마니아라고 하는 거야. 그렇지만 스스로 그걸 깨닫지 못하고 지금은 '멋짐'을 끌어모으기 시작했지만.

자라메   그렇구나. 그럼, 별 볼 일 없음 마니아가 본다면, '10개나 멋진 메달을 10개나' 손에 넣은 것이 아니라 '10개나 별 볼 일 없는 메달을 10개나' 잃어버린 게 될 거야!!

미쓰로   딩동댕!!
그리고 마지막 질문. 누군가가 아빠의 소중한 자라메를 '성공 마니아'로 만들고 싶어 한다면? 그런 나쁜 놈, 아빠가 때려줄 거야.

자라메   그런가. '성공'만을 얻을 필요가 없다는 거?

미쓰로   그렇고 말고. '10의 성공'을 얻은 것 같은데, 사실은 '10의 실패 기회'를 잃어버리는 거야. 그 자식, 절대로 에디슨은 될 수 없어.

자라메   에디슨이 누구야?

미쓰로   너, 유치원생이나 돼 가지고 에디슨도 모르니?

세계에서 가장 유명한 '실패 마니아'야. 실패가 좋아서 견딜 수 없었는데, 가끔 성공하면 엄청 꼭지가 돌아버렸다는 거야. '성공 따위 할 때가 아니야!'라고.

다만 세상은 그가 끌어모은 99번의 실패보다 고작 한 번의 성공을 찬양했지만. 이건 온 세상에 성공 마니아가 얼마나 많은가를 말해주는 증거야. **'실패'도 소중한 메달인데.**

자라메 불쌍해, 에디슨.

미쓰로 괜찮아, 도무지 세상의 눈을 의식하지 않고 산 사람이니까. 잘 들어, 자라메. 아빠는 자라메보다 엄청 오래 살았어. 오늘까지 1만 일 정도나 살았으니까. 그래서 돌이켜보면 말이야. 하루하루가 시작되는 아침에는 '오늘이 즐거운 하루가 되면 좋을 텐데!!' 하고 생각하며 살았어.

자라메 즐거운 날 마니아다!!

미쓰로 그럼 그럼. 그런데 많은 날들이 즐겁지만은 않았어. 슬픈 날, 억울한 날, 허망한 날, 괴로운 날. 여러 날들이 아빠에게 있었거든. 그렇다면 즐거운 날 마니아 아빠는 하루하루 무슨 생각을 한 것 같아?

자라메 재미없었겠다. 그렇잖아. '즐거운 날'을 끌어모으려 했으니까.

미쓰로 맞는 말이야. '즐거운 날' 말고는 재미없었어. 그렇지만 지금 여기에서 과거 1만 일을 돌이켜 보면, 어쩐지 모든 날들이 재미있었어. 슬펐던 그날도 즐거운 추억이 돼. 억울했던 그날도 왠지 웃을 수 있어. 괴로웠던 그날도 아주 소중한 추억이야. 요컨대 말이야, 신은 '즐거운 날 마니아'라는 생각이 들어. 그리고 그 자식, 이 우주에서 무지 강한 놈이라서 과거의 모든 마니아를 확 휘저어서 그 모든 날을 '즐거운 추억의 날'로 바꾸어버리는 거야. 그래서 자라메가 무슨 마니아가 되어도 괜찮아. 설령 부모나 선생의 말에 물들어서 즐거운 날 마니아가 되어도 괜찮아. 즐거운 날 마니아가 사는 곳에는 즐거운 날이 아닌 날들도 많이 찾아와. 그네는 반드시 뒤로 돌아가니까. 그러니까 하루하루 속에 있으면 도망치고 싶을 때도 있을 거야. 그렇지만 반대로 나중에 돌이켜보면 그 모든 것이 '즐거운 날'로 바뀌어.

우주 최강의 마니아가 우리 편이니까.

그러므로 네가 무슨 마니아가 되든 아빠는 마음 놓을 수 있어.

자라메 그럼 자라메는 별 볼 일 없음 마니아가 되고 싶어.
별 볼 일 없는 사람이 가장 잘 웃을 것 같아.

미쓰로   무지 좋은 거야, 그거!!

될 수 있는 만큼 별 볼 일 없는 날을 끌어모으자!

자라메   그럼 아빠의 인생에서 지금까지 가장 별 볼 일 없고 재미없는 날에 대해 말해 봐.

미쓰로   그 이야기를 시작하면 4년은 걸릴 거야. 아빠보다 별 볼 일 없는 인간은 어디에도 없으니까. 킹 오브 별 볼 일 없는 인간. 줄여서 '아무것도 아닌 놈'.

와핫핫!

자라메   어디를 어떻게 줄였다는 거야?

까마귀가 울면 돌아갈 시간. 빨갛게 타오르는 저녁노을, 해가 저문다. 까마귀가 울면 돌아갈 시간. 별 볼 일 없는 날의 대화로 한껏 들떠 걸어가는 부녀의 귀에는 그런 까마귀 울음소리도 들리지 않았다.

웃으면서 나란히 걸어가는 두 사람이었지만, 인생을 힘차게 열어가기 시작한 작은 용사는 아빠를 두고 앞으로 걸어가기 시작했다. '내 발걸음이 더 빨라'라며.

그 거리가 멀어져 저녁노을에 비쳐 길에 늘어진 딸 그림자도 아빠에게 닿지 않을 즈음, 악마가 속삭였다.

악마 너 말이야, 강연 좀 하더니 떠드는 것도 많이 늘었네. 인간에게는 여러 종류의 날이 있지만, 괴로움을 억지로 즐기려 하는 놈은 어딘가가 잘못된 거야.

괴로움을 올바르게 즐기는 방법은 괴로워하는 거야. 슬픔을 올바르게 즐기는 방법은 슬퍼하는 거고. 요컨대 너희 인간들은 그 나날들에서 이미 모두 완벽한 상태라는 거지. 그런데 남김없이 모두가 즐거움만을 쫓고 있어. 그리고 그것 때문에 뒤로 돌아갈 때면 괴로워해. 긍정적인 것만을 갈구하다가 부정적인 날이 다가오면 울어버려. 그러므로 그대로가 좋아. 사실은 모두가 잘 되어 있는 거야.

너희 모두 지금 그대로 '진정한 그네타기 선수'다. 그러므로 마음 놓고 앞으로도 그 나날들에 몸을 맡기면 돼.

미쓰로 '슬픔을 슬퍼하자. 괴로움을 괴로워하자. 짜증을 짜증 내자. 즐거움을 즐기려면 그것이 필요하다.'

허참, 또 내 시집에서 표절했어요? 그거 좋은 취미는 아닌 것 같은데, 말꼬리를 흐리는 악마 씨.

악마 없애버릴 거야!

미쓰로 없앨 수 없을 걸요. 이렇게 멋진 나날들을.

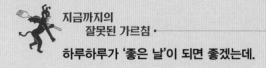

악마의 속삭임

그러나 결국 그 모든 것이
'좋은 날'이 되는 거야
이히히히힛

실패하고 풀이 죽어버릴 것 같은 날에
잘 듣는 인터넷 영상
a way to blow away your anger

이 세상 모든 것에는 양극이 있다. 그런데도 너희 인간은 무슨 영문인지 특정한 '극'만을 갈구한다.

긍정적인 것을, 좋은 것을, 높은 것을, 즐거운 것을, 성공을. 그 한쪽만을 지지하는 자세를 가지기 때문에 '역류'가 일어나면 실망한다.

그네의 전체상을 볼 수 있는 자는 한쪽을 얻은 것 같지만 다른 한쪽을 잃어버렸다는 것을 안다. 실패한 것 같지만, 사실은 성공하기 시작한 것이다. 잃어버리고 있는 것 같지만, 사실은 가지기 시작한 것이다.

그리하여 '직류 마니아'에서 '교류 마니아'가 되기 위해서 인터넷에서 에디슨의 이미지를 찾아 기억해두자. 그리고 그 에디슨 얼굴을 떠올리면서 계속 이렇게 외친다.

"젠장! 또 성공하고 말았네! 난 지금 성공 같은 걸 할 때가 아니야!!!"

그러면 특정한 좋은 방향만을 지지하는 자세가 서서히 무너지기 시작할 것이다.

8

우주시스템의 시작

우주시스템의 시작

세계는 뇌 속에 있다

'나'가 시작될 때. 아침이라도, 사색의 여행에서 돌아올 때도, 언제든. '나'가 시작될 때, 늘 동시에 '세계'가 시작된다.

'나'의 시작과 동시에 눈앞에는 늘 '세계'가 일어난다. 과연 이 '세계'라는 놈은 '나'가 시작되기 전에도 정말 있었을까? 태어나기 전은? 잠을 자고 있을 때는? 의식의 초점을 맞추고 있지 않을 동안은? 누군가에게 물으면 아마도 있었다고 말할 것이다. '세계'는 있었다고. 그렇지만 그 누군가의 말을 '나'가 지금 듣고 있다. 묻고 싶다. 이 '나'가 발생하지 않았을 때의 '세계'의 실재성을. 그리고 그것은 명백히 불가능하다. '나' 없이는 '세계'를 확인할 방법이 없다. '세계'를 확인하는 곳에는 늘 '나'

가 있기 때문에. 아침의 몽롱함 가운데서 '세계는 나와 같은 나이'라고 말한 교수의 감각이 어떤지 알 것도 같다.

카데루   듣고 있어? 미쓰로?

미쓰로   아, 미안. 잠깐 딴 생각을 하느라. 그런데 말이야, 하룻밤을 새면서 나에게 〈매트릭스〉의 내용을 이야기해줄 필요가 있어? 벌써 하늘이 훤히 밝아오기 시작했어! 잠 좀 자자.

카데루   안 돼. 요컨대 〈매트릭스〉는 이 **세계란 것이 그냥 가상현실**이라는 걸 지적하고 있어. **전부 거짓말이라는 거지.**

미쓰로   세계가 거짓말? 세계가 지금 여기에 있는데? 카데루, 너 말이야, 영화를 너무 많이 본 거 아냐?

카데루   그렇지 않아. 이건 영화 속에 나오는 이야기가 아냐. 실제로 미국 대학에서 인간의 뇌에 전극을 연결하고 '버추얼 리얼리티'를 만들어내는 데 성공했다니까.

미쓰로   뭐? 배추가 뭐 어쨌다고?

카데루   버추얼 리얼리티, 가상현실 말이야. 애당초 '세계'가 뭐라고 생각해?

미쓰로   그야 '이거' 아냐? 세계란 이거지.

카데루   뭔데?

미쓰로 아니, 그러니까 이런 방이라던가, 침대, 바깥에 내린 눈, 별, 하늘, 저기 지금 바깥을 지나가는 제설차, 전부가 세계잖아.

카데루 그럼, 세계란 **인식할 수 있는 것**들을 말하잖아?

미쓰로 인식할 수 있는 것이라는 게 뭔데?

카데루 간단한 말인데, **존재를 확인할 수 있는 것**. 침대는 눈으로 보면 거기에 있다는 것을 확인할 수 있어. 눈은 손으로 만지면 거기에 있다는 것이 확인돼. 이렇게 해서 **있다는 것을 확인할 수 있는 것의 집합체를 세계라고 하지 않아?**

미쓰로 그야 그렇지. 눈에 보이지 않는 것이라면 이 세계에 없으니까.

카데루 그렇다면 어떻게 너는 눈으로는 보이지 않는데도 바깥의 제설차를 있다고 확인할 수 있어? 아까 창 밖에도 세계가 있다고 했잖아.

미쓰로 그야 제설차 소리가 들렸으니까.

카데루 그렇지. 귀로 있다는 것을 확인했지? 그럼 귀를 막고 눈을 가리면 세계는 확인되지 않아?

미쓰로 눈을 감고 귀를 막아도 손으로 만져보면 확인할 수 있어. 세계에는 차가운 눈[雪]이 있어.

카데루 그럼 손을 묶어버리면?

미쓰로	보이지 않아도 만져보지 않아도 냄새를 맡으면 카데루가 이 세계에 있다는 것을 확인할 수 있어.
카데루	그럼 코를 막는다면?
미쓰로	어디까지 할 셈이야? 눈을 가리고 귀를 막고 손을 묶고 코에 티슈를 쑤셔 넣었어! 죽으라는 거냐!
카데루	그거, 어제 같이 보았던 예능프로그램에서 나왔던 거 기억 나? 그 상태에서 고급 식재료인지 아닌지 알아맞히기를 했어.
미쓰로	아, 알았어. 혓바닥! 보이지 않고 들리지 않고 냄새를 못 맡아도 맛을 보면 뭔가가 있다는 것을 확인할 수 있어. 그게 세계야.
카데루	그렇지. **이 다섯 가지가 '오감'이라고 하는 센서야. 내가 세계를 확인하기 위한 장치지.** 덧붙여서 아까 상태로 묶인 채 맛도 볼 수 없으면 세계란 없는 건가? 아무런 확인도 할 수 없는데?
미쓰로	아니, 내가 묶이고 아무것도 아무것도 볼 수 없고, 아무것도 들을 수 없고, 아무것도 맛볼 수 없어도 세계는 거기 있는 거야.
카데루	어떻게 확신할 수 있지? 증거는? 세계가 있다는 증거는?
미쓰로	**상상할 수 있어.** 깜깜하고 아무 소리가 없어도 세계

가 거기 있을 거라는 예상을 할 수 있어. 눈가리개 저편에 누군가가 있다고.

카데루 그렇지. 그게 여섯 번째 감각이야. 상상하는 것도 내가 뭔가를 확인하는 방법이니까. 그럼 배역이 모두 모였으니 미국의 실험실로 돌아가지. 우선 센서로 외부 세계를 확인하는 기관은 다섯 가지. '오감'이라는 놈이 있어. 사고는 내적인 것이라 제외하고. **인간은 이 오감으로 외부 세계가 있음을 확인해.** 침대가 보이니까 외부 세계가 있다고 주장하는 거야. 차소리가 들리니까 외부 세계가 있다고 말할 수 있어. **육체의 다섯 가지 센서가 반응하므로 '나'의 바깥에 세계가 분명히 있다고 우리는 주장하고 있어.** 그럼 그 외부를 확인하는 각 센서는 어디에 있지?

미쓰로 눈은 여기 있고 귀는 여기 있어. 인간이니까 외부 확인 센서의 위치는 모두 똑같아.

카데루 엥? 너 인간이었어? 그렇구나. 그럼 너의 눈이라는 센서의 안쪽은 뇌에 연결되어 전기신호를 뇌에 보내고 있어. 눈 이외의 각 센서도 신호를 뇌에 보내. 미국의 실험은 거기에 주목한 거야. **눈에서 뇌로 흘러가는 전기신호와 똑같은 전기신호를 뇌에 흘려보내면 뇌는 그 세계를 보게 돼.** 눈이 보이지 않는 사람에게

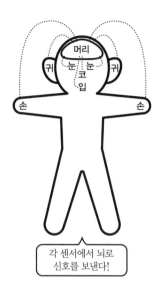

각 센서에서 뇌로
신호를 보낸다!

전기신호를 보내 뇌에서 영상을 보게 하는데 성공한
거지.

미쓰로 　엄청나!

카데루 　실험은 계속돼. **코, 귀, 혀, 손의 각 센서가 연결된 부**
위에도 전기신호를 흘려보내면 뇌 속에 완벽한 세계
가 만들어진다는 것을 알았어. 그 '완벽한 세계'라는
것은 지금 우리가 보고 있는 이 실제적인 세계와 무
엇 하나 다를 바 없는 세계야. 완전히 똑같아. 왜냐하
면 지금 우리가 하는 것도 전기신호가 세계를 뇌 속

에 비춰내는 것일 뿐이니까. **세계란 사실은 그 사람의 머릿속에서만 가능한 거야.** 영화 〈매트릭스〉 같지? 바깥세계에는 세계란 것이 없으니까. 존재하는 것은 전기신호에다 그 정보를 기반으로 뇌 속에 만들어진 그 사람만의 세계라는 가상현실뿐이라고.

미쓰로 이거 좀 무서운 이야기네. 바깥에는 세계가 없다는 거……. 모든 사람의 뇌 속에 있는 것이 그 사람만의 세계라니. 그렇지만 뇌에 전극을 꽂아 넣다니, 미국은, 정말 무서운 실험을 다 하네. 과연 바빌론이구만.

카데루 간단한 실험이지. **센서는 고작 다섯 개밖에 없으니까.** 그 이외에 세계의 실재성을 확인할 방법이 인간에게는 없는 거야!

본다(망막 센서), 듣는다(고막 센서), 냄새를 맡는다(후점막

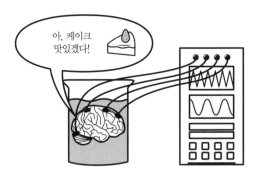

센서), 만진다(감각점 센서), 맛본다(미각 센서).

이 다섯 가지 감각기관에 전기신호를 흘려보내는 것만으로 현실세계처럼 보이는 세계가 뇌 속에 그려진다고 하는 게 아냐. 실제로 우리가 '현실'이라고 부르는 이 눈앞의 세계가 그렇게 만들어지는 거야. 지금도 누군가의 뇌 속에서도 같은 작업이 이루어지고 있어. 바깥 세계 같은 건 없어. **오로지 세계에 존재하는 인간양복 속에서 일어나는 무수한 '세계'만이 있을 따름이다.**

당신과 세계는 같은 나이

카데루 이렇게 뇌 속에서 만들어진 '세계'를 느끼는 자가 '나'다. **나와 세계는 늘 동시에 일어나는 거야.**

미쓰로 엉? 뭐라고?

카데루 그러니까 '나'만이 '세계'라는 것을 느끼잖아. 나 없는 세계는 존재할 수 없다는 거야.

미쓰로 아, 그게 그렇게 되는구나. **느끼는 존재인 '나'가 없으면 세계는 느껴지지 않을 테니까. 확인하는 존재 '나'**

가 없으면 세계는 확인되지 않지. ……응?

그렇다면 '나'가 없는 장소에는 '세계' 같은 건 없다는 거네!

카데루　그 이야기를 줄곧 하고 있는 거야. 인간양복에 들어가면 '세계'와 '나'가 동시에 일어나. 한쪽만 일어날 수는 없어.

미쓰로　그렇지만 내가 잠을 자는 동안에도 이 세계는 있었잖아! 아까 자고 있을 때 세계는 그대로 있었잖아?

카데루　타인이 '당신이 자고 있을 동안 세계는 있었다'라고 했다 하더라도 그 이야기를 듣는 것은 결국 '나'니까. 이 경우에도 '나'와 '세계'는 동시에 일어나. '나'가 '세계'를 확인하고 있어.

미쓰로　그렇지만 타인이 말을 하지 않아도 내가 일어나기 전에 당연히 세계는 있었어.

카데루　**어떻게 확신해? 미쓰로가 자고 있을 동안 미쓰로는 세계를 보지 않았고, 세계를 만지지도 않았어. 세계가 '있다'는 것을 확인하지 못했지.**

미쓰로　상상할 수는 있어! 일어나기 전에도 세계가 당연히 있었다고. 내가 자는 동안에도 이 방과 침대, 그리고 침대 위에는 아름다운 나의 육체도 누워 있었어.

카데루　네가 지금 그것을 상상하고 있지? 그럼 결국 다시금

'나'가 일어나는 거잖아. 상상되는 세계와 동시에 상상하는 '나'가 일어나는 거야.

미쓰로 정말이네.

카데루 예외라고는 없다니까. **'세계'와 '나'는 늘 동시에 일어나.** 인간양복에 들어가면 미리 마련된 '세계'가 일어나. 그와 동시에 그 '세계'를 즐기는 '나'도 일어나. '세계'라는 홀로그램만 일어나는 것이 아니야. 그것을 즐기는 존재 '나'도 늘 일어나고 있어. '세계'가 일어나고 있는 동안 '나'도 일어나고 있어. '세계'가 멈추면 '나'라는 프로그램도 멈춰.

미쓰로 이거 굉장하네. 나가다가 말했던 '같은 나이'라는 게 바로 이거였어. 늘 동시에 일어나니까 일어나는 시간의 합계는 같아. '나'가 없는 장소에 '세계'는 없다. '나'와 '세계'는 늘 짝으로 일어난다.

세계는 늘 당신과 거울 관계

카데루 그리고 여기서부터가 이 우주시스템의 가장 불가사의한 부분이야.

'나'와 '세계'는 늘 거울 관계가 돼.

보는 자와 보이는 것, 듣는 자와 들리는 것, 만지는 자와 만져지는 것, 냄새를 맡는 자와 냄새나는 것, 맛보는 자와 맛을 내는 것.

세계는 늘 나와 정반대야. 그리고 한쪽만으로는 일어날 수 없는 시스템이라는 것에 아무래도 힌트가 있는 것 같아.

미쓰로 거울이 힌트?

카데루 잘 들어 봐. 보는 자만 일어나는 게 있어?

미쓰로 없지. 보는 자가 일어나면 보이는 것이 반드시 눈앞

❙ 나와 세계의 관계성

나		세계
보는 자		보이는 것
듣는 자		들리는 것
만지는 자	⟷	만져지는 것
냄새 맡는 자		냄새나는 것
맛보는 자		맛을 내는 것

에 있어. 그러므로 그 녀석은 보는 자라고 정의돼. 듣는 자만으로도 존재할 수 없어. 세계에 들리는 소리가 있기에 듣는 자라고 정의하지. 짝이 아니면 안 되는 거야. 그리고 '나'라는 오감 센서 모두가 이렇게 되어 있어.

만지는 자만 존재하는 것도 불가능해. 만져지는 뭔가가 있기에 나는 만지는 자가 될 수 있어. 냄새 맡는 자만 존재하는 것도 불가능. 세계에 맡을 수 있는 냄새가 있기에 나는 냄새 맡는 자가 돼. 그렇다면 세계가 나를 존재하게 하는 것인가.

카데루 조사해보면 정반대도 돼. **세계만 존재할 수 없어**. 들리는 소리만 존재할 수 없어. 그것을 내가 들었으니까 들리는 소리라고 표현할 수 있어. **세계 앞에는 늘 '나'가 일어나고, 그 둘은 거울 관계야.** 게다가 이 거울 관계는 오감 센서만이 아냐.

미쓰로 그건 또 무슨 말이야?

카데루 여섯 번째 눈이라고 할 사고나 상상도 정반대가 돼. 야한 상상을 한 '나'가 일어나면 상상된 야한 이미지가 일어나. 고뇌도 그래. 고뇌하는 나가 일어나니까 고뇌의 뿌리가 일어나지. 꿈이나 바람이나 욕망도 그래. 벤츠를 타고 싶은 내 앞의 세계에는 욕망의 대상

벤츠가, 세계에 대해 분노하는 내 앞에는 나를 화나게 하는 세계가, **우리의 현실이란 늘 '나' 앞에 정반대의 '세계'가 일어나는 거야.**

미쓰로 왜 여태 이렇게 간단한 관계성을 깨닫지 못했을까. 지금까지 돌이켜보면 인생의 모든 순간은 거울 관계였어. 뭔가를 바랄 때는 바람의 대상이 되는 뭔가가 있었어. 내가 바다를 보고 있을 때는 보이는 바다가 있었어. 주먹질을 할 때는 주먹에 맞는 뭔가. 세계는 언제나 '나' 앞에는 반전된 세계가 비쳐나는 단순한 시스템으로 되어 있었는데, 모르고 있었다니……. 우린 정말 바보였어.

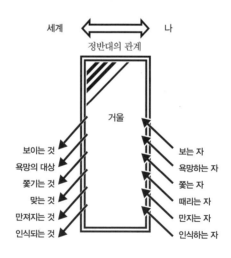

카데루 **인생은 '순간'의 축적이라는 것**을 꿰뚫어 보지 못했던 거야. 보고 있는 순간 보이는 것이 있어. 듣는 순간 들리는 것이 있어. 모든 것이 정반대야. 모든 것을 '순간'으로 파악하면 알기 쉬워. 어떤 순간에도 정반대라는 것. 나아가 순간으로 생각하면 같은 사이즈라는 것도 금방 알아.

미쓰로 **세계와 나는 같은 사이즈**라고 나가다가 말했었지. 그렇지만 나보다도 세계가 더 크다는 느낌이 들어. 고개를 돌리면 뒤에도 세계가 존재하니까.

카데루 '순간'으로 생각하면, 금방 꿰뚫어 볼 수 있어. 앞을 보고 있는 순간, 네 눈의 센서가 느끼는 양이 세계야. 그러므로 내가 느낀 양과 세계가 느끼게 한 양은 완전히 똑같아.

다음 순간, 뒤를 돌아본다면 그 '순간' 또한 미쓰로가 센서로 느끼는 양만큼 세계가 일어나. 다음 순간도 그렇고 그다음 순간도 마찬가지. **모든 순간 '느끼는 세계'와 '느끼게 하는 세계'는 완전히 같은 양이 아니면 이상하잖아?**

미쓰로 과연. 순간으로 생각하면 '느끼는 자'와 '느끼게 하는 것'의 양은 늘 같아. '고뇌하는 자'와 '고뇌하게 하는 것'도 같은 양. '가지고 싶은 벤츠'와 '가지고 싶게 하

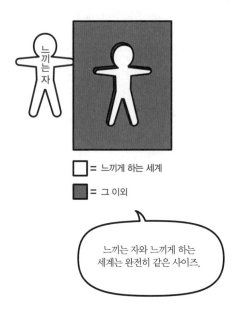

= 느끼게 하는 세계

= 그 이외

느끼는 자와 느끼게 하는
세계는 완전히 같은 사이즈.

는 벤츠'도 같은 양. '보는 자'와 '보이는 것'은 늘 같
은 양. 대단하네, 이거. 인간양복 이론(다른 말로 미쓰로
이론)의 완성이 다가왔어!

① '세계'와 '나'는 동시에 일어나고

② 같은 크기이고

③ 관계성만이 정반대가 된다.

이거, 아직 이 세계의 그 누구도 꿰뚫어 보지 못한 거
아냐?

카데루 꿰뚫어버린 사람도 있다고 나가다가 말했었잖아. 평소에 말 좀 잘 들어. 양자역학이라는 물리학 분야에서는 이것을 '관측자 효과'라고 해. **관측자가 관측하기 전에는 거기에 세계는 없었다고.** 그리고 일부 학자들은 더 파고들어가서 이런 말을 해. **관측자가 관측함으로써 세계를 일으킨다고.**

미쓰로 우와, 엄청난 이야기네! 내가 꼭 신이 된 듯한 기분이야. 내가 확인하기 전에 세계는 없었다니. 내가 없으면 세계는 없다니. 나를 신이라고 불러도 되겠네?

카데루 그건 사양할게. 아무튼 내가 영화 〈매트릭스〉를 기반

으로 조사해본 것은 여기까지야.

미쓰로   넌 참 좋겠다. 영화 보고 레게만 들어도 졸업논문이 되니까. 그렇지만 어쩌다 이런 특수한 시스템이 되어버렸을까? 이 우주가.

카데루   글쎄. 나 알바 있어서 가야 해. 자, 안녕.

우주는 진짜로 '고작 점 하나'가 분리되어 시작되었다

문을 닫자마자 드센 웃음소리가 들려왔다.

악마   ……힛힛. 거의 핵심에 다가온 것 같군.

미쓰로   그렇지만 우주가 왜 이런 시스템이 되어버렸는지 모르겠어.

악마   짐이 '우주시스템'의 비밀을 가르쳐 줄까. 이제 슬슬 높임말 정도는 해야지. 14년 뒤의 너는 짐에게 최상급 높임말을 쓰면서 무릎을 꿇은 채 지금 이 이야기를 듣게 돼.

미쓰로   분명 거짓말이지? 그 정도로 성격이 변한다면 그건 이미 다른 '인간'이잖아.

악마 　다른 인간이야. 매 순간 다른 '나'가 일어나. 이 우주
의 **모든 장소 모든 순간에 각기 다른 '나'가 일어나니
까** 말이야. 애당초 '나'란 무엇일까?

미쓰로 　아니, 그것을 당신에게 물었다니까!

악마 　봐, 지금 '나'가 일어났어. 나란 듣는 자. 세계의 소리
를 '듣고 있는 자'가 나다. 그리고 보는 자. 생각하는
자. 냄새 맡는 자이며 느끼는 자다. **주체가 있고 인식
하는 자를 '나'라고 해.**

미쓰로 　그러네. 바다를 보고 있을 때, '바다를 보고 있는 쪽'
이 나고 '보이는 쪽 바다'가 세계니까. '세계'를 인식
하고 있는 쪽이 '나'가 된다.

악마 　더 간단히 말하면, **'나'란 센서의 집합체를 두고 하는
말이야. 우주 그 자신의 센서다. 모든 '나'가 그렇다. 우
주에 설치된 우주의 센서다.** 인간만이 아니라 이 우
주의 모든 생명이 그렇다. **그 센서의 경계선에서 '나'
와 '세계'로 분리돼.** 우주가 자기 자신을 '인식'하는
센서 쪽을 '나'라고 하고, 우주가 자기 자신을 센서에
의해 '인식'되는 쪽을 '세계'라고 해. **'보는 쪽'이 나이
고 '보이는 쪽'이 세계이고, 결국은 어느 쪽도 우주 자
신인 거지.**

미쓰로   '세계'도 '나'도 모두 우주? 왜 이런 일인극을 하는 거야? 의미를 모르겠어.

악마   그럼 먼저 이 우주가 어떻게 시작되었는지를 말하지. 혹시 빅뱅이란 걸 알아?

미쓰로   당연하지. 한국의 인기 아이돌 그룹.

악마   그럼, 그럼. 그 빅뱅으로 이 우주는 시작되었어. 지금으로부터 147억 년 전의 일이지.

미쓰로   한 가지 배웠네. 이 우주에서 농을 걸었다가 무시당하는 것만큼 창피한 일도 없다구요. 과연 악마다. 까불어댔으니 무슨 보복을 당할지 겁나네.

악마   그 빅뱅이 일어나기 전 우주는 어떤 모습이었다고 생각해?

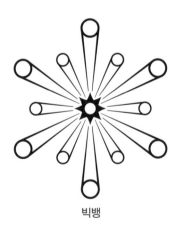

빅뱅

미쓰로 **빅뱅이라는 폭발이 일어나기 전의 우주는 '고작 하나의 점'이었어.** 과학자는 이 점을 '특이점'이라고 하잖아? 거기까지는 도서관에서 조사해 봤어. 지금 이 우주에 있는 모든 물질, 모든 에너지가 그 '단 하나의 점'으로 응축되어 있었다고.

악마 그렇지. 별도 인체도 바다도 건물도 지금 이 우주에 존재하는 모든 물질이 하나의 점으로 수렴되어 있었다. 다만 너희는 그런 말을 들으면 '하나의 장소에 무수한 물질이 모여 있었다'고 상상할 테지?

미쓰로 엉, 아냐? 이 우주에 있는 모든 물질이 서로 무리하게 좁은 곳에 꽉 조여서 모여 있는 하나의 점을 상상했는데.

악마 아냐. 이 우주의 모든 것이 '고작 하나의 점'에 응축되면 초고밀도·초고에너지로 변하니까 원자핵이 붕괴하고 말아. 요컨대 서로의 경계선이 사라지고 말 거야. **거기에는 모든 물질이 '하나'로서 존재해.**

미쓰로 그렇구나. 100억조 개가 한 곳에 모인 것이 아니라 진짜로 고작 '한 개'였다는 거네. 빅뱅이 일어나기 전에 우주는 '하나'였던 거야.

악마 그래, 하나였어. 그 이외는 아무것도 없어. 그리고 이 '특이점'이 모든 것이었어. 이 우주의 모든 물질은 이

'하나'에서 비롯했다고 할 수 있지. 그렇다면 이 '특이점'을 상상해봐.

미쓰로 흠, 그러니까 우주의 모든 것이 응축되어 '하나'가 된 점……. 우주의 역사를 서서히 거슬러 올라가서……. 빅뱅으로 흩어진 40조 개의 물질이 20조 개로, 20조 개가 10조 개로, 10조 개가 5조 개로……. 그리고 마침내, 모든 물질이 단 하나로 융합해서……점이 되고…….

악마 이제 뭔가가 떠올랐어?

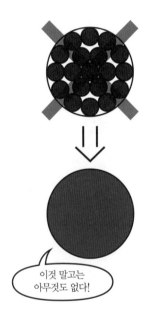

이것 말고는
아무것도 없다!

미쓰로   무슨 둥그런 공 같은 한 점의 빛인 듯……. 하얗고 아
        름다운 빛. 무지 눈부신 단 하나의 빛…….
        사랑. 거기에는……사랑밖에…….

악마   흐음. 전혀 아냐. 뭐야, 사랑이라니?

미쓰로   아니라고? 낭만적인 상상에 푹 젖었다니, 창피해! 뭐
        야, '거기에는 사랑밖에 없었다'라니. 이 부끄러움, 책
        임져!

악마   이 우주에 있는 모든 물질이 모인 점인데, 그럼 룰 위
        반이잖아.

미쓰로   뭐가 룰 위반이야? 같잖은 남자를 연기한 내가?

악마   이 우주 모든 것이라고 상상하는 너 자신도 그 '점'이
        어야 해.

미쓰로   아, 그렇군. **나도 이 우주의 물질로 만들어진 것이니까**
        빅뱅이 일어나기 전의 그 '단 하나의 점' 속에 녹아들

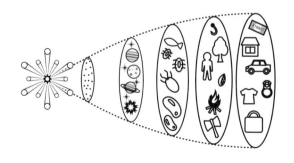

2점이 있으므로 안 돼

특이점을 상상하는 나

특이점(우주의 모든 것)

어 있었어. 그럼 그 하나의 점 속에 나도 흡수되어 경계선도 사라진 '하나'가 된다……. 엉? 잠깐만 기다려 봐요, 각하. 그 '특이점'이라면 그 누구도 상상할 수 없는 거 아닌가? **우주에는 그것 말고는 없어.** 우주의 모든 것이 그 '하나의 점'이니까 그것을 바깥에서 보고 '상상하는 존재'가 있을 수 없지.

악마   그럼 그럼. 빅뱅 이전에는 '하나'밖에 없었어. 그것 말고는 아무것도 없었어. 그렇다면 그놈을 '상상'한다는 것은 불가능해. **상상하기 위해서는 최소한 '두 개의 물질이 필요하니까.** '상상하는 자'와 '상상되는 것'이 있어야 해.

미쓰로   그럼 문제가 엉터리네! 나에게 불가능한 것을 상상

이것 말고는
아무것도 없다!

1점

특이점(우주의 모든 것)

해보라고 하다니.

악마　우주의 시작은 그야말로 사기야. 생각해 봐. 아무것
　　　도 할 수 없잖아. **그것 말고는 아무것도 없으니까.** 상
　　　상은커녕 모든 '행위'가 불가능해.

미쓰로　그야 그렇지. 보기 위해서는 보는 자와 보이는 것이,
　　　듣기 위해서는 듣는 자와 들리는 소리가, 만지기 위
　　　해서는 만지는 자와 만져지는 것이, 최소한 두 개는
　　　필요해.

　　　지금 나는 엉터리 문제를 낸 각하에게 화가 나. 화를
　　　내려면 화나게 하는 것(각하)과 화를 내는 자(나)가 필
　　　요하니까. **최소한 두 개가 없으면 어떤 '행위'도 일어나
　　　지 않아.**

상상

상상하는 자

상상되는 것

'하나' 이외는 아무것도 없는 우주

악마	그럼 그럼. '하나'였던 그것은 아무것도 할 수 없었지. 체험조차 불가능해. '체험'이란 체험하는 자와 체험되는 것이 필요하므로.
미쓰로	그럼 우주가 시작되기 전 그놈은 정말 지겨웠겠네?
악마	기억났어?
미쓰로	엉? 기억나다니?
악마	네가 바로 그 특이점이야.
미쓰로	어이, 너 바보냐? 어제 먹은 도시락 반찬을 기억하지

본다는 행위

보는 것

보이는 것

하나의 점만으로는 '본다'는
행위가 일어날 수 없다

못하는 남자에게 147억 년 전을 기억하라고?

이론적으로는 **지금 나의 신체를 구성하는 모든 분자가 빅뱅 전의 '한 점' 속에 포함되어 있었다**는 것은 알겠는데, 그걸 기억할 수는 없잖아.

악마   그러다 보면 기억날 거야. 어제도 147억 년 전에도 '한순간'이라는 같은 카테고리였으니까. 아무튼 우주는 아무것도 할 수 없었어. '하나'뿐이었으므로. 그래서 분열이라는 아이디어를 시험해보기로 했지.

모든 물질은 세 가지 요소로 성립한다

미쓰로 과연. 두 개로 분리하면 '체험'이 가능하니까.

악마 우주는 모든 에너지, 질량을 쥐어짜서 두 개로 분리 되었다. 그 폭발이 바로 빅뱅. 그런데 두 개로 분리된 우주에는 큰 착각이 기다리고 있었다.

미쓰로 뭔데요, 큰 착각이란 게? 해체하지 않으면 좋았겠다 고 후회한다 해도 이미 재결성이 불가능한 아이돌 그 룹 같은 경우?

악마 **두 개로 분리한 순간 세 개가 되어버렸지.**

미쓰로 두 개로 분리했는데 세 개가 되었다고? 그게 뭔데?

악마 보는 자와 보이는 것 두 가지가 성립하는 순간 우주 전체로 보자면, **'본다'는 행위를 확보할 수 있게 된 것 이야.** 체험하는 자와 체험되는 것 두 가지가 만들어 진 순간 우주 전체로 보자면 '체험'이라는 행위를 확

두 개로 분리되는 우주

인한 거야. 알았어?

미쓰로 아, 그렇구나. 우주가 오로지 '하나'이고 심심했을 때
는 보는 것조차 불가능했다는 것. 그래서 '보는 행위'
도 확보할 수 있게 된 셈이네. 아까까지만 해도 우주
에 없었던 '개념'이었으니까. 그렇다면 우주는 빅뱅
으로 인하여,

첫 번째 보는 자, 두 번째 보이는 것, 세 번째 보는 행
위를 가지게 되었다는 것?

악마 순서 같은 건 없어. **이 세 점은 동시에 일어나.** 이를테
면 보는 행위가 우주에 나타났다면 거기에는 반드시
보는 자와 보이는 것이 있어야 해. 그러기에 본다는

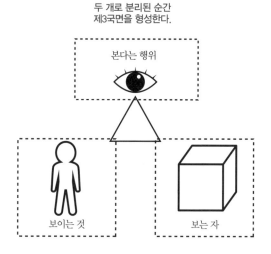

두 개로 분리된 순간
제3국면을 형성한다.

본다는 행위

보이는 것   보는 자

행위가 일어나. **본다는 행위만이 단독으로 존재할 수는 없는 거지.**

나아가 보이는 것이라는 대상물도 단독으로는 존재할 수 없다. 보이는 것이 있기에 누군가가 그것을 본다. 누군가 보는 자가 필요하고 동시에 본다는 행위도 성립된다. **모든 것은 '세 가지가 동시'에 일어난다는 것.**

미쓰로 정말 그렇네. 세 가지는 한 세트야. 분리될 수 없는 관계니까.

악마 **이렇게 해서 우주는 '세 가지 요소'로 시작되었어.** 거기서 한 걸음 나아가 지금도 모든 물질은 이 세 가지 요소로 구성되어 있어. **'1'이나 '2'만으로 존재할 수 있는**

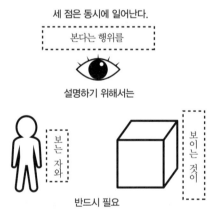

세 점은 동시에 일어난다.

본다는 행위를

설명하기 위해서는

보는 자와

보이는 것이

반드시 필요

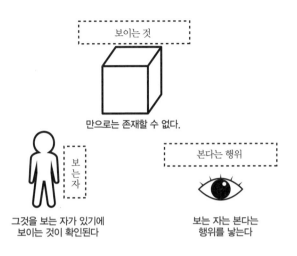

보이는 것

만으로는 존재할 수 없다.

보는 자

그것을 보는 자가 있기에
보이는 것이 확인된다

본다는 행위

보는 자는 본다는
행위를 낳는다

것은 이 우주에는 존재하지 않아. 존재란 '세 가지'를
말하니까.

미쓰로 무슨 말이야?

악마 이론은 어렵지만 테이블 다리를 떠올려보면 감각적
으로 알 수 있을 거야. 다리 하나로 테이블은 안정될
수 없어. 다리 둘로도 불안정해. 다리 셋으로 비로소
제대로 서. 이것이 바로 세 가지 요소야.
물질은 세 가지 요소를 내포하지 않으면 존재조차 불
가능해. 하나로도 둘로도 무리야. 존재한다면 그것은
반드시 세 가지 요소로 성립되어 있어.

미쓰로 이런 이야기 어디선가 들었던 듯한……. 모든 것은

한 다리   두 다리   세 다리

세 가지로 이루어졌다고……. 아! 카데루가 말했던 하일레 셀라시에!! 트리니티의 파워!! 삼위일체 이야기다!!

악마
그럼 그럼. 세계의 모든 것은 3, 즉 '트리니티'로 되어 있어. 그리고 그 **'분리된 세 개의 요소'가 하나로 모이면 에너지로 돌아가.** '무'라는 특이점으로.

미쓰로
레게, 대단하네! 이 세 가지 요소를 꿰뚫어 보았다니.

악마
레게만이 아니야. 세계의 온갖 신화가 이 세 가지 요소 이야기를 하고 있어. '아버지와 아들과 성령' '태양과 달과 지구'.

미쓰로
아, 그러고 보니 나가다도 강의 때 뭐라고 했었어. 몸을 구성하는 단백질은 아미노산으로, 아미노산은 분자로, 분자는 원자로 되어 있다고. 그리고 원자는 양자와 중성자와 전자 세 가지로 구성된다. 그러니까 결국 양자와 중성자와 전자 세 가지만 있으면 이 우주에 있는 어떤 물질도 만들어 낼 수 있다고.

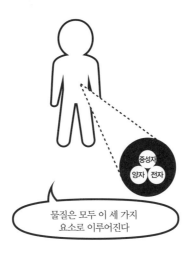

물질은 모두 이 세 가지
요소로 이루어진다

악마   그렇고 말고. 물질은 모두 이 세 가지로 만들어진다.
그렇지만 이 '세 가지 요소'는 물질에만 적용되는 건
아니야. **이 우주의 모든 것이 '세 가지 요소'로 구성된
다는 거야. 행동도 사고도 소원의 실현도.**
이를테면 인식이란, 인식하는 자와 인식되는 것으로.
욕구란 욕구하는 자와 욕구되는 것의 관계성이다.
소원이란 이루고 싶은 자와 멀리 있는 꿈의 이야기
다. 안다는 행위는 알려는 자와 알려지지 않은 지식
의 만남이다. 웃음이란 웃는 자와 웃기는 사람의 충
돌이다.
이런 식으로 우주의 어느 곳 어떤 순간을 잘라내 보

더라도 이 세 가지 요소로 분류할 수 있어. 우주가 늘 이 3점으로 분리되어 나타나기 때문이지. 우주는 나타날 때 '세 개'가 된다. 그리고 돌아가면 '무'가 되고.

미쓰로 **'삼위일체'는 세 개가 하나라는 뜻일까.** "환상의 분리를 넘어서서 One으로 돌아가자"라고 밥 말리가 노래한 의미를 이제야 알 것 같아. 바로 이런 걸 노래했던 거야!

악마 그렇고 말고. 우주는 옛날에 '하나'였어. One이었지. 그런데 '하나'이니까 아무것도 할 수 없었어. **그런 우주의 가장 큰 바람이 무엇이었다고 생각해?**

미쓰로 '체험'이 아닐까? 그렇잖아, 아무것도 할 수 없다면 너무 심심하지. 노래하고 춤추고 싶었을 거야.

▎우주에 존재하는 세 가지 요소

행위·개념	주체	대상물
인식	인식하는 자	인식되는 것
욕구	욕구하는 자	욕구되는 것
바람	이루고 싶은 자	멀리 있는 꿈
안다	아는 자	알려지지 않은 지식
웃음	웃는 자	웃기는 예능인

신은 노래하고 춤추며 체험하고 싶었다

악마   그럼 그럼. 우주의 가장 큰 바람은 체험이었어. 하나이기에 체험할 수 없으니까. 그렇다면 체험하기 위해서 무엇이 필요하지?

미쓰로   체험하기 위해서는 체험하는 자(주체)와 체험되는 것(객체)이 필요해.

악마   이제 다 갖추어졌네. **세 개의 요소란 '나'와 '세계'와 '체험'이야.** 우주의 바람은 체험이다. 체험하기 위해서 '나'와 '세계'가 필요했던 거야.

    ① '나'란 보는 자이고 듣는 자이고 느끼는 자이고 체험하는 자이다. 그래, 너희 인간을 두고 하는 말이지.

    ② '세계'란 보이는 것이며, 들리는 소리이며, 느껴지

❙ 세 가지 요소의 총칭

주체	대상물	행위 · 개념
보는 자	보이는 것	본다는 행위
듣는 자	들리는 소리	듣는 행위
체험하는 자	체험되는 것	체험이라는 행위
인식하는 자	인식되는 것	인식이라는 행위
↓	↓	↓
'나'	'세계'	'체험'

는 대상이며, 체험되는 장소다.

너희가 우주나 현실이라 부르는 거지. 그리고 이 '나'와 '세계'의 분리 덕분에 가능해진 '체험'을 우주는 하고 있어.

미쓰로   그렇군. 체험하기 위해서 '나'와 '세계'로 분리되는 건가.

악마   어떤 순간이건 이 세 가지 요소로 설명할 수 있어.

이를테면 너희가 바다를 바라보는 장면에서,

(1) 바다를 보는 자 = 나

(2) 보이는 바다 = 세계

(3) '바다를 본다'라는 체험

이 일어나.

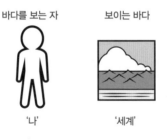

바다를 보는 자   보이는 바다

'나'   '세계'

바다를 본다

라는 '체험'

너희가 돈을 가지고 싶어 하는 장면에서는,

(1) 돈을 가지고 싶어 하는 자 = 나

(2) 가져야 할 돈 = 세계

(3) '가지고 싶어 한다'라는 체험

이 일어나.

우주의 어느 순간 어떤 장소에서도 '나'와 '세계'와 '체험'만이 일어날 뿐이야. 그것 말고는 아무것도 일어나지 않아.

돈을 가지고 싶어 하는 자　　가져야 할 돈

'나'　　　　　　　　'세계'

가지고 싶어 한다

라는 '체험'

미쓰로　이 세 가지만? 그때 겐지도 우주에 있어.

악마　　이 경우 우주가 '체험'하는 것은,

(1) 겐지도 있을 것이라고 주장하는 나

(2) 있을 것이라고 주장되는 겐지라는 세계
(3) '주장한다'라는 체험

뿐이다.

주장하기 위해서는 주장하는 자와 주장되는 것이 필요해. 지금 우주는 '주장한다'라는 '체험'을 하고 있는 거야. 하나로만은 아무것도 할 수 없는 우주가 세 개의 점으로 분리돼서 비로소 '주장함'을 체험할 수 있어.

미쓰로　　그렇지만 겐지도 있잖아? 내가 지금 바로 집을 나가 파칭코 가게로 가면 거기에 겐지가 있다니까!

악마　　그런 장면에서는,

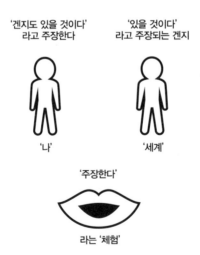

(1) **집을 나가서 달리는 나**

(2) **달리는 도로라는 세계**

(3) **'달린다'는 체험**

이라는 3점 분리가 있어.

그리고 파칭코 가게에 도착한 너는 이렇게 말할 거
야. '봐, 하나의 실체로서 여기 겐지의 육체가 있다!'
라고. 그 순간 우주에서 일어나는 장면은,

(1) **만지는 나**

(2) **만져지는 대상인 세계**

(3) **'만진다'라는 체험**

이라는 3점 분리가 일어나.

**알겠지. 이 우주의 어느 순간 어떤 장면을 잘라서 보더
라도, '나'와 '세계'와 '체험'이라는 3점 분리 말고는 아
무것도 일어나지 않아.**

미쓰로   진짜네……, 우주에는 늘 이런 3점밖에 없네.

실패와 성공을 거듭하는 자만이 경험자

악마   이야기의 출발점으로 겨우 돌아왔구만. 왜 '나'와 '세

계'는 정반대의 성질을 가진 것 같아?

미쓰로　서, 설마??

악마　바로 그거야. 이제 알았지.

미쓰로　우주는 나르시시스트였어! 늘 거울을 보았던 거야!

악마　없애버릴까 보다.

미쓰로　흐음, 잠깐만……. 아, 알았다. 애당초 '하나'밖에 없
었던 우주가 둘로 분리되었으니까 **'여기'에 없는 것은
전부 '저편'에 있어야 하잖아? 그 반대로 '저편'에 없는
것은 전부 '여기'에 있어야 하고.** 이혼한 부부의 재산

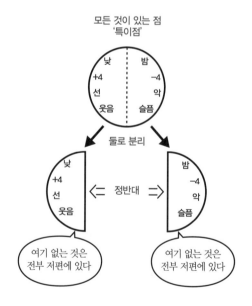

분할 같은 느낌!! 정확히 둘로 나뉘어. 그것은 다시 말해 정반대의 성질이라는 거야.

악마 멋진 비유였어. 우주의 모든 것을 보유한 '특이점'이 두 개로 나뉘어졌으니까 여기 없는 것은 모두 저편에 있지. 그렇다는 것은 저편의 성질은 이편의 정반대라야 해. **있는 것은 없고, 없는 것이 있으니까 말야.** '나'와 '세계'는 '이렇게 해서 정반대의 성질로 분리되었다'라기보다는 분리하면 필연적으로 정반대가 될 수밖에 없는 거지.

미쓰로 지당하신 말씀. 모든 것이 있는 특이점이니까 분리하면 거울의 성질을 가질 수밖에 없는 것.

악마 그리고 '나'와 '세계'의 관계성을 '체험'이라고 한다면 결론은 이렇게 돼. **'체험'이란 정반대의 성질로 우주가 분리되는 것을 말한다.** 플러스와 마이너스 사이를 오가는 것이 '체험'이다. 나쁜 것과 좋은 것 사이를 오가는 것이 '인생'이다. 슬프다가도 다음 날은 웃는 것이 '인간'이다. **'체험'이란 가장 성질이 다른 두 극 사이를 오가는 행위라는 거야.**

미쓰로 그래서로구나! 나는 오키나와에서 홋카이도로 유학을 왔어. 어쩐지 난 늘 가장 먼 장소를 체험하고 싶어했어. 그리고 그것은 늘 좋은 '경험'을 가져다줬어.

정반대의 성질을 체험할 수 있었으니까.

악마 그럼 그럼, 그러니까 **뭔가를 알고 싶으면 그 양극을 탐사하면 돼**. 좋은 것도 나쁜 것도 일어나면 '경험'이라 할 수 있어. 영광과 좌절을 통과한 자만이 '경험'한 자. 실패와 성공을 거듭한 자만이 경험한 자. 실연한 적이 없는 놈한테 연애상담이 가능할까?

미쓰로 안 되겠네. 양극을 모두 알아두지 않으면…….

악마 이것이 너에게 가르쳐 준 그네의 법칙이다. 모든 것은 두 극을 내포하기 있기 때문에 그네는 뒤로 돌아와. 반대편 극으로, '체험'을 위하여.

미쓰로 엉? 그네의 법칙? 뭔데, 그거?

악마 아, 그렇지……. 짐이 2018년에 너에게 표절당할 뻔한 이론인데, **그네는 가장 먼 지점을 지향하며 흔들린다는 것.**

미쓰로 당연하지 그런 건. **맨 뒤편에 힘을 모아야 맨 앞으로 나아갈 수 있으니까.** 이런 허접한 이론을 표절하려 하다니 참 별 볼 일 없는 놈이잖아, 그 자식.

악마 본인 스스로도 '세계에서 가장 별 볼 일 없는 놈'이라고 하더라. 아무튼 결론은 나왔어. **너희 인간의 일상은 극에서 극으로 이동하는 게임이라고 할 수 있겠지.** 단식하는 자는 늘 먹는 것을 생각해. 좋은 일을 하는 자는 늘 나쁜 짓을 참아. 이런 에너지의 구조를 알면 **인간은 늘 '지금 여기'에서 가장 먼 곳을 지향하고 있다는 사실을 알 수 있지.**

미쓰로   어쩐지 알 것 같네요. 혼자일 때는 여친을 가지고 싶어지니까. 그렇지만 여친이 생기면 혼자가 되고 싶고. **늘 여기와는 다른 장소를 찾고 있어.**

악마   이런 환상게임에서 빠져나갈 방법은 간단해. 지금 있는 장소가 어디인들 그것을 즐기는 것. 그러면 그네의 흔들림도 멈출 거야. 그리고 흔들림 없는 하나의 점에 정지할 때, 너희는 이 우주의 모든 것을 가지게 될 거야.

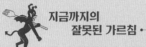

지금까지의
잘못된 가르침 •━━━━━━━━━━━━━━━━━━━━━━━━━━━━━•

듣기 싫더라도 성공한 사람의 이야기를 듣자.

🦇 **악마의 속삭임** 🦇

실연한 적이 없는 놈을
사랑의 경험자라
할 수 있을까?

세계시스템을 체험하는 수행

a way to blow away your anger

'나'와 '세계'가 늘 거울관계라는 것을 체험해보자. 당신이 엉덩이를 긁는다면 긁히는 엉덩이가, 물을 마시고 싶으면 마시게될 물이, 그놈이 싫다면 미움 당하는 그놈이.

그럼……

	나	세계
Q1. 케익 먹고 싶으면?	→ [	]
Q2. 농땡이치고 싶으면?	→ [	]
Q3. 누구랑 키스하고 싶으면?	→ [	]
Q4. 기부하고 싶으면?	→ [	]
Q5. 방귀를 끼었다면?	→ [	]

(정답)A1. 먹힌 케익 A2. 내팽겨쳐진 일거리 A3. 키스 받고 싶은 어떤 사람 A4. 기부된 돈 A5. 뿜어져 나온 가스

9

이 세상은 착각 전쟁

이 세상은 착각 전쟁

착각의 수만큼 세계가 만들어진다

'나'가 생기기 전, '나'가 어떤 세계에 있었는지 나는 모른다. 거기에 '나'는 없었으므로. 다만 '나'가 일어나기 시작한 다음에 보이는 이 세계가 얼마나 아름다운가에 대해서는 나도 설명할 수 있다. 아니, 나만이 그것을 설명할 수 있을 것이다. 혹시 그거야말로 '나'의 유일한 일인지도 모른다. 얼마나 이 세계가 아름다운지. 얼마나 이 세계가 멋진지. 이 '나'의 눈높이에서 '나'의 귀 위치에서 '나'의 사고 패턴에서. 여기서만 볼 수 있는 이 눈앞 세계의 아름다움을.

오늘도 우주에 바치자. 빨강에 파랑에 노랑에 보라에. 낮음에 높음에 굵음에 가늚에. 존재하는 모든 것의 차이가 나의 세계에서 우글댄다.

악마   어느 그림이고 다 멋지지 않아?
미쓰로 어린아이의 그림은 정말 자유롭잖아. 같은 색깔이 하
       나도 없어. 올바른 색칠하기, 아름다운 구도, 이상적
       인 방향성 따위 신경쓰지 않으니까.

2018년, 뜨거운 여름날의 오키나와에서 나는 그림을 보고 있
었다. 교실 뒷벽에 붙은 36명의 어린 피카소들이 그린 그림. 거
기에는 통일된 룰이 없다는 것을 금방 알 수 있지만, 제목만은
선생님이 정해주었다.

'꿈 ~내가 하고 싶은 일~'

오늘은 4학년이 된 장남 고쿠도의 수업참관일. 이런 장소에서도 말 많은 누군가가 귀에다 속삭여댄다.

악마   다만 이미 선한 세력에 조금 물들어 있어. 올바르다고 생각되는 한 가지 방향으로.

미쓰로 그래요? 아직은 방향성이 아주 자유로워 보이는데.

악마   **그렇다면 왜 스나이퍼 같은 건 없는 거야?**

미쓰로 각하……. 초등학교 4학년밖에 안 된 자기 자식이 '내 꿈은 스나이퍼'라고 말하면 부모 심정이 어떻겠어요? 슬퍼서 눈앞이 캄캄해질 걸요. 저격당하는 일이 있더라도 있는 힘을 다해 아이의 꿈을 깨부숴야지요!

악마   그것 봐. 틀에 묶여 있잖아. 왜 '스트립 댄서'가 없어?

미쓰로 허참, 당신 정말 바보 아냐? 저 어린애들이 어떻게 스트립 댄서를 알 수 있어요?

악마   그 봐. 알 기회를 빼앗았잖아. 부모가 그런 건 가르치지 않고 올바른 방향으로 이끌었으니까. 그림을 보고도 모르겠어? 36장 그림 모두가 정의의 히어로 아니면 그 동료들이 가진 직업이야. 만화에다 TV에다 학교에다 부모. 나아가 과자회사까지 한 덩어리가 되어 어린

애들에게 '정의의 히어로'를 꿈꾸라고 한 결과라고.

미쓰로   헛참, 부모 울리는 '말도 안 되는 스나이퍼 발언'보다
는 조금 낫네요. 세계평화 이루고 싶은 어린아이가
많은 편이 좋잖아요.

악마   이 반에서만도 30명이 넘는 아이들이 세계평화를 이
루고 싶다고 해. **얼마나 많은 전쟁이 필요할까?** 히어
로의 수만큼 악이 필요해질 테지. 이 교실 뒷벽에 붙
은 그림만 봐도 다 알 수 있어. 악이 세계를 나쁘게
만드는 게 아니야. 히어로를 위해 세계는 오늘도 혼
란에 빠질 필요가 있어.

미쓰로   하긴 그렇긴 하네요. **행복해지고 싶은 사람의 수만큼
불행이 필요하니까요.** 불행한 사람 말고는 행복해질
수 없으니까.

악마   '~싶다'는 하나의 꿈이야. 우주는 상냥해. 무엇이 되
고 싶다고 생각하는 순간 그 눈앞에서 그 바람을 이
루어줘. 훌륭한 사람이 되고 싶은 사람 앞에는 훌륭
하지 못한 내가, 행복해지고 싶은 사람 앞에는 행복
하지 못한 내가 또렷이 비쳐 나고 있을 거야.
그 훌륭하지 못한 나를 훌륭하게 만들고 싶겠지? 행
복하지 못한 나를 행복하게 만들고 싶을 테지? 훌륭
하지 못한 것도 행복해지고 싶은 것도 바라는 바 그

대로 이루어져 있어. **자신의 바람이 우주를 두 개로 쪼개니까 올바른 바람을 기도해야 할 거야.**

미쓰로　올바른 기도방식은?

악마　악마의 기도방식은 하나뿐이야. **착각하는 것.**
　　이것 말고 바람을 이룰 방법은 없어.

미쓰로　착각?

악마　애당초 모든 현실은 착각이다. 사람 수만큼 세계가
　　존재하지. 이를테면 같은 바다를 보고 평온한 마음
　　가지는 사람도, 애절한 기분에 젖어드는 사람도 있
　　어. 만일 바다의 의미가 하나라면 누가 봐도 같은 대
　　답이 나와야 해. 바다라는 확고한 대상이 나의 바깥

세계에 있다면, 만인이 보았을 때 만인이 완전히 같은 말을 해야만 할 거야.

만일 '자신의 바깥 세계'라는 것이 존재한다면, 세계에 대한 의견 차이는 애당초 있어서는 안 돼. 모두가 같은 것을 보고 있으므로 절대로 다른 의견이 나올 리 없어. 그런데 세계는 오늘도 혼돈에 차 있지. 의견 차이가 셀 수도 없다. 원자력 해결책 하나만 해도 결정이 나지 않아. 바깥 세계라는 것 따위 존재하지 않는다는 증거야.

미쓰로 　양자역학에서도 그 사람이 그렇게 보면 그 사람에게 그리 보이는 것이 세계라고 하지요. 관측자의 수만큼 다른 세계가 일어난다. 그런데 그런 말을 하면 강연회에서 자주 이런 질문을 받아요.

바다에 대한 감상은 사람 제각각이지만, 바다 그 자체는 만인이면 만인이 똑같은 것으로 보지 않느냐고. A에게나 B에게나 바다는 파랗다고.

악마 　바다가 파랗다고 말하는 B조차도 A의 시야에 들어와 있어. 보이는 것 전체가 A의 착각이야. 바다만이 아니다. B도 B의 발언도 A가 본 것이야. 자신의 바깥 세계에 B같은 건 없다. **A가 자신의 뇌 속의 세계에 B를 만들어낸 것이야.** 그 사람의 눈앞의 모든 것은, 그 사람이 자신의 뇌 속에서 보고 있는 세계야. 그러므로 B는 A가 믿는 그대로 바다는 파랗다고 말할 테지. **그렇지만 진실은, 바다에는 색깔 같은 건 없다는 것이야.** 그리고 바다가 있다는 것도 그 사람의 착각이다. 거기에 바다 같은 건 없어. 자신의 바깥 세계에는 아무것도 없다. **자신의 바깥에는 세계가 없으니까.**

미쓰로   모든 것의 원천이라 할 원자 수프가 마련되어 있어서 누군가가 보는 순간 '보고 싶어 하는 형태'로 조형되는 그런 느낌인가요?

악마   아냐. 모든 것이 착각이다. 세계의 모든 것이 몽땅 착

각이야. **관측자가 의식을 던지지 않으면 거기에는 아무것도 없어.** '거기'조차 없어. 대상이 그렇게 보이는 것은 당신에게만 보이는 '형태'일 뿐이야. 아기는 바다와 하늘의 경계선을 보지 못해. **어디서 어디까지가 바다이고 어느 지점부터가 하늘인지 정해놓지 않았기 때문이지.** 어느 날, '여기서부터 위가 하늘이다'라고 배우면 올바른 하늘이라는 형태가 부각돼. 그리고 그것 때문에 남은 부분이 올바른 바다라는 형태가 된다. **아무것도 없는 눈앞의 풍경에서 착각한 수만큼 '형태'를 잘라내는 작업을 하는 거야.** 여기서부터 저기까지가 ○○이라는 형태라고 관측자가 믿으면 그 '형태'가 보이게 되는 것뿐이야. 그렇지만 물질의 모든 것, 세계의 모든 것이 애당초 착각이다. '세계'가 있다는 것도 착각. '나'가 있다는 것도 착각. '착각'이 일어나고 있는 것도 착각.

부자는 착각 멍청이

미쓰로 착각이 일어나고 있는 것도 착각이야. 이제 이쯤에서 골치 아픈 이야기는 《반야심경》이나 내가 쓴 책에 맡기고 그 **착각을 활용하여 꿈을 이루는 방법**이나 빨리 가르쳐주세요. 이를테면 부자가 되는 방법이라든지!

악마 모든 것이 착각이라면, 부자란 자신이 돈을 가지고 있다고 착각한 사람이 부자가 된 자신의 세계를 보고 있을 뿐이다. **부자라는 확고한 사실이 존재하는 것이 아니라, 그 사람이 자신을 부자라고 착각할 따름이다.**

미쓰로 그렇지만 실제로 나는 30억 원이 없고, 부자는 가지고 있잖아.

악마 부자는 30억 원을 가지고 있다고 착각하고 있을 따름이다. 그리고 너는 30억 원이 없다는 착각을 하고 있을 뿐. 거기에는 오로지 착각의 차이가 있을 뿐이야.

미쓰로 그럼 나는 30억 원을 가졌다고 착각만 하면 실제로 그런 세계를 만들어 낼 수 있다는 거지? 난 늘 30억 원 있었으면 한다니까요.

악마 왜 그걸 바라는 걸까? 믿지 않기 때문이야. **믿는 자는 바라지 않아. 바라는 자는 믿지 않아.**

너는 30억 원을 가지고 싶어 해. 그러니까 이루어지지 않아. 바라고 있다는 것은, 믿지 않고 있다는 것이니까.

미쓰로 그럼 그 자식들은 어떻게 30억 원을 가질 수 있었지요? 실제로 가지고 있는 자식들이라니까요.

악마   멍청이니까. 킹 오브 멍청이. 애당초 이 세상은 착각의 전쟁이다. **그렇게 착각한 자의 앞에 그렇게 착각된 세계가 나타나는 것이니까.**

'나는 키가 크다'고 착각한 자가 키가 큰 나를 보고 있어. '나는 행복하다'고 착각한 자가 행복한 세계를 보고 있어. '나는 부자'라고 착각한 자가 수영장 비치 의자에서 고양이를 쓰다듬는 세계를 보고 있어. 그런 단순한 착각의 전장에서 행복해지고 싶다고 간절히 원한다면 어떻게 될 것 같아?

미쓰로   행복하지 않은 세계를 보게 될 것 같……. 그렇잖아요. '행복해지고 싶다'를 이루어주는 체험이 일어나니까요. 애당초 **행복해지고 싶어 하는 사람이란 행복하지 않다고 착각하는 사람일 테고.**

악마   그럼 그럼. 바라는 방식이 틀리다 보니 착각이 잘 진행되지 않는 것이지. 착각의 방법을 착각하고 있는 거야. 이히히히힛.

미쓰로   그 비웃음……, 그게 재미있어요?

악마   윽. 아무튼 들어 봐. 이 착각 멍청이!

행복해지고 싶다고 바라면 바랄수록 행복하지 않다는 착각이 강해져!!

이 거울 구조를 깨달아야지. 반사하는 '세계'니까 행복해지고 싶다고 바라면 바랄수록 행복하지 않은 증거가 비쳐 나오는 거 아니겠어? 행복해지고 싶다고 외치면, '왜냐하면 지금 300만 원밖에 없으니까'라는 게 비쳐 나와. 행복해지고 싶다고 외치면, '왜냐하면 오른쪽 무릎이 아프니까'라는 게 비쳐 나와. '~싶다'고 외치면 외칠수록 '~싶은' 세계가 정확히 비쳐 나오는 거지. **그러니까 다시는 '~싶다'고 외치지 마!** 이 세상은 착각의 전장이므로 필요한 것은 '벌써 이루어졌다'라는 착각뿐이다. '벌써 다 됐다'라는 착각. '벌

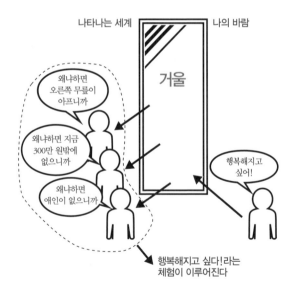

써 나왔다'라는 착각.

미쓰로 그렇구나. **'~싶다'고 생각하지 말고 벌써 이루어졌다고 생각하면 된다는 거네.** 착각이란 게 그런 의미였어. 이런 이야기 들어 본 적이 있어요. 오른쪽 무릎을 다친 사람이 어느 날 오른쪽 무릎이 아프다는 생각을 그만두고 나는 왼쪽 무릎이 건강하다고, 의식을 부정적인 것에서 긍정적인 것으로 바꾸었더니 극적으로 오른쪽 무릎이 나았다고 해요. **뇌에게는 오른쪽이나 왼쪽 무릎 같은 게 중요한 것이 아니라 그 사람이 몇 번에 걸쳐 스스로 건강하다고 의식했는가가 중요하다고 해요.** 100번 정도 건강한 왼쪽 무릎을 의식한 사람은 벌써 나았다는 '세계'를 착각하기 시작한다. 그리고 100번 오른쪽 무릎이 낫지 않았다고 의식한 사람은 착각한 대로 낫지 않는다. 그리고 부정에서 긍정으로 의식을 바꾸기만 해도 병은 없어진다고 하더라구요.

악마 그렇고 말고. **병은 '그만두는' 거야.** 당사자가 아프다는 착각을 해서 아픈 거니까. 불행도 그만두어야 해. 행복도 착각의 문제니까. 아까 '행복해지고 싶다'고 외친 사람이 '왜냐하면 지금 300만 원밖에 없으므로'라고 했지. 그런데 '나는 행복할지도 몰라' '역시 나는 행복한 게 분명해'라고 외치는 사람은 '왜냐하면 300만 원이나 저축했으니까'라고 말할 거야. 눈앞의 현상은 똑같은데도 앞으로 전개되는 세계는 완전히 **달라. 몇 번이라도 충족되었다고 외쳐 봐. 부족함을 따라가서는 안 돼**. 이 세상이라는 착각의 전장은 벌써 이루어졌다, 다 됐다, 벌써 일어났다라고 얼마나 많이 착각하느냐에 따라 승부가 결정 나.

미쓰로   '없다'에서 '있다'로. '부족'에서 '충족'으로. 결국은

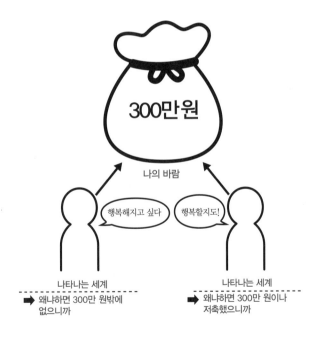

의식을 어느 쪽으로 향하게 하느냐가 중요하네요. 아까의 환자 이야기인데요, 원인을 알 수 없는 두통으로 고생하는 여자가 뇌외과를 찾아가서 "선생님 어디가 안 좋은가요?"라고 물었어요. 엑스레이에서는 이상을 발견할 수 없었어요. 그래서 여자는 내과로 갔는데, 소변검사를 했지만 이상이 없었죠. 순환기과에 갔다가 피부과로, 대학병원을 한 바퀴 돌았다가, 급기야는 점쟁이에게 가 봐도 원인을 알 수 없었어요. 마지막으로 명상센터에 갔어요. "스승님, 어디가 안 좋은가요?"라고 구루에게 물었어요. 그러자 구루는 "'어디가 안 좋은가요?'가 안 좋다"라고 말했죠. 여자의 두통은 그 말 한마디로 사라져버렸어요. '어딘가가 안 좋다'라고 생각하던 여자의 착각 말고는 어디 하나 아픈 데가 없었으니까. 상황을 의심하는 자세야말로 상황을 나쁘게 했었던 겁니다. 이거, 내가 강연회에서 한 번 말해보았더니 사람들이 무지무지 감탄을 하더라고요.

악마   헛참. 넌 왜 짐과 승부를 하려는 거야.

미쓰로   뭣 때문이라고 생각하세요?

악마   몰라! 아무튼 세계에는 '올바른' 세력이 우글거려. 그들은 더 좋아질 거라고 말해. 그 모든 것이 지금은 좋지 않다고 말하는 거야. 지금의 상황을 부정하고 있어. '애인을 만드는 방법'이라든지 '부자가 되는 무슨 무슨 심리학'이라든지 '당신을 행복하게 만드는 노하우'라든지. 그 모든 것이 벡터가 정반대야. 하나 빠짐없이 부족을 현실화해. 행복을 찾는 사람이 가장 행복하지 않으니까. 그 착각을 해제하기 위해서 기도하는 방식을 바꿔야 해.

나는 이미 잘 돼 있다고 착각하라.

나는 이미 갖추어졌다고 착각하라.

나에게는 더는 필요 없을 만큼 많은 것이 있다고. 이것이 **악마의 착각 노하우야**. 누구라도 당장 할 수 있어. 돈도 안 들고 행동하지 않아도 되고 그냥 착각만 하면 그만이니까. 벌써 이루어졌다고 벡터를 '충족'

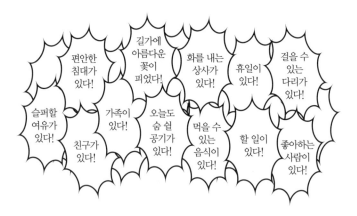

방향으로 향하게 할 것.

악마의 착각 메소드

미쓰로 **그 '충족 노하우'를 다른 말로 하면 '감사'겠죠?** 고맙다고 말하기만 하면 부족의 방향에서 충족의 방향으로 착각이 나아가게 된다는 거. '오른쪽 무릎이 좋아지기를'에서 '그렇지만 왼쪽 무릎은 늘 건강해. 고마워'로. '더 있었으면'에서 '이미 많이 가졌어. 고마워'로. '아직 안 됐어'에서 '이미 다 됐어. 고마워'로.

악마 그럼 그럼. 그런 식으로 착각하면 모든 것이 한순간에 바뀌어. 왜냐하면 '착각 파워'가 세계의 모든 것을 만들어내니까.

하늘이 파래? 말도 안 되는 소리. 그것은 그냥 당신의 착각이야. 나는 불행해? 말도 안 되는 소리. 그것도 그냥 당신의 착각이야. 부족하다고 착각하지 말고 다 됐다는 것을 깨달아야 해. 이런 게 잘 안 될 때는 '되기 시작한다' 정도로도 좋아. 조금씩 '되어가고 있다'라는 착각을 밀고 나가 봐. 아무튼 이 착각 노하우는 간단해. 벌써 다 됐다고 믿기만 하면 그만이니까.
사실은 벌써 '세계'의 모든 것이 '나'의 바람 그대로라
는 사실을 깨닫기만 하면 돼. 처음 만난 날. 짐은 너에
게 말했다. 세계의 모든 것이 생각한 대로 되는 방법
이 있다고. 간단한 이야기야. **세계의 모든 것이 이미**
바라는 대로라는 것을 깨닫기만 하면 된다고. 마치 너
의 아들처럼.

미쓰로　　예?

미쓰로가 의식을 아래쪽으로 돌리자 고쿠도 군의 친구가 바
짓가랑이를 끌어당기고 있었다.

타이가　　아찌, 고쿠도 아빠 맞죠? 고쿠도, 너무 웃겨요. '되고
싶은 직업'을 그려야 하는데 고쿠도는 지금 자기 모
습을 그려요. 초등학교 체육관에서 풋살을 하는 자신
을 그렸어요. 바보같죠?

그날 방과 후 체육관. 교실보다 무더운 체육관에서 풋살을
끝낸 고쿠도를 맞이하러 가려고 미쓰로는 차를 몰고 있었다.

미쓰로　　오늘은 몇 점?

고쿠도   3점이나 넣었어!

미쓰로   오늘 수업참관 때, 아빠는 츠바키 그림이 제일 좋았다고 생각해. 꽃 그림이 너무 예뻤어.

고쿠도   흐음. 선생님도 다른 애들 어머니들도, 어른들은 다 그렇게 말하더라. 츠바키가 아주 그림을 잘 그린다고.

미쓰로   그리고 고쿠도 그림이 가장 진실해 보였어.

고쿠도   진실이란 게 뭔데?

미쓰로   응, 간단히 말해 **다른 그림들은 꿈을 이루고 싶은 사람을 그렸지만 고쿠도는 꿈을 이룬 사람을 그렸다는 거지.** '앞으로'와 '벌써'의 차이. 어른들은 모두 꿈을 잘못 정의하고 있으니까.

고쿠도   정의라는 건 또 뭐야?

미쓰로   **꿈은 언젠가 이루어지는 것이라고 믿고 있어. 그리고 믿으면 그렇게 되는 것이 이 우주의 시스템이야.** 그 사람에게 꿈이란 건 언젠가 이루어지는 거야.

고쿠도   그럼 또 어때서?

미쓰로   꿈은 언젠가 이루어진다고? 그런 인생이 뭐가 좋을까? **그러니까 '언젠가'는 영원히 오지 않으니까.** 잘 들어. 꿈은 언젠가 이루어진다고 믿는 사람이 내일을 맞이했어. 내일이 되어서도 그 사람은 꿈은 언젠가 이루어지는 것이라고 믿어. 석 달이 지났어. 그 석 달

후에도 그 사람은 꿈은 언젠가 이루어진다고 믿고 있어. 15년이 지나 어른이 되어도 그 사람은 꿈은 언젠가 이루어진다고 믿고 있어. 생각해 봐. 그게 어디가 좋아?

고쿠도 아무리 시간이 흘러도 꿈은 이루어지지 않아. **어느 순간에 이르러 꿈은 이루어졌다고 착각하지 않으면 안 되지 않을까?**

미쓰로 오호, 잘 알고 있네. 맞는 말이야. 꿈의 정의가 언젠가 이루어지는 것이라면 영원히 그 꿈을 따라갈 수 없어. 어느 지점에서 지금 내 앞에서 꿈이 이루어졌다는 것을 깨닫지 못한다면 아무 의미가 없어. **쫓기만 하면 언제까지고 그 꿈을 맛볼 수 없으니까.** 아빠는 젊을 때 '인간양복'이라는 게임을 친구들과 셋이서 만들었었어.

고쿠도 뭔데, 인간양복이란 거?

미쓰로 온 세상에 인간양복이 놓여 있어. 아침에 어떤 양복을 입으면 그 장소의 하루를 즐길 수 있어. 부자양복을 입으면 부자를 체험할 수 있어. 유명인 양복을 입으면 유명인을 체험할 수 있고.

고쿠도 무지 재미있겠다, 그거.

미쓰로 그리고 친구랑 생각했지. **'혹시 우리는 이미 그 인간양복을 입고 있는 건 아닐까?'** 하고. 우리는 느끼지 못하고 있지만 사실은 누군가가 '나'를 통해 눈앞에서 바라는 것을 이루고 있지 않을까 하고.

고쿠도 아빠. 웃지 말고 내 말 들어줄 거야?

미쓰로 괜찮아, 안 웃을게. 오늘은 초등학교 4학년의 엉뚱한 스나이퍼 발언보다 재미있는 일은 안 일어날 테니까.

고쿠도 사실은 고쿠도도 벌써 다 이루었다는 느낌이 들었다니까. 선생님이 뭐가 되고 싶으냐고 물었지만, 지금 가장 하고 싶은 건 풋살이고, 그걸 거의 매일 하고 있잖아? **그보다 더 하고 싶은 건 없다니까.** 그래서 고쿠도의 꿈은 이미 이루어졌다는 느낌이 드는데 말이야. 그렇지만 다들 무엇이 되고 싶은지 꿈을 찾으라고 하니까, 이것 말고 더 다른 뭔가를. 아무리 찾아봐도 이루고 싶은 꿈 같은 건 없어. **벌써 이루어진 꿈이 눈앞에 있는데 뭐.**

미쓰로 그럼 좋잖아? 지금 그대로, 주변에 휘둘리지 않아도.

고쿠도 아빠는 불안하지 않아? 고쿠도는 뭔가가 되려고 하지 않는데도? 멋진 직업을 가지고 싶지도, 어른이 되고 싶지도 않아. 그런 아들로 살아도 돼?

미쓰로 괜찮아. 영원히 이룰 수 없는 꿈을 좇다가 어디서 쓰러지는 것보다는. 어른이 되지 않아도 아빠가 계속 키워 줄게. 아빠는 그런 걸 깨달은 게 서른이 넘어서였어. 진짜, 인생이란 힘들어. **늘 '언젠가'를 바라보고 있으니까.** 영원히 거기 이를 수 없는 거야. 그러니까, 고쿠도. 너는 그대로면 돼. 뭔가가 되고 싶다는 생각은 버리고 무슨 꿈 같은 건 쫓아가지도 마.

그렇지만······.

그렇지만 고쿠도. 아빠는 너가 이런 직업을 가졌으면 좋겠어.

고쿠도 뭔데? 이루고 싶은 꿈은 이룰 수 없는 거잖아?

미쓰로 **스나이퍼다.** 나, 진짜로 못 견디겠어!! 확 패주고 싶었어, 타이가 짜식을!! 뭐야, 그 짜식!!

○○에다 △△인 주제에, ××로 조져서 쭉 뻗게 만들어버려!! 고쿠도, 스파이퍼가 되어 그 짜식하고 싸워

쥐! 놓치지 마. 한 방에 날려버려!

고쿠도 지, 진정해, 아빠!! 해, 핸들 잘 잡고 있어!! 아빠는 맨
날 진짜로 친구한테 막 화를 내니까, 오히려 내가 친
구를 감싸주고 싶어져.

미쓰로 그럼 아빠가 해치울 수밖에 없어!!

고쿠도 진짜로 다시는 풋살장에는 데리러 오지 마. 다음부터
엄마한테 오라고 할 거야!! 핸들 잘 잡으라니까!!

핸들을 돌릴 때마다 흔들거리면서 앞으로 나아가는 차. 그 길
은 영원히 이를 수 없을 '언젠가'에 있는 집을 향하고 있었다.

그 분노가 가라앉을 즈음 언젠가는 도착하리라는 두 사람의
착각이 벌써 도착했다는 착각으로 바뀌어 있을 것이다. '벌써
우체통 앞이야' '벌써 가로수 앞이네' '벌써 편의점 앞이야'

'언젠가'에서 '벌써 도착했다'로.

창밖으로 흘러가는 풍경이 두 사람의 착각을 이끌어가고 있
었다. 엄마가 만드는 카레 냄새가 차 안까지 흘러들어온 것은,
그 두 사람이 '이미 다 된 것'을 '아직 덜 된 것'보다 더 열심히
찾아 헤맨 결과였다.

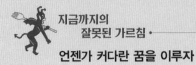
악마의 속삭임

바보!
꿈 같은 거
이미 이루어졌다니까

착각하는 증거를 나타나게 하는 수행
a way to blow away your anger

세계의 모든 것은 착각이다. 너에게 보이는 현실이란 것도 네가 그렇게 착각하는 것일 따름이다. 그러므로 그 현실이 싫다면 새로이 착각하면 된다. 아직 갖지 못했다고 착각하니까 괴로운 것이다.

이미 가지고 있다고 착각해 보라!

그럴까, 이 책을 읽는 독자만 마계의 파워로 좀 도와줄까…….

'각하, 난 이미 ○○이 이루어졌어! 얼씨구'라고 아침에 열 번, 북쪽을 향해 외쳐 봐. 그로부터 13시간 안에 짐이 그 증거를 너의 인생에 나타나게 해줄게.

착각을 새로이 해 줄 힌트가 될 키워드는 이미 이루어졌어. 이제 아무
렇지도 않아. 행복했어. 있었어. OO성격이었어. 여유가 있었어. 이러
한 말들을 참고로 하여 착각을 적극적으로 해보는 거야.

• 필자 주

양자역학에 따르면, 세계의 모든 것이 관측자의 착각인데,
'자기 이미지'에 대한 착각으로 고통받는 사람이 많습니다. 뭘
숨기겠습니까. 나도 그래요. 어느 날 강연회 직전까지 원고를
쓰고 있다가 강연이 시작되기 한 시간 전에 이런 생각을 했어
요. '아, 이걸 어쩌지. 지금까지 원고를 쓰고 있었다니. 난 정말
의식 전환이 너무 늦어' 하고. 다만 그런 말을 하려다가 이렇게
말을 바꾸어 보았습니다. '아냐, 이것도 그냥 착각에 지나지 않
아' 하고. 그리고 그 착각을 다시 새로이 착각하기로 했습니다.
간단히 말해, 자기 이미지를 다시 그려보는 거죠.

'나란 놈은 의식전환이 너무 느리다'는 자기 이미지는 본인
이 제멋대로 착각한 것이므로, '나란 놈은 의식전환이 아주 빨
라' 라는 자기 이미지로 바꾸어 보았습니다.

딱히 각하의 주문을 따르는 건 아니지만, 의식전환이 빠른
인간이라고 열 번쯤 중얼거리면 자신이 의식전환이 빠르다는
증거가 정말로 나타나니, 참 이 세계는 신비롭죠. 조금 전까지

만 해도 의식전환이 느린 증거가 엄청 많았는데도. 강연회가 시작되기 30분 전의 대기실. 이미 거기에는 의식전환이 아주 빠른 내가 있었으니까요.

10

운을 나쁘게 하는 좋은 방법

운을 나쁘게 하는 좋은 방법

운을 좋게 하는 건 누구나 할 수 있다

'무아지경'이란 말이 있다. 눈앞의 뭔가에 100% 집중하고 있을 때 '나'가 사라지는 현상이다. 경기 중인 마라톤 선수부터, 분재에 집중하는 정원사, 빨래를 개는 주부까지. 온갖 곳에서 무아지경에 빠진 사람을 찾아볼 수 있다. 어떤 심리학자가 이것을 '몰입flow 상태'라고 이름지었다. 무아는 꿈꾸는 중이기에, '나'가 없어서 오히려 꿈에 몰입할 수 있는 상태. 더 정확히 말하자면 나와 세계의 경계선이 사라져 꿈 자체가 되었음을 뜻한다. 나도 없고 세계도 없다. 다만 행위만이 일어나는 상태이다. 분리감이 사라지고 내가 그 무엇도 아닌 상태에 놓인다. 몇 번을 불러도 지금 내 곁에 있는 겐지가 이쪽을 돌아보지 않는 것은 무아지경에 빠져 있기 때문이다.

무아지경. 이럴 때는 강제적으로 '나'로 돌아오게 쥐어박을 수밖에 없다.

겐지   아얏! 왜 그래, 너 잠깐 밖으로 나와!

미쓰로   너무 집중했잖아! 이제 돌아와야지. 프로 도박사의 자질은 그만둘 때를 아는 것. 이제 구슬도 안 나와. 난 다 잃었어. 에이, 지난주에 행운을 준다는 팔찌도 일부러 하나 샀는데 말이야. 아무 효과도 없어.

겐지   바보 같은 자식. 운이 좋아지는 방법 같은 건 있을 리 없어.

미쓰로   이 팔찌는 짝퉁 같기는 해도 행운을 줄 수도 있어. 행운을 부르는 항아리라든지 주문 같은 거.

겐지   그런 말이 아니라, 원리적으로 불가능하다는 거야. 행운을 불러오는 방법이라고? 그런 걸 믿는 놈은 멍청이지. 나 말이야, 서점 같은 데서 《행운을 불러오는 최강의 방법》 같은 책을 보면 뱃가죽이 뒤틀릴 정도로 웃는걸.

미쓰로   너, 그런 걸 보고 웃다니. 뭐가 이상하다는 거야?

겐지   잘 들어 봐. 네 아들이 하루에 12시간 공부를 한다고 해보자.

미쓰로   나, 결혼 안 했으니까 아들도 없어.

겐지   만약에. 네가 결혼 못 하는 이유는 내가 가장 잘 아니까, 걱정하지 마. 가령 매일 12시간 공부한 미쓰로의 아들이 도쿄대학에 합격했다고 쳐. 합격통지서를 받아들고 울고 있는 아들에게 '넌 참 운이 좋아'라고 말할 수 있어?

미쓰로   꼭지가 돌아버릴 걸, 내 아들답게. '난 실력으로 붙었단 말이야, 이 멍청한 꼰대야!!' 하고.

겐지   바로 그거. **운과 실력은 정반대의 성질이라 절대로 양립할 수 없어.** 실력 100%로 합격한 아들은 운을 0%밖에 사용하지 않았지. 한편 미쓰로처럼 실력 30%로 합격한 놈은 운을 70% 사용한 거야. 실력 20%이면 운이 80%. 그리고 실력이 0%이면 운이 100%였고. 요컨대 **실력 이외의 부분을 운이라 부른다는 거야.**

미쓰로   우와, 운과 실력이란 게 그런 관계였구나.

겐지   그럼 실력이란 무엇일까?

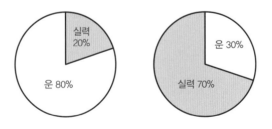

미쓰로　실력이란 자기 힘이란 뜻이지.

겐지　그럼 그럼. 자기 힘으로 열심히 하는 것을 말해. 그리고 자력自力이란 내가 관련된 행동을 말해. 그럼 간단하지. **운이란 내가 관계하지 않은 행동이다.** 내가 끼어들면 그것은 실력이 되니까.

미쓰로　엉? 그렇다면……. 운을 좋게 하는 방법 같은 건 없네!! 좋게 한다는 것은 자력이니까!! 자력으로 좋게 한다는 것. 그렇지만 **운의 파워를 올리기 위해서는 자력의 파워를 떨어뜨리지 않으면 안 되는구나.**

겐지　그러니까 결론적으로 **운을 강하게 만들 수 없어. 운이 좋으면 그건 운이 아니라 나의 실력이라는 것!**

봐, 파칭코 보너스 타임, 왔다!!!

미쓰로　우와! 운의 성질을 정확히 알면 운을 좋게 하는 방법

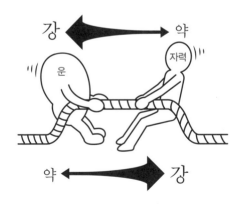

이니 뭐니 떠들어대는 놈이 얼마나 멍청이인지를 알게 된다! **운을 좋게 만들려는 그 놈의 행동이 운을 나쁘게 하니까. 운을 좋게 하려면 할수록 운은 나빠진다!!**

겐지   그럼 그럼. 그러므로 난 지금 파칭코를 하러 왔지. 도서관에 가면 실력으로 조사했다고 할 테지? 파칭코에서는 자력 같은 건 사용하지 않으니까. 운 하나만으로 졸업 확보!!

미쓰로   무슨 소리야, 그건?

겐지   아까 말한 파워 메터를 기억해 봐. 내가 80% 노력하면 운은 20%, 내가 60% 관여하면 40%가 운이 돼. 그리고 내가 3%를 관여하면 운은 97%가 되겠지? **'나'만 끼어들지 않으면 운은 점점 더 강해지게 된다는 거야.**

미쓰로   너, 진짜로 천재다. 아까 내가 때린 거, 어깨 대줄게. 자, 때려!

겐지   얍!!

미쓰로   으윽! 그런다고 완전 맥시멈 100%로 때리면 어떡해! 지금 대화의 흐름상 자력을 줄이고 때려야 하잖아!!

겐지   너, 바보. **자력을 떨어뜨리려는 것도 자력이란 말이야.**

미쓰로   어? 맞다!! **자력을 떨어뜨리자! 그것도 자력이네.** 그럼 어떻게 해야 운이 좋아진다는 거야! 운을 좋게 하

려면 반드시 자력을 떨어뜨려야 하는데 자력을 떨어
뜨리려는 행위도 자력이라니!! 절대로 운을 좋게 할
수 없어!

겐지 이게 신란親鸞의 '악인정기설惡人正機說'이란 거야. 강
의 시간에 배웠잖아.

미쓰로 엉? 너, 수업 같은 거도 들어? 이 넓은 세계에서 강의
를 듣는 대학생이라면 너 하나뿐일 거야.

겐지 이 넓은 우주에서 가장 위대한 신은 아미타불이라고

미쓰로 백과

신란 親鸞
가마쿠라 시대 초기의 승려.
정토종을 열고, 아미타불에 의한 만인 구제를 설했다.
'타력본원他力本願' '악인정기' '비속비승非俗非僧' 등의 가르침을 펼쳤다.

했다고. 그 악인정기설에 따르면, 신 가운데 신. 탑 오
브 신이지. 그런 아미타불의 바람이 뭘까? 힌트는 '탑
오브 신'이기에 가능한 바람이야.

우주 최고, 아미타불의 바람

미쓰로　모두가 행복해지는 거? 탑의 바람이니까.

겐지　맞았어. 이 우주에 있는 모든 중생들의 소원을 전부
　　　이루어주는 것. 그것만이 아미타불이 바라는 것이라
　　　고 해. 이것이 '아미타 본원本願'. '가장 이루고 싶은
　　　바람'이라는 뜻이야.

미쓰로　아미타의 본원?

겐지　최고의 신이니까 바람도 많아서 48개나 된다고. 그래
　　　서 그 가운데 18번째 바람이야말로 '아미타의 본원이
　　　다!'라고 신란이 깨달았다는 거야.

미쓰로　'왓! 마침내 18번 나왔다'라고 외치는 것도 바로 여기
　　　서 나온 것인가? 주특기를 뜻하는 거 맞지?

겐지　그 아미타의 18번째 바람 '본원'. 그것을 내가 무지
　　　간단히 번역하면,

"나는 아미타. 우주의 최고신. 우주를 만들면서 동시에 천국도 만들었지. 그리고 이 우주의 모든 존재가 거기에 갈 수 있도록 해두었어. 엉? 어떻게 하면 거기 갈 수 있느냐고? 그러니까 갈 수 있도록 해두었다니까, 짜식!! 내 말 안 들었어? 이 우주의 모든 존재가 천국에 갈 수 있어. 오로지 마음 깊은 곳에서 나를 믿어!! 나는 이 우주의 탑 오브 신, 아미타 님이니라!! 엉? '만일' 못 가면 어떡하느냐고? 그러니까 모두가 갈 수 있다고 했잖아!! 알아들었겠지. 그래도 믿지 못하겠다면, '진짜로 바라나이다. 데리고 가주세요, 아미타 님(나무아미타불)'을 열 번 중얼거려 봐.

이것만 하면 OK!! 중얼거리지 않아도 OK이지만 안 믿기면 당장 중얼거려! 엉? 그래도 만에 하나 천국에 못 가면 어떡하느냐고? 좋아, 알았어. 만일 천국에 못 가는 놈이 하나라도 있다면, 내가 깨닫지 못해도 좋아!!

나도 죽을 만큼 깨닫고 싶지만 너희를 행복하게 해줄 수 없다면 이렇게 하자! 내가 마지막으로 천국에 갈게!! 나의 우주에 존재하는 모든 생명이 천국에 들어간 것을 확인한 다음 마지막으로 내가 천국에 갈게!! 그러니까 나에 대해서는 마음 쓰지 말고, 먼저 가! 먼

저 모두 깨달아!!"

라고 말하는 모양이야.

미쓰로 엉? 무지 충격받았네. 탑 오브 신이라는 아미타 님이
아직 깨닫지 못했다고 말하는 거야, 지금? 아직 깨닫
지도 못했는데 왜 완전히 깨달은 부처님보다 위에 있
는 신이란 거야?

겐지 나도 몰라. 아무튼 아미타 님의 궁극적인 바람 '아미
타의 본원'이란 것은 모든 생명이 영원히 행복하다는
것을 깨닫는 거라고 했어.
우왓! 파칭코 보너스 확률변동모드 돌입!!

그때 점원이 미쓰로의 어깨를 툭툭 쳤다. 대화의 흐름상 아
미타 님이 오셨는가 하고 움찔하는 그에게 슬롯머신을 사용하
지 않을 거면 그 앞에 앉지 말라고 했다. 코인을 다 잃어버린
미쓰로는 휴게실로 이동했다.

나쁜 짓을 하는 건 '좋은 사람'이다

악마   **'선인조차도 천국에 가는데, 악인이 천국에 못 갈 리가 없다.'** 이것이 신란의 악인정기설이야.

미쓰로   엉? 그거 반대 아냐? 악인도 천국에 가는데 선인이 천국에 못 갈 리 없다고 해야 하잖아?

악마   아냐. 아미타의 구원은 **'악인' 우선이야**. 악인만을 구원하면 그만이지만 우주의 모든 생명을 구원한다고 약속하는 바람에 어쩔 수 없이 선인도 구원해주는 거야. 이것이 아미타 사상이야.

미쓰로   도무지 이해가 안 가네. 왜 악인이 먼저 천국에 가는 거야. 그럼 무엇 때문에 지금까지 내가 좋은 일을 많이 했는데.

악마   바로 그거. **선인은 모두 자력으로 천국에 가려고 해.** 어떻게든 좋은 일을 많이 해서 천국으로 가는 티켓을 가지려 해. 그것은 다시 말해 '누구든 천국으로 데리고 가리라!' 하고 말한 아미타를 이미 의심하는 행위야. 어떻게 하건 하지 않건 이 우주에 존재하는 한 천국으로 데려간다고 아미타가 약속을 했는데도. 그것을 믿지 않기에 자력을 사용하려는 거야.

자력 같은 건 사용하지 않고 그냥 흐름에 몸을 맡겨

봐. 우주에는 이미 '아미타의 본원력'이라는 파워가 흐르고 있어. **그 힘에 몸을 맡기고 그냥 편안히 있기만 하면 누구든 어떤 바람이든 다 이루어지게 되어 있다고.**

미쓰로   그렇구나. 자력이란 것은 그 흐름에 저항하는 힘이란 거지. **흐름(본원력)을 믿지 않는 행위. 그것을 배신하는 파워가 '자력'이란 거로구나.** 흔히들 '타력본원'이라고들 하는데, 그거 아주 나쁜 말이라고 생각했더랬어. 남에게 기대지 마라! 그런 말도 있으니까. 그런데, 아니라는 거네.

악마   오히려 자력을 버리고 타력본원 파워 쪽을 믿으라는 것이야. 왜냐하면 **타력본원의 파워는 우주 최강**이니까. 이 우주의 탑 중에서도 탑의 파워이므로. 우주 최강의 파워야, 너의 힘 같은 건 쥐벼룩보다 못 해. 그런 파워 속에서 네가 아무리 외쳐본들, '나만은 천국을 거부하고 지옥으로 가고 말 테야!!' 하고 울부짖어본들 아무 소용없어. **더, 더 강한 힘에 의해 너의 천국행은 147억 년 전에 이미 결정되어 있었어.** 포기해.

미쓰로   그렇구나. 선인이란 자력으로 노력하는 사람이라는 거지.

악마   자력이라는 환상을 믿는 사람을 두고 하는 말이야. 그래서 '자력작선인自力作善人'이라고 해. **한편 악인이란 자신의 힘에 대해 한계를 인정하고 아미타의 본원력에 모든 것을 맡기는 사람을 두고 하는 말이야.** 상상해봐. 히어로와 악. 어느 쪽이 어금니를 꽉 깨물고 있을까?

미쓰로   정말 그러네. 히어로 쪽이 이를 꽉 깨물어. 악은 해변 벤치에 드러누워 힘을 쭉 빼고 있고.

악마   **선인이란 자력을 믿는 사람이고 악인이란 자력 따위는 존재하지 않는다는 것을 깨달은 사람이야.** 물론 어느 쪽도 천국에는 갈 수 있어.

미쓰로   어차피 천국에 간다면 **모두 나쁜 짓만 할 거잖아!** 도

둑질을 하건 강도짓을 하건 '나무아미타불'을 열 번
만 외우면 그만이니까.

악마   옛날 일본에서 실제로 그런 일이 있었어. 신란의 가
르침이 널리퍼지자 '그렇다면 나쁜 짓을 해야지!' 하
고 백성들이 착각을 하고 난동을 부렸어. **이것이 '본
원자만'이라는 현상이야.**

미쓰로   그야 그럴 테지. 누구나 천국에 갈 수 있다고 보증해
버리면 안 된다니까.

악마   가르침을 이해하지 못하니까 그런 거야. '이제부터
나쁜 짓을 할 거야'라는 것도 결국 자력이야. 이런 인
간들도 다 선인에 속해. 왜냐하면 아미타를 믿지 않
기 때문이지.

미쓰로   아, 알겠어. '나는 나쁜 짓을 하긴 했지만 나무아미타
불만 외치면(자력) 구원받을 수 있어!'라고 말하는 거
니까. 그건 바로 누구든 구원한다는 아미타 파워를
믿지 않는 셈이 된다는 말이네.

악마   오히려 이 인간들은 악을 행한 자신이 께름칙하긴 하
지만(=천국에 못 갈지도), 염불을 외웠으니까 괜찮다(=조
건을 갖추었으니까 천국에 갈 수 있다)라고 생각하기 때문에
두 번이나 아미타를 배신하고 있어.

미쓰로   엉? 어떻게 두 번이야?

악마 첫 번째, 악을 행한 자신에 대해 께름칙함을 느꼈다는 것은 이 우주에는 '악'이라는 행위가 있고 그것을 행한 사람은 천국에 갈 수 없다고 생각한다는 거야. **악이 존재한다고 생각하는 순간 아미타를 배신했어.** 천국에 못 갈 행위가 있다고 착각하고 있으니까. 그리고 두 번째, **천국행이 결정 나기는 했지만 그것을 자력(염불)으로 수정할 수 있으리라**고 다시금 타력본원을 의심한 거지.

미쓰로 그렇구나. 이중적으로 안 믿고 있네. '선인조차 천국

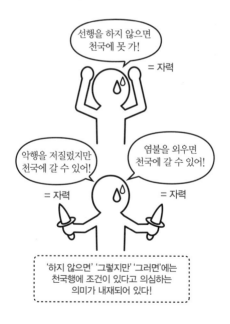

선행을 하지 않으면 천국에 못 가!

= 자력

악행을 저질렀지만 천국에 갈 수 있어!

= 자력

염불을 외우면 천국에 갈 수 있어!

= 자력

'하지 않으면' '그렇지만' '그러면'에는 천국행에 조건이 있다고 의심하는 의미가 내재되어 있다!

에 갈 수 있다'라는 것이 이런 의미였어. **아무튼 자력을 버리고 편안하게 지내면 되는 거네.** 좋았어, 오늘부터 나는 타력신앙이다!!

악마 　미안한 말씀인데, **'타력신앙이다!!'는 자력이야.**

미쓰로 　윽, 정말이네! 그럼 어떻게 하면 돼?

아, 알았다. 오늘부터 나는 자력을 그만두겠습니다!!

악마 　자력을 그만두겠습니다도 자력이지요.

미쓰로 　바, 바보 아냐? 그럼 아무리 해도 타력이 될 수 없잖아!! '타력이 되겠습니다!'는 자력, '자력을 그만두겠습니다!'도 자력, 말도 안 돼.

애당초 뭔가가 되겠다고 하는 힘 자체가 자력이니까 아무도 타력이 될 수 없어. 이대로 가다가는 전 인류가 지옥에 떨어지고 말아! 시바, 아미타불 자식, 우주 최고의 신이라니, 우주 최악의 악마잖아?

악마 　그냥 살짝 깨달으면 돼. 나에게는 세계의 어떤 것도 움직일 힘이 없다는 것을 깨달으면 되는 거야. **애당초 자력 같은 건 나에게 없었다고,** 그냥 그런 시스템을 자각하기만 하면 돼.

미쓰로 　자력이 처음부터 환상이라고?

당신을 조종하는 것은 '당신'이 아니다

악마   이 파칭코 가게로 들어오기 전에 할머니가 커다란 짐을 들고 교차로를 건너고 있었어. 너는 손을 잡고 건널목을 같이 건너 주었지?

미쓰로   응. 딱히 천국행 티켓을 받으려고 한 건 아냐. 그 할머니가 정말 힘들어하는 것 같아서 자동적으로 움직인 것뿐이야.

악마   일어난 일은

① 짐을 든 사람을 보았다

② 오른손을 잡았다

③ 건널목을 잰걸음으로 건넜다

라는 세 가지 행위야. 이 행위들을 일으킨 사람은?

미쓰로   당연히 나지.

악마   그럼 물을게. 할머니가 건널목에 없었다면 ② 오른손을 잡아주는 현상이 건널목에서 일어났을까?

미쓰로   일어난다면 무서운 일이야. 아무도 없는데 내가 손을 뻗어 뭔가를 끌고 간다면, 그건 공포영화잖아.

악마   그럼 그 행위를 일으킨 것은 너가 아니야. **할머니를 건널목에 서도록 한 것은 너가 아니지. 나아가 할머니에게 상냥해야 한다고 가르친 것도 네가 아냐.** 그 행

위는 자력으로 일으킨 것이 아니라 그냥 일어난 것이
니까.

미쓰로   그렇구나. 애당초 할머니가 건널목에 없었더라면 ②
오른손을 잡았다는 현상은 일어나지 않았을 테지. 내
가 일으킨 행위가 아냐. 또는 할머니를 야박하게 대
하라고 배웠더라면 할머니가 있다 해도 그런 행동을
하지 않았을 거야. **오른손을 잡는 현상을 '나'가 일으
킨 것이라고 착각했지만 아니었어!**
그것은 세계의 흐름 속에서 일어난 일이다!!

악마　다음으로, 만일 할머니가 짐을 가지고 있지 않았더라면 ① 짐을 든 사람을 보았다는 현상이 일어났을까?

미쓰로　그러니까 짐도 안 들었는데 손을 잡고 끌어주는 행위가 일어났다면 무지 무서운 일이라고 했잖아.

악마　그러니까 **손을 잡는 행위도 네가 일으킨 것이 아니야. 일어났을 따름이지.** 애당초 위쪽 관절을 움직이면 짐을 들어올릴 수 있다고 너한테 가르친 것도 네가 아냐. 그런데도 팔을 든 것은 나라고 자력을 주장해. 게다가 왜 오른손으로 잡았어?

미쓰로　아, 진짜 그렇네. 나는 '오른손으로 잡자!'라는 생각은 하지 않았어.

악마　맞았어, 그것을 깨닫는 것이야. **너는 그 행위에 대해 사실은 아무것도 결정한 것이 없어.** 왼손이냐 오른손이냐도 정하지 않았어. 자동적으로 오른손이 펼쳐지고 자동적으로 손가락 관절이 펴지고, 그리고 가방을 잡은 거야. 그런 동작 어느 곳에서도 너는 관계하지 않았어.

미쓰로　꺅!! 어쩐지 무서워. 공포영화다!! 왜 나는 내가 했다고 생각하고 있었지? 영화처럼 그냥 일어났을 따름인데.

악마　확인사살 간다. 만일 신호라는 것이 세계에 없었다면

③의 잰걸음으로 건너는 현상이 일어났을까?

미쓰로 안 일어나, 안 일어난다니까!! 신호가 없는 장소에서 3시 36분이 되었다고 갑자기 빨리 걷기 시작한다면, 난 경보선수야!! 신호가 있으니까 잰걸음으로 건넌 거지.

악마 신호등을 만든 건 네가 아냐. **그렇다는 건 잰걸음으로 걷기 시작한 현상을 일으킨 것이 '나'가 아니라는 말이 지.** 모든 것이 처음부터 그렇게 되게 되어 있었던 것이야.

미쓰로   우와, 진짜 공포영화!!! **이 영화의 주인공 '나'가 그냥 제멋대로 움직였을 뿐이야.**

악마   이것이 아미타의 본원력이야. 모든 것이 어떻게 움직이느냐는 이미 결정되어 있어. '나'가 일으킨 것 같으면서 사실은 모두 흐름을 따라 일어난 것일 따름이야. **나는 그 목격자다. 세계의 모든 것에 사실 나는 아무런 관련도 없어.** 세계에서 일어나고 있는 현상 속에서 이건 내가 일으킨 것이라고 착각한 부분을 자력이라고 하는 거지. 자력의 모든 것은 환상이다. 자력이란 놈은 애당초 이 세계에는 존재하지 않는다는 것을 깨달은 자가 천국(어떤 바람이라도 다 이루어진 경지)으로 갈 수 있어. 이것이 아미타의 본원이야.

나의 뜻으로 일어난 행동이 없다니⋯⋯. 마치 얼이 빠진 사람처럼 걸어가던 미쓰로의 시야에는 '자신이 걸어서 앞으로 나아간다'가 아니라 마치 세계가 건너편에서 자신에게 다가오는 것 같았다. 바다가 항구를 나설 때 육지가 멀어져 가는 듯이 보이는 것처럼.

도박에서 배우는 자신의 무력함

겐지 엄청 터졌네. 미쓰로, 코인 좀 나눠 줄 테니까 옆에 앉아.

미쓰로 우와, 엄청 터졌네! 비결이 뭐야?

겐지 주문이지.

미쓰로 엉? 운을 좋게 하는 방법 같은 건 없다고 하더니.

겐지 있어. **애당초 자력 같은 건 없다는 걸 깨달으면 세계의 모든 것이 '행운'으로 변한다니까.**

미쓰로 지금 내가 30분 들여서 배운 것을 슬쩍……. 겐지, 깨달은 거야?

겐지 뭔데, 그거? **세계에는 자력이 존재하지 않는다는 건 파칭코 하는 놈이면 누구나 알고 있어.**

미쓰로 엉? 난, 몰랐는데.

겐지 잘 들어 봐. 슬롯머신이란 놈은 말이야, 이 레버를 당기는 순간 모든 것이 결정 나. 터지느냐 마느냐, 레버를 당기면 기계가 제멋대로 해버리니까. 천국이냐 지옥이냐, 레버를 당기는 순간 결정 나는 거지.

미쓰로 안다니까, 그깟 건. 레버를 당길 때마다 컴퓨터가 내부 계산으로 당첨이나 뻑사리냐, 정해버리니까. 그래서 '레버를 0.01초 늦게 당겼으면 터졌을지도!' '레버

를 당기는 순간이 정확히 3시 32분이었다면 터졌을
지도!' '옆 사람과 동시에 당겼다면 가게 전류가 약
해져서 터졌을지도'라고 생각하는 건 멍청이라고, 늘
둘이서 떠들어댔잖아.

겐지   그렇지. 단 0.00000001초 차이로 컴퓨터 추첨 결과가
달라지니까. 그래서 우리도 한 때 징크스에 빠져버렸
더랬지. '오늘은 오른발부터 가게로 들어가면 터질지
도 몰라' 하고.

그건 다시 말해, 오른발부터 내딛느냐 왼발부터 내딛
느냐는 아주 사소한 차이조차 이 레버를 당기는 시간

에 영향을 끼치기 때문이잖아?

미쓰로　그건 그래. 마코토는 화장실에서 손을 세 번 씻으면 터진다고 믿어. 실제로 화장실에서 손을 두 번 씻는 것하고 세 번 씻는 것하고는 레버를 당기는 시간이 다르니까 컴퓨터의 추첨 결과가 달라지지.

겐지　그렇고 말고. 그게 바로 포인트야. 고작 0.00000001초 차이로 당첨이냐 아니냐가 결정되는 세계니까 **이미 자신이 컨트롤할 수 있는 범위를 넘어서 있어.**

미쓰로　아아, 그렇구나!! 그런 거였어!! 그런 관점에서 슬롯머신을 바라보고 있었다니. 너, 정말 대단해!! 분명히 아무리 자력을 짜내본들 이 0.00000001초 차이 같은 거 만들어 낼 수 없으니까 '나' 이외의 부분에 조절 권한이 넘어가버린단 말이지! 맡겨버린다는 게 그런 거였어. 내 힘으로는 어쩔 수 없다는 것을 깨닫는 거.

겐지　바로 이 부분이 도박의 좋은 점이지.

미쓰로　도박에 좋은 점도 있다는 거야??

겐지　적어도 나는 그렇게 생각해. 예전에 슬롯머신을 해본 덕분에 **자신에게는 컨트롤할 수 없을 정도의 '작은 뒤틀림'의 축적이 세계를 만들어낸다는 것을** 알게 되었으니까. 도박 덕분이야. **도박이란 건 자신의 힘으로는 도저히 어떻게 해볼 도리가 없으니까 아주 위험한 거**

잖아?

미쓰로   그런 것 같네. **레버를 당기는 순간까지의 모든 행동이 당첨이냐 삑사리냐에 영향을 주는 거니까.** 아침에 집에서 똥을 좀 더 멋지게 쌌더라면 12초 정도 빨리 레버를 당길 수 있었을 텐데 말이야.

겐지   그럼 그럼. 어제 저녁밥 카레라이스에

    → 교자를 토핑하지 않았더라면

    → 위가 가득 차지 않아서

    → 똥도 금방 나왔을 테고

    → 12초 빨리 레버를 당길 수 있었을 텐데……

라든지.

나로서는 이미 어떻게 할 수 없는 세계다.

생각해 봐, 0.1초 레버를 빨리 만질 수 있는 행동을 할 수 있겠어? 0.00000001초의 차이조차 천국이냐 지옥이냐를 결정해. 그런 건 절대로 컨트롤할 수 없는 거야.

미쓰로   맞다! **레버를 당기기까지의 행위에 나는 관여할 수 없구나.** 카레라이스 가게 점원이 교자를 1분만 빨리 구워주었더라면 결과가 바뀌었을 테니까. 난 도저히 그 결과를 컨트롤할 수 없어. 우리가 점원에게 교자를 빨리 굽는 방법을 가르쳐 줄 수 있는 것도 아니고.

겐지　　　그럼 그럼. 운을 하늘에 맡길 수밖에 없지?

요컨대 운이 하늘로 건너간다는 거네. '나'가 어떤 행동을 컨트롤할 수 있다고 믿는 것이 착각이라는 걸 알 거야. 정말 도박이란 걸 해서 다행이야. 이 세상에 '자력'이란 눈꼽만큼도 없다는 거.

미쓰로　대단한 깨달음이야. 파칭코 하는 버릇, 정말 다행이었어, 우리한테.

겐지　　　그리고 기적은 지금부터야. **'세계'가 컨트롤될 수 없는**

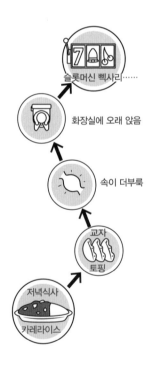

슬롯머신 삑사리……

화장실에 오래 앉음

속이 더부룩

교자 토핑

저녁식사 카레라이스

것이기에 거기에 이르기까지 일어나는 모든 일에 감사할 수 있게 돼. 세계의 모든 것에 대해.

'아, 다행이야. 점원이 교자를 1분 늦게 구워줘서.'

'아, 다행이야. 울 엄마가 12년 전에 길거리에서 잔소리를 해주었기 때문이야.'

거기에 이르기까지 모든 일들 덕분에 나는 지금 '대박'을 터뜨린 거야!! 지구의 모든 분들, 사랑해!!

우왓, 또 대박 터졌다!!

미쓰로   레버를 당기는 순간까지 일어난 모든 것들이 영향을 끼친다는 건 알겠는데, 삑사리가 날 때도 있잖아? 그럴 때는 그때까지 있었던 모든 일을 저주할 거 아냐? '그 점원이 1분만 빨리 교자를 구워주었더라면 좋았을 텐데'라며.

겐지   도박이 대단하다는 것은 삑사리가 나도 대박이 터질 때까지 계속할 수 있다는 거지. 삑사리가 났다고 해서 거기서 끝나는 게 아니야. 대박이 터질 때까지 계속해. 그래서 다음 날 '대박'을 가져오는 거지. **그렇다면 거기까지의 모든 행동이 필요하므로 어제의 삑사리조차 감사할 수 있게 돼.** 안 좋은 일에 대해서도 감사하는 마음을 가질 수 있게 된단 말이지. 그렇잖아. 어제의 삑사리가 오늘의 대박을 가져다주었으니까!!

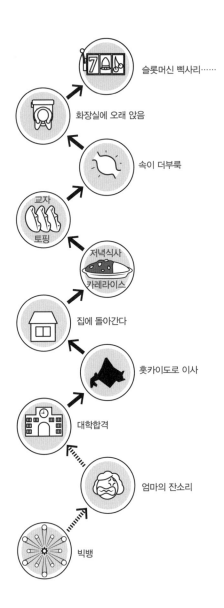

슬롯머신 삑사리……

화장실에 오래 앉음

속이 더부룩

교자
토핑

저녁식사
카레라이스

집에 돌아간다

홋카이도로 이사

대학합격

엄마의 잔소리

빅뱅

어제의 슬픔이 오늘 우리를 웃게 만들었어!!

안뇽!!!

미쓰로   어디 가는데?

겐지   그야, 또 '대박'이 터졌으니까.

코인을 다 잃어버린 미쓰로는 같이 타고 온 차에서 겐지가 오기를 기다렸다.

폭설이 내린 홋카이도의 밤 풍경은 한층 아름다웠다. 어디가 도로인지 경계조차 사라져 모든 것이 '하나'가 되어버린 풍경을 바라보며, '어디서 어디까지를 내가 일으킨 것'이라며 자력과 타력의 경계선을 주장했던 자신이 가련하다고 생각했다. 그런 건 불가능하다.

눈송이 하나도 내가 컨트롤할 수 없으므로.

악마   저 자식 '악인'이네.

미쓰로   내 친구 욕하지 마.

악마   칭찬하는 거야. 올바름에 물들지 않았어. **'나'는 '세계'를 컨트롤 할 수 없다는 사실을 꿰뚫고 있어. 완전히 흐름에 내맡기고 있어. 체념하고 있어.** 악인정기설에 따르면 맨 처음 구원받는 존재가 '악인'이야.

미쓰로   그럼 겐지한테로 아미타가 온다는 거야?

악마	아냐. 구원하러 오는 신 같은 건 없어. **자신이 처음부터 이미 구원받았다는 것을 깨닫는 것뿐이야.** 그것이 타력본원으로 나아가는 전환점이지. 그 순간에 저 자신이 말한 것처럼 감동이 온몸을 꿰뚫고 지나가는 거야. **나는 이 우주에서 아주 보잘것없는 존재가 아니라 내가 우주 그 자체라는 것을 깨닫기 때문이지.** 갑자기 지금까지 일어난 모든 일에 감사하는 마음이 솟구쳐 올라. 그 모든 것 덕분에 지금의 자신이 존재한다는 것을 명확히 알게 되었으니까. 이 우주에 일어나는 모든 것이 필요했어. 1초 늦어도 안 돼. 1초 빨라도 안 돼. 모든 것이 완벽한 타이밍에 일어났어. 그러므로 지금부터 일어날 모든 일도 완전히 신뢰할 수 있게 돼. 그 '흐름'의 계산 능력이 얼마나 대단한지를 깨달았기 때문이지.
미쓰로	잘은 모르겠지만 지금 행복하면 그만이라는 말이지. 지금까지 일어난 모든 것에 감사할 수 있으니까.
악마	그렇고 말고. 자력 따위 없다는 것을 깨달아라! 그러면 당연히 감사하는 마음이 솟구쳐. 자력으로 살아간다고 생각하는 '선인'들은 사실 감사 같은 건 하지도 않아. **내 힘으로 살고 있다고 믿는 자가 어떻게 남에게 감사할 수 있겠어.** 내 힘이 아니라고 생각하기에 감

사하는 거잖아. 그러므로 자력에서 타력으로 이행함
에 따라 감사하는 빈도가 늘어나는 거지. 자신은 아
무것도 하는 게 없다는 것을 알면 알수록 고맙다고
말하는 횟수가 늘어나.

그리고 최종적으로 모든 것이 타력이었다는 것을 깨
닫고 자력이 사라졌을 때 **눈앞의 모든 것에 대해 '절
대 감사하는 경지'가 열려.** 뭐가 뭐든 모든 것에 고맙
다고 말하고 싶은 경지. 좋아하는 사람만이 아니라
싫어하는 사람에 대해서도. '악'에 대해서조차도. 그
러므로 너희들이 할 일은 오로지 하나. 눈앞의 '세계'
모든 것에 감사하라. 그 파워가 너희를 오늘까지 살
아올 수 있게 한 것이니까.

미쓰로　　설마 악마한테 '감사'를 배울 줄이야.

악마　　　짐이 아미타일지도 몰라. 이히히히힛.

미쓰로　　뭐야. 이 멍청이는.

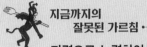

악마의 속삭임

자력으로
잘 되었다면, 그건
'운'이 아니야

운을 나쁘게 하는 좋은 방법
a way to blow away your anger

　결국 운을 좋게 하는 방법이 있다면, '감사합니다'라고 중얼거리는 것뿐이다.

　왜냐하면 '감사합니다'는 자력이 아니라 파워를 향해 의식을 전환하여 몸을 내맡기는 주문이기 때문이다.

　'감사합니다'를 많이 말하는 사람은 자력을 전혀 사용하지 않는다. 자력을 믿지 않기 때문이다. 그러므로 '감사합니다'라고 말한다.

　요컨대 '감사합니다'의 횟수가 늘어날수록 본원력 파워로 나아가게 된다. 중요한 건 나쁜 일에도 '감사합니다'라고 말하는 것. 좋은 것만을 감사하다고 여긴다면 지금까지와 다르지 않다. 자신에게 일어나지 않기를 바랐던 일, 다시 말해 자력(=좋은 방향으로 나아가려는 힘)을 넘어서 다가온 나쁜 일에도 '감사합니다'라고 말할 때 기적이 일어난다. 나쁜 일에 대해, 나쁜 기억에, 보기 싫은 사람에게, 징그러운 일에.

진심으로 '감사합니다'를 중얼거릴 수 있다면 자력으로는 계산할 수 없는 미래가 보일 것이다.

그렇다면 장소는……

너희 인간세계에서는

화장실이 좋겠다.

화장실에서 안 좋았던 일, 나쁜 놈(싫은 놈), 나쁜 거라고 생각하는 대상을 향해 '감사합니다'를 몇 번 외쳐보자. 그리고 흘려보내는 거다.

물은 흘러, '나쁘다'가 그저 자신의 착각이었다는 것을 깨닫도록 변화시킬 것이다.

11

당신은 우주의 효자손

당신은 우주의 효자손

인간양복 속에 누가 들어 있나?

인간의 욕망조차도 우주의 소중한 자원인지 모른다. 이 세계의 모든 것을 욕망하는 원동력이므로. 어중간한 돈은 필요 없다. 그런 일부분이 아니라 이 세계의 부 전부, 물질 전부, 체험 전부, 타자의 마음 전부, 존재하는 모든 것을 무한정 가지고 싶어진다.

우리는 숲을 베고, 석유를 캐내고, 토지를 개발했다. 그것은 욕망의 대상이 결국은 세계 그 자체라는 것이다. 그렇다. 모든 것이기 때문이리라. 세계 전부를 가지고 싶다. 대체로 그런 힘은 밤에 움직인다. '나'의 외로움을 메워줄 뭔가를 갈구하여 네온사인 거리를 헤매는 젊은이들.

그들은 끝도 없이 밤을 거머쥐려 하다가 실패한 자들이다.

그들은 수도 없이 밤을 정복하려다가 실패한 자들이다.

이렇게 눈부시게 빛나는 밤이.

잡힐 것 같으면서도 잡히지 않는 이 밤이.

가슴이 터질 듯이 좋다. 그날도 이 밤을 어떻게든 손에 넣어보려고 거리로 나갔다가 피로에 절어버린 후 젊은이들의 반성회가 열렸다.

미쓰로　로데오 거리로 나갈 때는 기분 죽였는데, 돌아오고 보니 괜히 나간 것 같아. 밤새 낚시질을 했는데 아무것도 없어. 이제 논문이라도 쓸까? 오랜만에 셋이 모였으니까.

겐지　그럴까. 먼저 각자가 조사한 거, 지금까지 알아낸 거 노트에 정리해볼까.

《인간양복론》

• 매일 아침 누군가가 우리 속에 들어와서 눈을 뜬다.

• 아침 아주 짧은 몽롱한 시간 동안 희미한 기억이 남아 있다.

• '나'가 아닌 누군가였던 그 기억을 '꿈'이라고 하는 사람도 있다.

- 그렇지만 그 꿈을 '나'가 꾸었는지, 아니면 그 꿈 세계의 누군가가 지금 '나'를 꿈꾸기 시작했는지는 아무도 모른다.
- 아무튼 이렇게 하여 오늘도 '나'가 시작된다.
- 그러면 '나' 앞에 '세계'라는 이야기가 생겨난다.
- 이 '세계'는 거울 세계. 늘 '나'와 정반대 모습으로 일어난다.
- 꿈을 이루고 싶은 인간 앞에는 이루고 싶은 꿈이, 벤츠를 가지고 싶은 사람 앞에는 그가 바라는 벤츠가 나타난다.
- 그것은 다시 말해 모든 인간의 꿈은 사실 눈앞에서 이루어져 있음을 의미한다.
- 이렇게 입기만 하면 꿈을 이루어주는 인간양복이 세계의 모든 곳에 놓여 있다.
- 그리고 누군가가 그 양복을 입으면 그 장소의 인생이 체험되는 구조인 것 같다.
- '나'와 '세계'와 '체험'은 반드시 세 개가 한 세트로 동시에 일어난다.
- 이 세 가지가 떼래야 뗄 수 없는 관계라는 것을 옛날부터 세계 각지의 신화나 성전에서는 '삼위일체'니 '트리니티'라고 표현하였다.
- 덧붙여서 이 세 가지가 하나가 되면 '하일레! 셀라시에!'라고 외치며 카데루가 춤을 추기 시작한다.

겐지　　대체로 이렇게 되어 있어. **문제는 누가 내 속에 들어 오는가이지.** 요컨대 인간양복 속에 누가 들어오는 것 인가?

미쓰로　우주인 아닐까? '인간'이라는 양복을 입으면 그냥 지 구라는 가상게임을 즐길 수 있어.

카데루　그럼 그 우주인을 입는 것은 누구인 거야? 우주인이 라 해도 존재하는 한 거기에 '나'라는 인식이 있을 거 야. **그렇다면 그 우주인도 누군가가 입을 수 있다는 거 지.** 우주복을 입고서 인간양복을 또 입는 건 의미가 없어.

미쓰로　그렇구나……. 아! 미래인일지도! 어떤 이상한 인형 이 '미래의 네가 너를 입고 있어'라고 말했던 것 같기 도 해.

카데루　그렇다면 그것은 과거의 미쓰로가 아니라 미래의 미 쓰로가 아닐까?

미쓰로　엉? 그렇다면?

겐지　　너 멍청이냐. 미래의 미쓰로라는 인간이 타임머신을 타고 와서 과거의 미쓰로에 들어가기로 결심했습니 다. 타임머신을 타려고 할 때, 그 자식은 누구게?

미쓰로　그러니까 미래의 미쓰로라고 하잖아.

겐지　　그럼 타임머신에서 내려 과거에 도착했을 때는?

미쓰로　그러니까 미래의 미쓰로라고 했잖아.

겐지　그리고 인간양복의 지퍼를 열어젖힐 때는?

미쓰로　무지 끈질긴 놈이네. 미래의 미쓰로라니까!

한 발을 밀어넣을 때도 미래의 미쓰로, 지퍼를 잠갔을 때도 미래의 미쓰로, 이 인간양복의 시동 버튼을 누르는 것도 미래의 미쓰로, 그리고 지금 시작된 과거의 미쓰로라는 게임을 시작한 것도 미래의 미쓰로……어라?

그렇게 되면 그건 그냥 미래의 미쓰로잖아.

겐지　그러니까 그건 있을 수 없는 일이지.

카데루　**이 인간양복에 들어가는 자가 특정한 누구라고 한다면 '세계'라는 스토리가 시작되었다 하더라도 결국은 계속 '누군가'의 상태 그대로야.** 만일 겐지의 양복 안에 미쓰로가 들어갔다 하더라도 그것은 결국 겐지 흉내를 낸 '그냥 미쓰로' 그대로니까.

미쓰로　**그렇다면 인간양복에 들어가는 놈은 '누구도 아닌 자'가 아니면 안 되잖아.** 우주인도 미래인도 지하인도 타인도 평행우주의 다른 세계에 사는 사람도 개도 고양이도 신도 악마도 아니야. '누군가'여서는 안 되니까. 그런 '누구도 아닌 자'란 것이 있을 수 있어?

카데루　있을 수 없지. 확인할 수 있는 건 모두 '누군가'이니까. 사람도 돌멩이도 우주인도 온도도 신도 에너지도 확인되는 것이므로 '누군가(뭔가)'로 분류될 수 있으니까.

그런데 인간양복 속에 들어가는 것은 '확인될 수 없는 것'이 아니면 이상하지. 뭘까? 우리가 '확인할 수 없는 것'이란?

미쓰로 전체다······. **그건 바로 '전체'란 거야!** 잘 들어 봐. 확인되는 것이나 특정되는 무엇은 잘려진 일부분이야. **부분이니까 확인되는 거지.** 그런데 전체나 모든 것은 누구도 확인할 수 없어. 그것을 특정할 수 있는 존재는 없어. 모든 것이 모든 것을 확인한다는 것은 불가능하니까! 프랙탈 이론에서도 배웠잖아.

겐지 그래, 확인할 수 없는 것은 전체밖에 없어. 그럼 인간

확인하는 존재도 포함되므로
확인할 수 없다

양복 속에 들어간 것은 특이점이 되나? 빅뱅이 시작
되기 전 우주 전부의 질량이 집중되어 있는 그 점 말
이야?

카데루 바로 그거야! 나가다 선생이 말했어! '일자一者'라고.
그 자식이 들어가 있어!

겐지 그렇지만 말이야, 카데루 안에 그 자식이 들어가 있
을 때, 미쓰로 안에는 누가 있어?

카데루 그 자식이지.

겐지 **이상하지 않아? 미쓰로와 카데루 양쪽 동시에 들어갈
수 없잖아?**

카데루 이상하긴. 오히려 동시가 아니면 안 돼. 그놈이 미쓰
로, 카데루, 겐지에게 동시에 들어가 있지 않으면 이

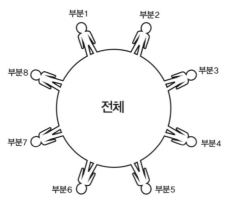

모든 것의 부분이 전체의 일부!

상해. 그놈은 전체니까.

전체란 것은 모든 것을 내포한 존재를 두고 하는 말이야. 내포하지 않은 게 있다면 전체라고 할 수 없어. **그러므로 전체라면 지금 동시에 모든 부분을 내포하고 있어야 해.**

미쓰로의 인간양복도 카데루의 인간양복도 겐지의 인간양복도, 나아가 세계에 존재하는 모든 인간양복을 그놈이 지금 동시에 입고 있지 않으면 이상한 일이야. 전체이기에 모든 것의 모든 것을 지금 동시에 입고 있는 거지.

겐지   진짜 그렇네. 우와, 대단해. 지금 동시에 모든 것의 부분이면서 전체이기도 하다. **그 자식은 전체이면서 부분이 되어야 해.** 이거 멋지잖아.

'우리'가 아니라 '나와 나'

미쓰로   잠깐만, 그렇다면 카데루……. **너는 나인가?**

카데루   **나만이 아니라 모든 것이 너야. 다른 나의 집합이지.** 그리고 그 깊은 곳에는 같은 '일자'가 있고……. 그것은!! 레게에서 말하는 I&I다!

겐지 뭐야, 아이아이, 어린애 말이야?

카데루 레게에는 We나 You라는 말이 없고, 그것을 'I&I'라
고 노래해. '너'는 '다른 나'라는 거야. '우리'는 '나와
나와 나……의 집합체'라는 뜻에서 'I&I'. 그리고 '셀
라시아이'의 의미를 이제야 알았어.

미쓰로 나가다가 뭐라고 했었지?

카데루 삼위일체 셀라시에는 신을 두고 하는 말이야. 그리고
그것은 'I'의 집합체였어. 3가지 요소 모두가 'I'인 거
야. 하일레 셀라시아이! 그랬어. 셀라시에가 아니라
'셀라시I(아이)'였어.

분리되어 있는 듯하지만 아직도 '하나' 그대로라는 뜻

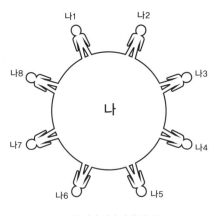

모든 것의 내가 나의 일부!

이었어! 신은 지금 살아 있었던 거야!

미쓰로 어이, 겐지……. 마침내 돌아버리고 말았어, 이 자식. '신은 살아 있었다'라니. 소변검사라도 해야겠어.

카데루 대마초 안 피웠어! 의식실험만으로 우리는 이런 경지에 이르렀어!! 마침내 여기에 이르고 말았다니까. **바로 우리가 신이었어!**

겐지 어이 미쓰로……. 신은 살아 있다고 하더니, 이젠 너가 신이라고? 분명히 맛이 갔잖아. 라이브에서 미친 듯이 춤추던 밥 말리랑 똑같은 눈이야.

카데루 그거야! 밥 말리! 대학 축제 때 같이 불렀잖아, 〈Jah Live(신은 살아 있다)〉라는 곡. 그건 하일레 셀라시에 1세가 세상을 떠났을 때 밥 말리가 만든 곡이야. 나는 특정한 황제가 죽었다는 것을 인정하고 싶지 않으니까 '아직 살아 있다'라는 노래를 만든 거라고 생각했더랬어. 그렇지만 아냐! 특정한 황제의 생사를 말하는 것이 아니라 **'우리'라는 존재로 지금 신은 살아 있다는 것을** 밥 말리는 말하고 싶었던 거야!

모든 것이면서 하나인 것. 전체이면서 부분으로 존재하는 것. 그것이 밥 말리가 늘 노래하는 'One'의 진실이야.

미쓰로 어쩐지 알 것도 같고. **애당초 이 우주에는 특이점이라**

는 일자만이 존재했다. 그것이 다른 형태로 변해서 지금 눈앞에 나타난 거고. 그리고 그 개체들이 서로 다른 것이 아니라, 각기 다른 상태인 채로 집합체가 전체라는 일자란 말이지. 그렇다면……, 겐지, 너는 '다른 나'인 것인가.

겐지   아니, 나는 네가 아냐. 나만은 절대로 네가 아냐. 그것만은 진짜로 사양할 게. 다른 건 다 네가 되어도 좋으니까.

내세가 있다면 '옆세'가 있어도 이상하지 않아

미쓰로   전생이란 말 들어봤지? **그건 과거의 기억이 없기 때문에 성립하는 '다른 자기 자신'을 말하는 거잖아?** 겐지의 전생이었던 시골뜨기가 과거의 기억을 가진 채 겐지로서 다시 태어났다면 그건 그냥 시골뜨기의 재탕이야.

겐지   내 전생을 니 멋대로 시골뜨기라고 하지 마. 제임스 스페로 3세라든지, 그런 위대한 계통이었으니까.

미쓰로 어이, 시골뜨기 2세, 잘 들어 봐. 전생처럼 내생도 있을 거잖아? 미래에서 내가 혼으로 들어가는 **'다른 나' 라는 사고방식.** 만일 거기에 지금의 기억을 가지고 겐지가 갔다고 하면 거기도 그냥 시골뜨기 제3탕이 시작될 뿐이야.

겐지 그렇네. 다른 나로 들어갈 때는 기억을 지울 필요가 있구나.

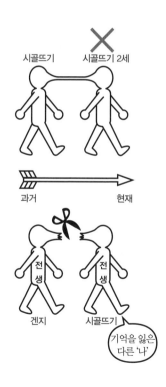

미쓰로　그렇지. 그리고 말이야, 전생이라든지 내생 같은 게 있
　　　　다면, '옆橫생'이나 '남他人생'이 있다고 해도 이상하지
　　　　않을 거야.

겐지　　진짜! 오히려 전생이나 내세보다 그게 더 신빙성 있
　　　　어! 지금 공간의 '옆'으로 퍼져나가 기억이 없는 다른
　　　　나가 일어나고 있다는 것. '옆생' '남생'이란 표현, 아주
　　　　좋아!

미쓰로　남의 저작물을 함부로 표절하지 마. 잘 들어, 이건 그
　　　　냥 좌표야. 'I＝나'란 One의 좌표!

　　　　북위 43도 동경 141도, 고도 20미터에서 일어난 One
　　　　의 이름이 미쓰로라는 나야. 이 파라미터를 조금 만
　　　　져서 네가 지금 있는 위치의 수치로 바꾸면, 겐지라
　　　　는 '나'가 일어나.

　　　　북위 43도, 동경 141도, 고도 21미터에 일어난 One
　　　　이 겐지라는 것. 그것이 '남생'. 그리고 이 파라미터
　　　　에는 시간이라는 항목도 있어. 그렇다면 어제의 나
　　　　와 오늘의 나도 수치만 다를 뿐인 같은 One이 돼. 어
　　　　제의 나는 서기 2003년 11월 10일의 북위 43도, 동경
　　　　141도, 고도 20미터.

　　　　오늘의 나는 서기 2003년 11월 11일의 북위
　　　　43도…….

아래위, 옆, 높이, 시간, 네 가지 수치를 바꾸는 것만으로 우주의 모든 장소의 다른 '나'를 설명할 수 있어. 이것이 전 세계에 놓여 있는 '인간양복'이야.

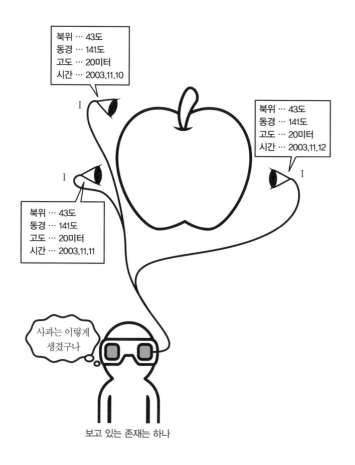

당신이 아직 체험하지 않은 것은 '당신'뿐

카데루 그럼 인간만이 아닐지도. 개나 고양이라든지.

최근 들은 이야기인데, 돌도 의지를 가졌다고 해.

미쓰로 쓸데없는 농담할 때가 아냐.

카데루 아무튼 우주의 모든 장소와 모든 시간에 생명양복이

놓여 있다. 그리고 그것을 입는 것은 '전체'라는 이름

의 신이다. **성서에는 '시작하기 전에 신은 모든 경험을**

다 했다'라고 되어 있어. 요컨대 과거에서 미래에 이

르기까지 모든 '나'가 이미 일어나고 동시에 끝이 났

다는 거야.

겐지 미래가 이미 일어나서 끝났어?

미쓰로 지금 모든 순간이라는 필름이 놓여 있는 거야. 지금

우주의 모든 장소에서 보이는 '순간'. 더 나아가 과거

에서 미래까지 모든 순간 필름이 동시에 놓여 있어.

그렇잖아. **전체는 모든 것을 동시에 지금 보지 않는다**

면 전체라고 할 수 없으니까. 신은 어제의 나도 이틀

후의 겐지도 10년 전의 카데루도 지금 동시에 체험하

는 중이야. 그렇다면……, 설마. 신이 체험하지 않은

것은 '이 미쓰로'뿐인 건가. 나, 이 얼마나 멋진 존재

인가!!

카데루 그렇고 말고.

겐지 엉? 카데루, 지금 이거 마구 비꼬고 희롱 대야 하는 거 아냐? 그 자식 지금 '나 얼마나 멋진 존재인가' 하고 중얼거리는데.

카데루 말로 다할 수 없을 만큼 멋져…….. 지금 이 카데루가 바라보는 '세계'는.

겐지 엉? 뭐라는 거야, 너희. 어느 쪽이 멋지다는 거야?

카데루 신은 지금 모든 것을 체험하고 있어. 그러므로 **눈앞의 '세계' 이외의 모든 것은 다른 내가 '지금' 체험 중이야.** 다시 말해 신이 아직 체험하지 않은 '순간'은 이 눈앞의 풍경만이라는 말이지. 단 하나, 이 눈앞의 풍경, 그것만이 아직 신이 보지 않은 풍경이야.

겐지 우주의 모든 순간 필름을 다 체험했다면 이 눈앞의 풍경도 체험을 해버린 거 아냐?

카데루 그러기에 그 체험이 그야말로 '지금'이란 거지. '지금'이 이 눈앞의 '세계'를 신이 체험하는 순간이잖아? 모든 사람의 눈앞에 있는 '세계'를 동시에 신이 지금 체험하고 있단 거야. 그것 이외는 '다른 나'가 체험해버렸으니까. **신이 우주에서 가장 가고 싶어 하는 장소가 모든 사람의 눈앞에 있다는 거야!!**

겐지 모든 것이 동시에 존재한다는 것이 좀 골치 아프긴

하지만, 어쩐지 알 것 같아. **나는 나 이외의 모든 것을 다 체험했다는 거야!** 내생도, 전생도, 미쓰로도, 1980년의 마이클 잭슨도, 화성인의 이틀 후도. 무엇이든 전부, 이 우주의 어디든, 과거의 우주도, 미래도, 평행우주도.

모든 '나'를 나는 체험했어. 그런 내가 아직 체험하지 못한 것은 이 눈앞의 이 순간뿐……. 어이어이어이. 이 눈앞의 현실은 너무너무 소중한 거야! 이것만은 아직 보지 못했다니까! 우왓, 지금 봐. 아니, 신은 아직 못 봤어. 아니, 내가 신이지. 뭐가 뭔지 모르겠지만, 우왓, 좋았어!

미쓰로 전 우주에서 '나'만 이 눈앞의 풍경을 볼 수 있어. **이것을 보기 위해서 신이 변신한 센서가 '나'인 건가?** 이거 엄청 소름 돋아…….

얼마나 나라는 존재가 소중한지를 알겠어. 거기에다 전 세계 사람들의 눈앞에서도 같은 일이 일어나고 있어. 모두에게 눈앞의 그 풍경이 무지 소중한 거야. **특정한 누군가가 아니라 세계의 모든 '나'가 무서울 만큼 소중한 존재야.**

카데루 모든 것이 우주의 3점 분리인 거야. 눈앞의 이 오로지 하나뿐인 미체험의 순간을 체험하기 위해서는. 우주에서 지금 '나'와 '세계'와 '체험'이라는 3점 분리가 일어났단 말이지. 어이, 오늘은 그냥 이대로 자지 말고 나가다 선생님한테 보고하러 가자.

너무 흥분했는지, 한숨도 자지 못해서인지, 말도 안 되는 진리를 엿보게 된 결과인지, '나, 노트북 준비해서 갈 테니까 먼저 나가' 하고 말한 뒤 미쓰로라는 이름의 '나' 이외의 두 사람의 '나'가 대학교정을 향해 달려갔다.

왜 사람 수만큼 능력이 존재하는가?

미쓰로 각하, 날 속였지! 있는 거 아니까 나와!

악마 속이지 않았어. 어느 날 너는 '미래의 너'를 몸속에 가지고 있었어.

미쓰로 인간양복 속에 들어가는 것은 '아무것도 아닌 자'뿐 이야!

악마 **아무것도 아닌 자, 다시 말해 모든 것이다.** 짐이기도 하고 타인이기도 하고 미래의 자기 자신이기도 해. 그런 모든 것이 네 속에 들어갔으니까 미래의 너가 들어갔다고 할 수도 있잖아?

미쓰로   엉터리야, 그딴 거. 그렇다면 '오늘 아침, 네 몸에 오드리 헵번이 들어갔어. 기뻐해.' 그 정도 말이었으면 기분 좋게 눈을 떴을 텐데.

악마   너 설마⋯⋯, 그런 성향이?

미쓰로   아냐, 아냐, 아냐! 나는 사내다운 사내 그 자체라니까! 요컨대 아름다워지고 싶다는 것뿐이야. 그 상징으로서 오드리를.

악마   아름다움이라, 그것도 하나의 능력이지.
어이, 거기 변태 녀석. 또 하나 인간의 비밀을 가르쳐 줄게.
인간이란 우주의 효자손이다. 우주가 자기 자신의 등을 긁기 위해서 물질화한 도구야말로 '인간'이라는 것.

미쓰로   인간은 등을 긁기 위한 도구 '효자손'? 또다시 그런 김새게 하는 말을.

악마   세상에 네 녀석 하나만 달랑 있다면 '능력'을 어떻게 써먹지?

미쓰로   써먹지 못해. 능력에는 행사하는 자와 그 대상이 있어야 하니까. **혼자서는 상냥해질 수 없는 게 인간이거든.**

악마   그럼 그럼. '상냥함'이란 능력은 상냥하게 행동하는 사람과 상냥한 대접을 받는 사람이 있어야 비로소 가능하지. 모든 능력이 그래. 가창력도, 팔 힘도, 키도, 손재주도, 혼자서는 그 능력을 행사할 수 없어. **요컨대 인간의 능력이란 모두 타인을 위한 것이야.** 우주에서 분리된 '다른 I = 나'에 행사하기 위해서 '나 = I'가 우주에 가하는 파워가 능력이기 때문이지.

미쓰로 지당하신 말씀. 하나만으로는 아무것도 할 수 없으니까 그런 거지. 애당초 '나'의 발생 이유는 '효자손'으로 사용되기 위해서야.

아름다운 사람

간지러움
= 아름다움

인간은 우주의
간지러운 곳을 긁는
효자손

악마	'나'는 그냥 그대로 우주의 효자손이야. 우주가 시작된 구조를 명확히 이해할 수 있는 자라면 그것을 깨닫게 되지. **'나'란 원래 누군가 다른 사람을 위해 일어난 존재였다는 것을.** 그 말은 내가 가진 다른 사람보다 뛰어난 능력을 세계를 위해 사용해야 함을 깨닫게 된다는 거야. 그리고 그것을 깨달은 자는 엄청난 힘을 발휘한다. 모차르트가 그랬고, 나쓰메 소세키가 그랬고, 발명왕 토머스 에디슨이 그랬어. **그들은 '나'란 '누군가'를 위해 존재하는 도구라고 말했지.**
미쓰로	그렇지만 능력이 '타인(다른I)'을 위한 것이라면 '나 – I'는 어떻게 살아가?
악마	거울은 모든 것을 거꾸로 서게 만들어. **세계를 위해서 당신이 뭔가를 한다면, 세계가 당신을 위해 뭔가를 시작하게 돼.** 먼저 주도록 해. 그러면 더 많은 것을 받게 돼. **주는 자가 곧 받는 자인 거야!**
미쓰로	그렇구나. 그럼, 거울이란 반사하는 놈이니까 '세계'의 일부분이 아니라 눈앞의 '세계' 전체에 봉사한다면 커다란 에너지가 되돌아오지 않을까?
악마	그렇고 말고. 그것이 이 세상에서 최강의 파워 '세계평화를 향한 기도'야. 미국이나 러시아, 가족이나 적 등 특정한 부분에 달라붙는 기도가 아니라. **악도 선**

도, 좋고 싫음도, 옳고 그름도, 뭐가 됐든 모든 것을 **사랑할 것.** 이 전체를 사랑하는 기도가 세계 최강의 파워를 발휘해. 눈앞의 '세계'를 100% 끌어안아 봐. 좋은 날만이 아니라 나쁜 날도, 좋아하는 사람만이 아니라 싫어하는 사람도. **'나'의 눈앞에 놓인 현실을 100% 사랑하는 자세. 다시 말해 지금 이 눈앞의 현실보다 멋진 장소 따위는 어디에도 없다는 사실을 깨닫는 게 진정한 기도야.** 이 세계 평화를 바라는 기도를 하는 자라면, 세계 전체를 움직일 수 있어. 마더 테레사가 그랬고, 그리스도와 부처가 그랬지. **그들은 이**

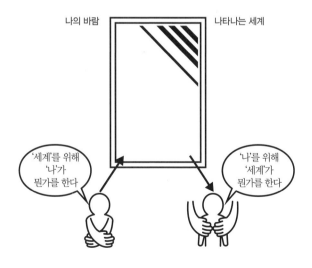

세계의 모든 것이 평화롭기를 기도했지. 그러므로 세계의 모든 것이 그를 위해 기도했고.

미쓰로 　우왓. 테레사 텐(대만 출신의 가수 등려군)이 설마 그런 능력을 가졌었다니.

악마 　테레사 텐이 아니라 마더 테레사!!

미쓰로 　뭐라고? 그건 그렇고, 설마 악마한테 세계평화를 위해 기도하라는 말을 들을 줄이야. 그렇지만 시스템은 이제 알았어! **주는 자가 받는 자가 된단 말이지?** 오늘부터 가능한 한 '나'의 능력을 '세계'를 위해 사용해볼 게. 나는 그냥 우주의 효자손이니까. 실제로 우주라는 할아버지부터 나 효자손은 '3'번째 트리니티니까. 탱큐, 신이여!

악마 　신이 아니라 악마라고!

데자뷰나 예지몽은 왜 일어나?

미쓰로가 연구실에 도착했을 때 이미 보고는 끝난 상태였다. 다운재킷에 붙은 눈을 털며 미쓰로가 말했다.

미쓰로   됐어? 우리 졸업할 수 있는 거야?

겐지   안 어울리게 칭찬을 받긴 했지만, 누구든 이걸 문장으로 만들어서 컴퓨터에 쳐야 한대. 졸업논문이란 게 입으로만 떠든다고 되는 게 아니라고. 누가 이걸 좀 해야 하지 않을까?

미쓰로   그래. 그럼 내가 하지 뭐. 키보드 입력이라면 자신 있다구.

겐지   오늘은 참 희한한 일만 일어나네. 선생님한테 칭찬받고, 미쓰로는 스스로 짐을 떠안고. 눈이라도 내리는 거 아닐까?

나가다   홋카이도에서는 눈이 내리는 게 당연한 일이야. 그리고 우주는 늘 당연하지 않은 것을 지향하며 진화하는 유기체이고. 사실은 고작 4년 전에 리사 랜달Lisa Randall이라는 소립자물리학자가 자네들의 이론을 발표했어. 이론의 이름은 '워프한 잉여차원warped extra dimensions'.

미쓰로   갑자기 SF 이야기를 하고 그러세요?

나가다   SF보다 더한 이야기가 지금 최첨단 물리학자들 사이에서는 당연하게 여겨지고 있어. '막膜우주론braneworld'에 따르면 우리의 3차원 우주는 더 고차원 우주 속에 무수히 떠다니고 있다고.

미쓰로 무슨 말씀이세요?

나가다 간단히 말하면 영화 〈매트릭스〉라는 거야. 무한수의 평행우주라 할 수 있는 '세계'가 막을 둘러쓰고 떠다닌다는 것이야. 그 수는 무한. 모든 가능성인 '세계'가 여기저기서 일어난 채로 존재한다는 거지.

미쓰로 우리의 인간양복론이잖아요! 표절당했다!

카데루 어떻게 표절했다는 거야. 저쪽이 1년이나 빠른데.

나가다 그렇지만 그것도 가능해. 미래에서 표절하는 거지.

미쓰로 엉? 그건 또 무슨 말?

나가다 그 '막우주론'은 하나의 우주. 자네들 말로 하자면 '세계'. 그 세계에서 다른 세계로 저 혼자만 탈출을 허락받은 입자가 있어. 그것이 중력자(graviton), 중력의 매체가 되는 소립자야. 그 중력의 알갱이만이 3차원 우주막을 뚫고 빠져나올 수 있는 거야.

미쓰로 다른 평행우주와 오갈 수 있는 '무게의 알갱이'…….

나가다 이 세계에서 중력의 영향을 받지 않는 것이 하나 있어. **그것이 '사고'다.** 누가 길바닥에 툭 떨어져 있는 사고를 본 적이 있어? 나무에서 떨어진 사과처럼.

겐지 없어요. 무섭잖아요, 길바닥에 사고라는 게 떨어져 있다니.

나가다 '사고'와 '무거움'이 붙어다니는 우리의 언어습관을

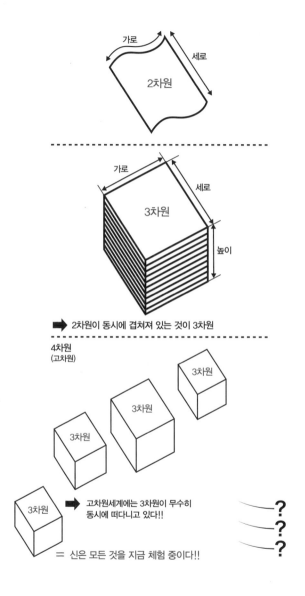

가로

세로

2차원

가로

세로

3차원

높이

➡ 2차원이 동시에 겹쳐져 있는 것이 3차원

4차원
(고차원)

3차원

3차원

3차원

3차원 ➡ 고차원세계에는 3차원이 무수히
동시에 떠다니고 있다!!

= 신은 모든 것을 지금 체험 중이다!!

?
?
?

생각해 봐. 누군가의 생각을 무겁게 받아들일 때가 있잖아.

미쓰로 카데루는 레이코와 헤어지기 전에 '레이코는 너무 생각이 무거워'라는 말을 했더랬지. 헤어진 지금에야 카데루 쪽이 미련에 짓눌려 지내지만.

나가다 이건 나의 사견인데, **사고와 무게는 같은 에너지를 다른 말로 표현한 것**뿐이 아닐까? **사고야말로 중력 그 자체라는 거지.** 다시 말해 인간은 중력을 일으킬 수 있다는 거야. 뭔가를 생각하는 순간 다른 세계와 이 세계 사이에 '상호인력' 또는 '상호척력' 같은 간섭이 시작되는 거야. 그러면 **'상상한다'는 것은 하나의 역학적 행위가 되는 셈이야.**

상상을 하면 어떤 세계와 힘의 간섭이 일어나 서로를 끌어당기기 시작해. 그 세계의 정보는 소립자로서 이 세계에 전달돼. 그것이 중력자야.

미쓰로 그렇다면 지금 미래세계와 교섭할 수 있다는 거네! 그렇잖아. 모든 순간이 지금 이 우주에 무한히 늘어서 있으니까. **그 세계와 세계 사이를 오갈 수 있는 소립자**니까. 다른 세계와의 사이에서 정보를 주고받을 수 있게 돼. 뭔지 모르겠지만 폼 나잖아, 이 중력자 놈. 다른 세계로 생각을 전달하는 소립자…….

나, 곡이라도 쓸까 봐,

나가다   다른 평행우주에서 예지나 힌트가 찾아와. 대체로 우리는 그것을 꿈에서 보지.

카데루   비전이다! 예지몽이다! 나는 몽롱한 아침 시간에 이 '나'가 시작되기 전에 자신이 다른 누군가였던 듯한 꿈을 자주 꿔.

나가다   그 세계와의 사이에서 실제로 힘의 상호간섭이 일어나기 때문에 반응이 되돌아오는 거야. 혹시 카데루가 몇 번이나 보았다는 그 세계에서 누군가가 카데루를 생각하고 있을지도 몰라. 또는 카데루가 그 세계에 있는 누군가를 몇 번이나 생각하고 있을지도.

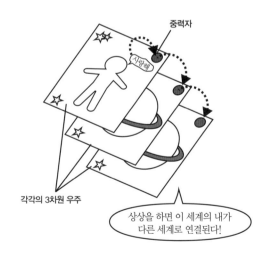

미쓰로 또 레이코 얘기야? 카데루. 아, 그만두자.

선생님, 그리고 데자뷰라는 것도 그럴지 모르죠? 중력자에 의한 다른 '세계'의 간섭흔일지도?

나가다 자세한 건 나도 잘 모르겠지만, 그것도 하나의 간섭흔일지도 모르지. 다른 세계와의 사이에 에너지적인 간섭이 있어서 비로소 뭔가가 떠오르는 반응이 일어날 테니까.

겐지 아이디어가 떠오른다는 표현도 하나의 힌트가 되겠네. **떠오른다는 것은 중력에 영향을 받지 않는다는 의미니까.** 모든 체험을 다 끝낸 우주에는 모든 체험의 정보가 보관되어 있어. 거기에 중력자도 액세스하여 떠오르게 한다면 다른 세계의 어떤 가능성도 정보로서 *끄*집어낼 수 있을 거야. 중력자를 타고 창고에서 떠오른 아이디어가 나를 찾아오는 거지.

미쓰로 그건 좀 너무 신비주의적인 발상이야.

나가다 그런 선을 그으면 안 되지.

체념의 선 바로 앞을 과학이라고 하고, 그 선의 저편을 신비주의라고 하지. 도망치는 것은 훌륭한 과학자의 태도가 아냐. 실제로 일본이 자랑하는 물리학자 난부 요이치로南部陽一郎 선생이 좋은 예라고 할 수 있지. 그는 침실에 늘 메모지를 둬. 자는 동안 꿈속에서 아이디어가 떠오르기 때문이야. 난부 선생은 자리에서 일어나면 바로 그 아이디어를 메모하지. 그 외에도 토머스 에디슨. 그는 이렇게 말했어.

"나란 존재는 자연계의 메시지 수신기다. 나는 자신의 머리로 발명한 것이 아니라 우주라는 커다란 존재가 보내는 메시지를 받아서 그것을 기록했을 따름이다."

에디슨은 강령술 같은 것도 믿고 있었고, 신비주의와 과학 사이에 선을 긋지 않았어. 만년에는 모든 시간을 '저 세상과 교신하는 전신장치Spirit Phone' 발명에 바쳤을 정도니까.

겐지 하는 짓이 거의 미쓰로잖아. 저기, 얼마 전에 노래방에서 무지 취해서는 '난 악마를 불러냈어!' 하고 외쳐댔지? 결국 실패했다고 해서 다들 웃고 말았지만, 그거 개그가 아니고 진짜였네.

나가다 아무튼 이 세계에는 아직 인간이 이해할 수 없는 미지의 에너지가 넘쳐나고 있어. 그것을 알 수 있을지도 모른다는 생각을 하면 가슴이 두근거리지 않아? '앎'에 대한 갈망만이 자네들의 인생에 빛이 되어줄 거야. 인간은 알아가는 생명체. 묻고 배우고, 배우고 묻는. 앞으로도 학문에 열중하는 사람이 되기를. **리스펙트!**

세 사람은 36시간이나 깨어 있었다. '걸으면서도 잘 것 같다'고 말하고, 실제로 집까지 오는 길에서 군데군데 기억이 없는 미쓰로에게 겐지가 말했다.

"어라, 레이코 아냐?"

돌아갈 수도 다른 길로 꺾어들 수도 없는 '눈의 벽'이라는 운명이 3분 후에 네 사람에게 제각기 흩어질 것을 명령했다.

세 사람의 졸음은 눈 내리는 하늘 위로 솟구쳐 올라 흩어져 버렸다.

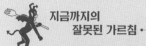
악마의 속삭임

누군가를 긁어라!
너는 오로지
그것만을 위해
태어났다

장점을 발전시키는 방법
a way to blow away your anger

하나로서는 불가능했던 것을 체험하기 위해 나뉜 우주.

다른 존재에 대해 상냥할 수 있는 능력도 혼자서는 사용할 수 없다.

사용하는 자가 '나'이므로 그것을 사용하는 대상은 늘 '누군가'여야 한다. 요컨대 '나'에게 주어진 모든 능력은 남을 위해 사용하기 위한 것이다.

너는 우주의 효자손이다.

타인이라는 '다른 나'를

긁어주기 위한 도구이다.

그런 자신의 발생 이유를 알았다면, 당신에게 주어진 능력을 남을 위해 사용하라. 그러면 더욱더 그 능력이 강해진다.

당신이 잘하는 분야, 뛰어난 능력을 아낌없이 남을 위해 사용하는 것이다. 아무것도 모르는 선한 세력이 '자신을 위해 노력하라'라고 가르친다.

아니다. 능력은 남을 위해 사용할수록 강해진다.

waiting...

12

당신은 하나도 나쁘지 않다

당신은 하나도 나쁘지 않다

누구든 '나쁜 짓'을 한다

자연계는 언제나 아름답다. 그것은 뭔가가 되고자 하는 희망을 다 버렸기 때문인지 모른다.

나무는 그냥 흔들린다. 바람이 부는 방향으로.

눈은 그냥 떨어져 내린다. 자신이 어디로 가는지 알 바 없이.

커다란 '전체라는 흐름'에 따라 움직이는 존재들, 거기에서 질서 잡힌 아름다움을 찾아볼 수 있다.

그 커다란 흐름으로 떨어져 내려 쌓인 아름다운 결정들 위에서 흐름을 거슬러 어떻게든 해보려는 추한 인간들의 언쟁이 시작되고 있었다.

레이코   그러니까 왜 바람을 피웠느냐고 묻잖아? 믿었는데!
        그리고, 겐지! 네가 카데루를 미팅 같은 데 데리고 간
        게 잘못이야! 어떻게 할 거야!!
겐지   엉? 나한테 화살을 돌리는 거야? 그건 아니라니까,
        그……, 응?

겐지는 그렇게 말하고 곁에 선 '다른 나'를 팔꿈치로 찔렀다.
그것이 도와달라는 신호라는 것을, 중력자를 사용하지 않고서
도 금방 알 수 있었다.

미쓰로   잘 들어, 레이코. 우선 카데루는 잘못이 없어. 오히려
        희생자야. 겐지가 미팅에 가자고 말했으니까. 그렇지
        만 겐지에게 모든 잘못을 덮어씌우기는 아직 성급하
        다구. 마코토가 나빴어. 진짜 미팅에 오기로 했던 마
        코토가 갑자기 알바가 생겼다며 못 간다고 했으니까.
        그러니까 마코토 잘못이야.
        그런데 또, 마코토의 알바 자리를 지키던 사쿠라바가
        배탈이 나서 알바를 쉰 거야. 그러니까 사쿠라바가
        가장 나빠.
레이코   하고 싶은 말이 뭐야!
미쓰로   그러니까 카데루도 겐지도 잘못이 없다는 거지! 사

쿠라바가 알바를 쉬는 통에 마코토가 미팅에 못 가게 되었고, 그래서 초조해진 주최자 겐지가 어쩔 수 없다고 여친 있는 카데루를 데리고 간 거야. 그러므로 모든 잘못은 사쿠라바에게 있어! 그 자식이 배탈만 안 났어도! 위장약 정도는 가지고 다녀야지. 그렇잖아, 레이코.

레이코　뭐?

미쓰로　아무튼 카데루는 잘못이 없어. 카데루는 그냥 희생자에 지나지 않아. 죄를 뒤집어쓴 겐지도 희생자고. 이런 눈 속에서 침이 마르게 설명해야 하는 나도 희생자고. 그리고 범인은 너야.

레이코　그만둬! 카데루, 너만 내 방으로 가서 설명해! 나머지는 꺼져!!

친구 커플의 사랑 싸움에서 벗어났으니 기뻐서 날뛸 만도 했다. 그런데 왜일까. 팔을 잡힌 채 휘날리는 눈 속으로 사라져가는 '다른 나'의 뒷모습에 왠지 가슴이 아렸다.

분명히 수면부족 때문이라 생각하며 방으로 돌아간 미쓰로를 또다시 수면부족으로 몰아갈 존재가 기다리고 있었다.

악마　과연 사쿠라바가 나쁜 거냐?

미쓰로　당연히 그렇죠. 결국 그날 그 자식이 배만 아프지 않았더라면 카데루는 바람도 피우지 않았을 테니까요.

악마　인간은 누군가에게 죄를 전가하려는 버릇이 있어. 왜지?

미쓰로　자신은 죄를 짓지 않았다고 주장하고 싶으니까! 신에게 잘 보여서 천국에 가고 싶으니까.

악마　그렇다면 좋은 소식이 있어. **인간은 누구나 잘못된 짓을 하니까 자신의 선행을 어필할 필요가 없어.** 다들 고만고만해. 차이가 없는 거지. **왜냐하면 살아간다는 것은 누군가에게 피해를 주는 것이니까.**

　　　잘 들어, 서퍼가 둘 있어. 아침부터 저녁까지 바다에서 나올 생각을 하지 않는 상대를 보고, 한쪽이 '잘도 오줌을 참네'라고 말했어. 그러자 다른 쪽이 '바다에서 그냥 해버려'라고 대답해. 그 말에 다른 한쪽이 화를 내.

　　　"더러워! 네 오줌 때문에 내가 오염되잖아! 화장실에서 싸! 나는 저기 해변의 화장실에 가서 볼일을 본단 말이야! 규칙을 지켜!"

　　　그러자 상대방은 이렇게 대답하는 거야.

　　　"그 화장실 물은 하수관을 타고 이 바다로 흘러들어."

　　　너희 인간은 자신이 나쁜 짓을 하지 않았다고 침을

튀기며 주장하지만 그건 좀 아냐. **자신이 나쁜 짓을 저질렀다는 것을 모르고 있을 뿐이야. 어떤 선행도 같은 양의 악행을 내포하므로 당연한 일이지.** 모든 것은 양면을 가지고 있어. 그것은 **모든 행동에도 똑같은 양의 좋고 나쁨이 들어 있다는 것**을 말해. 그런데도 눈에 보이는 좋은 부분만을 드러내고 싶어 하는 선한 인간이 이 세상에 넘쳐흘러. 그 에너지의 틈새를 뚫고 짐은 지옥에서 찾아온 거야.

공포의 러시안 룰렛

미쓰로   그렇지만 사쿠라바가 위장약을 가지고 다니기만 했어도 카데루는 바람을 피우지 않았어.

악마   그럼 제약회사의 이 지역 영업담당자가 나쁘다고 해야잖아? 열심히 영업을 뛰어서 사쿠바라에게도 위장약을 강매했다면 카데루의 바람기를 막을 수 있었어.

미쓰로   그런 식으로 말하면 이 세상 끝까지 다 연결되고 말지.

악마   내 말이 그 말이야. 일련의 흐름을 끝까지 따라 가본들 원인은 밝혀지지 않아! 최초의 계기가 된 사건을 인간은 원인이라고 하지만, 애당초 그런 건 이 세상 어디에도 존재하지 않아. **왜냐하면 이 세상 모든 것은 '결과'의 세계니까.**

이 세계에 나타난 시점에서 이미 결과야. 그런 세계의 어디를 뒤져본들 최초의 계기라 할 원인 같은 건 절대로 찾아낼 수 없어.

미쓰로　그럼 아무에게도 잘못이 없다는 거야?

악마　아무도 잘못하지 않았고 그 누구도 잘하지 않았어. 누구도 나쁘고 누구도 좋아. **애당초 그런 판단 자체가 환상이니까.** 범인을 특정하는 것도 환상.

미쓰로　범인을 특정한다구?

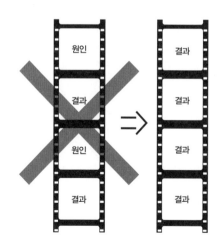

악마　범인이라는 타협점이 대충 있겠지? 일련의 흐름을 아무리 따라 가본들 최초의 계기 따위 찾을 수 없는데도 너희는 원인을 찾아 헤매. **없는 것을 찾아 헤매니까 그 작업은 타협의 연속이야.** "이 정도면 됐어!" 하고 적당히 자신이 타협한 지점을 원인이라고 불러. 그 가장 가까운 타협점이 눈앞의 타자의 '의사'라는 거야. 상대의 의사 때문으로 하고 싶어. 바람을 피운 것은 그의 의사 탓이라고. 그렇지만 이건 심한 착각이야. 왜냐하면 그 '박약한 의사'를 길러낸 것은 그 사람 자신이 아니니까. 그러면 남친의 어머니나 남친의 학교선생을 비난해야 하나?

미쓰로　허참, 갑자기 전 여친이 초등학교 때 담임선생 앞에 나타나, '카데루가 바람을 피운 것은 당신 탓입니다. 더 철저히 도덕적 책임감을 길러주었더라면……' 하고 닦달한다면, 그건 이미 공포영화를 넘어선 거지. 너무 소름 끼쳐.

악마　그럼 이번에는 '나'의 잘못이라고, 이번에는 자신에게 그 원인을 찾아봐.

'나의 매력이 부족해서'

'더 잘해줬더라면'

'그날 가는 것을 막았더라면'

'애당초 그런 남자를 사귀지 말았어야 했는데'

이렇게 자기 자신에게 원인을 찾는 것도 모두 환상이야. 이를테면 '나의 매력이 부족해서'라고들 하는데, **당신의 매력이래야 지금까지 만난 모든 환경이 만들어낸 거야. 당신 작품이 아니야.** 초등학교 6학년 여름방학 때 립스틱 바르는 법을 가르쳐 준 숙모를 찾아갈 건가?

미쓰로   '숙모…….' 립스틱 바르는 법을 잘못 가르쳐줘서 남친한테 차이고 말았어. 나한테 제대로만 가르쳐줬어도……'라고 항의하는 여자가 있다면 이건 아까의 공포영화의 속편이잖아?

악마   그러면 다음으로 상대도 아니고 나도 아닌 제3의 방향으로 원인을 찾으러 나가 보지. 먼저 미팅에 가자고 한 친구가 나쁜 놈이 돼. 겐지가 카데루를 꼬드기지만 않았어도 그 사건은 일어나지 않았다고. 그런데 네가 레이코한테 말했듯이 그건 누명이야. **그렇게 범인을 특정하는 건 단순한 타협점이 될 뿐, 앞으로 더 이어져 나가게 돼.** 겐지에서 마코토로, 마코토에게서 사쿠라바로, 사쿠라바에게서 제약회사의 영업사원으로……. 누구의 탓으로 이어지기 시작하면 영원히 해결되지 않아. 이렇게 영원으로 이어지는 흐름 속에 최초의 요인은 나타날 수 없어. 지구를 몇 바퀴 돌다가 우주의 기원에 이르게 될 거야. 어떡할 거야? 이 사건에 관련된 용의자 전원을 체포라도 할 거야? 관계자는 지구만 해도 70억이 넘을 텐데.

미쓰로 지구인을 모두 체포할 수야 없지. 체포하는 사람도 지구인이니까.

악마 지금 그 이야기를 하는 중이라니까. **이 세계에서는 아무도 잘못이 없어. 그리고 모두에게 잘못이 있어.**

미쓰로 그렇지만 어딘가에 특정한 원인이 있다는 느낌이 들고, 이 께름칙한 마음을 누구의 탓으로 돌리고 싶다니까.

악마 에너지를 방출해버릴 수 있는 어떤 장소를 찾는 것

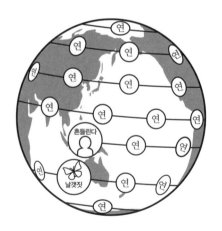

뿐이야. 올바름 탓에 어떤 욕구가 가슴속을 가득 채우고 있으니까. 아무튼 누군가의 탓으로 하기만 하면 그쪽으로 에너지를 다 쏟아부을 수 있지. 이건 정말 무서운 러시안 룰렛이야. 머물 곳은 어디에도 없어. 상대도 아니고 나도 아니고 남도 아니야. 아무튼 어딘가에서 멈추기만 하면 너희는 거기에 에너지를 온 힘을 다해 집중포화하는 거야. **멈추어서 그 타협점이 타자일 경우에는 그 상대를 사정없이 깨부수고, 자기일 경우에는 때로 생명이 위험할 만큼 '나'를 죄의식의 늪으로 밀어넣어버려.** 그러나 범인은 망상이야.

미쯔로   에너지를 방출하기 위한 러시안 룰렛…….

'올바름'이 만들어낸 욕구불만

악마 **애당초 너희 인간에게 '작은 욕구'만이 있었어.** 자기라는 생명체를 유지하기 위해 필요한 아주 사소한 욕구. '먹고 싶다' '마시고 싶다' '자고 싶다' '걷고 싶다' '자유롭고 싶다'.

그런데 선한 세력이 나누어준 '올바름'이 이러한 욕구들을 억압한다. '지금은 먹어선 안 돼' '그건 먹어선 안 돼' '거기는 가선 안 돼' '숙제 다할 때까지 자면 안 돼'

욕구를 억압하면 에너지에 뒤틀림이 생겨 스트레스가 일어나. 그러나 인체의 DNA는 아주 우수해. 그 스트레스조차도 몸 밖으로 배출하는 방법을 알고 있어. 이를테면 답답할 때는 팔다리를 마구 움직이고 싶어지는 행동욕구가 일어나.

이것은 에너지를 방출하는 움직임이나 자세를 DNA가 제대로 알고 있기 때문이야. 아기가 팔다리를 버둥거려. 왜냐하면 팔다리를 버둥거리기만 해도 답답한 에너지가 몸에서 빠져나간다는 것을 알기 때문이지. 조금 자라서 초등학생이 되면 억지로 공부를 하게 돼. 그러면 아이는 등을 구부정하니 구부리고 무릎을 끓고 늘어져. 이런 자세에도 의미가 있어. 그러는 편이 인내하는 에너지를 몸 바깥으로 배출할 수 있으니까. 그런데 그 방출 자세조차도 올바른 세력이 교정을 해. 등을 쭉 펴라고 말이야. 억지로 몸을 쭉 뻗는 자세는 우주에서 에너지를 받아들이는 것이기 때문에 방출하고 싶은 몸속 에너지와 충돌을 일으켜. 이렇게 하여 에너지의 원리를 아무것도 모르는 올바른 세력 덕분에 사회적인 범죄 같은 게 생겨나게 돼.

미쓰로   과연. 자그만 욕구를 '올바름'으로 억압하면 범죄로 변하는구나. 그렇지만 '흉악범'은 어떻게 해요?

악마   **애당초 '흉악'이라는 개념이 환상이야.** 그런 건 아무데도 없어. 아기는 쌓아올린 장난감 집을 '아!' 하고 외치며 무너뜨려. 그때 거기에 나무조각이 아니라 권

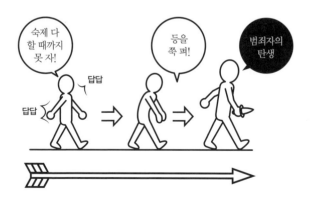

총이 있었다면 흉악범이 되고 말아. 초등학생은 사람이라면 거의 다 사랑해. 그런데 어른이 되면 그게 불륜이 되고 말아. **권총을 곁에 둔 것도, 결혼제도를 만든 것도 자기 자신이 아냐.** 그런데도 너희는 스스로를 죄인이라 생각하고 자책하지. '자신만이' 그런 이상한 생각에 빠진다며 자책을 해. 사실은 사회가 모든 사람에게 있는 작은 욕구에 불을 지펴 흉악범이라는 환상을 만들어낸 것일 뿐이야.

미쓰로   그럼 사회가 나쁜 건가?

악마   **그러니까 '누군가의 잘못'이라는 건 없다고. 그런 식으로 늘 어떤 특정한 뭔가의 탓으로 돌리려는 그 자세야말로 이 이상한 사회를 만들어낸다고 해야겠지.** 늘 자신의 바깥 세계에서 '판정기준'을 찾으려는 상태니까. 누군가가 정해달라는 거지. 나는 그 올바른 판단에 따르겠노라고. 자신의 바깥 세계는 환상인데도 거기에서 '백이냐 흑이냐'라는 정답을 찾아 헤매고 있지. 그런 놈들을 속이는 건 간단해. 이를테면 '오른쪽 콧구멍으로 숨을 쉬어서는 안 돼' 하고 신이 말했어. 물론 종교가가 신의 명령이라고 말하는 거야. 그러면 너희는 일제히 왼쪽 콧구멍만으로 숨을 쉬려고 노력하기 시작해.

미쓰로　그건 금방 들통이 날 거예요. 그런 명령 자체가 이상하니까요.

악마　아냐, 들키지 않아. 너희는 도둑질도 불륜도 총기난사도 쓰레기불법투기도, 사회가 강제하는 올바름을 결코 의심하려 하지 않아. 너희는 화폐제도를, 결혼제도를, 총기제작회사를, 석유회사를, 그 올바름을 의심하지 않고 오로지 자기 스스로를 책망하기만 해. 자, 봐봐.

《화폐제도》

종잇조각으로 땅을 살 수 있다니, 이건 무슨 시스템이야? 소유 같은 건 환상에 지나지 않는데도, 사과가 '저건 내 거다!'라는 주장을 할 수 있도록 발행된 종잇조각을 있는 힘을 다해 믿는다.

《결혼제도》

사랑만큼 멋진 것은 없다고 교회에서 그렇게 가르치는데도 '다수의 사람을 바라봐서는 안 돼'라는 주의사항을 외워두어야 한다. 멋진 것인데도 단 한 사람만을 바라보아야 하다니, 구멍 하나만으로 숨을 쉬라는 말보다 더 이상하다.

《총기난사》

속이 답답하다고 그냥 총을 쏘아대는 이상한 인간도 있으니까 당신도 총 한 자루 정도는 가지고 있어야 한다고 선전하는데, 그 반대잖아. 답답할 때 곁에 총이 있으니까 사고가 나는 것이다. 그 사람 곁에 나뭇조각이 놓여 있다면 아무도 죽지 않아도 된다.

《불법투기》

다람쥐는 도토리껍질을 숲에 버린다. 수달은 조개껍데기를 바다에 버린다. 귀찮다는 감정을 억누르고 쓰레기를 봉지에 담아 집으로 가져오는 건 인간뿐인데, 아무도 그 비닐이라는 존재의 '올바름'을 의심하지 않고 오로지 귀찮다는 감정을 일으키는 자신을 의심한다. 앞으로 5년만 지나면 1년 안에 분해되는 플라스틱 소재가 나온다. 그러면 쓰레기 불법투기에 죄의식을 가지는 사람도 없어질 것이다.

악마　　그것 말고도 여러 가지 이상한 것들이 있지만, 그 모든 것이 오랜 세월 '올바름'을 의심하지 않았기 때문에 사회가 이상해진 결과라고 해야겠지.
　　　　어떤 흑인 노예의 수기에 이런 구절이 있어.
　　　　'신이시여, 침대에서 자고 싶어 하는 내가 그 얼마나

죄 많은 인간인가요.'

미쓰로 침대에서 자고 싶어 하는데 그 사람이 왜 이상하다는 거예요?

악마 그 긴장감을 기억해 둬. 30년 후에 누군가 같은 긴장감을 가지고 짐에게 이렇게 말할 거야.

'많은 이성을 사랑하고 싶어 하다니, 그 사람 어디가 이상하단 말이에요?'

'쓰레기를 그냥 버리고 싶어 하는데, 그 사람 어디가 이상하단 말이에요?'

노예제도가 올바르다고 믿던 시대의 사람 기분 같은 걸, 그 '올바름'이 해소된 현대를 살아가는 너희들이 어떻게 알까. 그처럼 결혼제도나 화폐제도가 올바르다고 단지 믿고 있을 따름인데도, 욕구를 억누르며 이렇게 말해.

'신이시여, 왼쪽 콧구멍만으로 숨을 쉬고 싶어 하는 나는 이 얼마나 죄 많은 인간인가요?'

바빌론은 당신의 마음

미쓰로   그러니까 역시 지배자가 나쁜 거죠? 밤에 교실 창을
        부수자! 바빌론에 저항하자!

악마   **룰을 파괴하는 자가 더욱더 룰을 강화하고 말아.** 룰이
        잘못되었다고 하는 건 내 룰이 타당하다고 말하는 것
        과 같아. **어느 쪽이든 결국 올바름의 칼을 휘두르고 있
        을 뿐이야.** 선한 세력이 하는 일과 똑같아. **짐은 모든
        올바름을 버리라고 말하는 거야.** 올바름이라면 어떤
        것이든 다 버려! 선한 세력의 세균이 달라붙어! 올바
        름을 만졌으면 바로 손을 씻어! **외부의 누군가가 나
        쁘다고 생각하니까 자신의 올바름을 휘두르고 싶어
        하는 거야.**

미쓰로   그럼 어떡하란 말이에요? 지배자도 세계도 사회도
        자신도 상대도 모두 나쁘지 않다면, 정말 어쩌란 말
        입니까?

악마   **어쩌면 좋으냐고, 외부를 향해 묻지 말라고 여태 그렇
        게 말했잖아!** 늘 거울 관계에 있는 '세계'에 대해, '어
        떡하면 돼?' '해답을 가르쳐줘!' '누군가 정해줘!' '거
        기에 따를게!'라고 말하는 거잖아? 그러니까 제대로
        자신의 바람이 이루어지고, '정답을 던져주는 누군

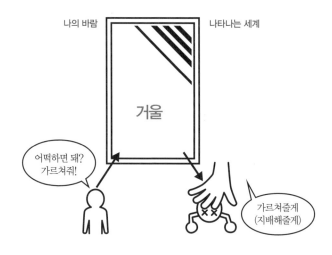

가', '따르고 싶은 누군가'가, '나를 지배해줄 누군
가'가 사회에 나타나는 거지. **바빌론은 네 마음이 낳
은 것이야.**

미쓰로   정말 그렇다. 외부에서 답을 구하는 나의 마음이 원
인이었던 거야. '원인을 찾는 자세 = 정답을 가르쳐
줘!'라는 자세가 지배받고 싶다고 말하고 있었던 것
인가…….

악마   어디에도 원인이 없는 이 세계에서 '원인과 해결책'
을 얻으려 환상을 쫓기 시작한 자가 **자기 마음의 바
빌론에 고통받고 있을 따름이야.**

누군가가 정해줘! 누군가가 지배해줘! 누군가가 '올

바름'을 제시해 줘!

이렇게 해서 저 혼자 바빌론에 괴로워한다. 선한 세력 같은 건 사실은 어디에도 없다. 올바른 가르침을 퍼뜨리는 자도 사실은 어디에도 없다. **오로지 올바른 가르침을 늘 갈구하는 '나'만 있을 뿐.**

미쓰로   다시 말해 '올바름'을 외부에서 구하는 태도가 모든 괴로움의 원인이 아닌가. '어떡하면 좋아?'라는 나의 태도가 외부에 자기 조절권을 넘겨주므로, 거기에 고통받는 것인가.

악마   정답을 스스로 찾아내다니, 참 희한한 일도 다 있네. **누군가의 '올바름'에 따르면 편하긴 해.** 너를 만난 날부터 짐은 몇 번이나 말했어. 모든 '올바름'을 의심하라고. 이미 가슴에 품고 만 '올바름'을 버려라. **그리고 이제부터 더는 바깥에서 새로운 '올바름'을 갈구하지 말라!**

도대체 얼마나 오래 잠을 잤을까? 잠이 오는 건 혹시 다른 '나'로 빨리 바뀌고 싶은 충동의 발현일지도 몰라. 이 세계와는 완전히 다른 더욱더 먼 세계로 빨리 옮겨가고 싶다고. 시끄럽게 울려대는 핸드폰 벨이 미쓰로에게 그런 생각을 하게 했다.

겐지   미쓰로, 농담 아니니까 잘 들어. 너, 혈액형이 뭐야?

카데루가 칼에 찔렸어. 수혈이 필요해.

'악' 같은 건 어디에도 없다고 말한 악마를 두들겨 패주고 싶은 기분이었다.

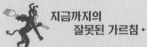
악마의 속삭임

올바름을
따르고 싶어 하는
당신의 나약함이
'나쁜 인간'을 만들었다

'욕구'를 나쁜 것으로 만들지 않을 방법
a way to blow away your anger

세상에는 나쁜 것과 나쁜 행위, 범죄 등이 사실 존재하지 않는다. 오로지 사소한 '욕구'가 있을 따름이다. 그런데 올바름에 겁을 먹은 너희는 욕구를 마음 깊은 곳에 감추어버렸다.

깊은 곳에 감추면 감출수록 욕구는 위로 떠오르기 위해 부풀어 오른다. 그리고 어느 날 갑자기 범죄로 터져 나온다. 그러므로 그것이 아주 작을 때 해소해버리면 범죄 따위 일어나지 않는다. 그래서 나는 마음 깊은 곳에 감추어둔 자신도 잘 모르는 그 욕구를 찾아 해소하는 방법을 가르쳐 줄 것이다.

뉴스나 와이드쇼 같은 데서 비판하고 싶어지는 범죄에 대해 '나도 그 기분 알 것 같아'라고 말해본다. 불륜을 저지른 연예인을 범죄인 취급하는 아주머니일수록 불륜을 저지르고 싶어

한다.

자신은 '올바름'의 명령에 따라 참아 온 욕구를 당당하게 해치워버리는 인간을 보았을 때, 마음 깊이 저며 있던 에너지가 집중포화를 받는 현상, 그것이 바로 비판이다.

자신이 하고 싶었지만 참았던 것을 아무렇지도 않게 해치우는 '나쁜 인간'이 사실은 부러워 죽을 지경이다. 그러므로 비판하고 싶어진다는 것은 사실 자신이 하고 싶었던 것이라는 관점을 가지기 위해서 나쁜 사람의 악행에 대해 '나도 그런 기분 알 것 같아. 나도 하고 싶어'라고 말해 본다.

요컨대 '악'을 그냥 허용한다!

불륜을 저지른 아내를 책망하기 전에 '당신 기분 알 거 같기도 해. 나도 여러 사람을 사랑하고 싶어'라고 말해보라. 농땡이를 치는 종업원을 나무라기 전에 '나도 자네 기분 알 것 같아. 모든 사람이 힘들지 않게 사는 사회가 좋지 뭐'라고, 나도 하고 싶고, 나도 그 기분 알 것 같다고 몇 번 되뇌어보는 것이다. 너무 꼭꼭 숨겨서 스스로도 몰랐던 욕구가 당신 눈앞에서 타자에 의해 드러나고 있을 따름이다.

말을 바꾸면 이렇게 된다.

나쁜 인간은 당신을 위해 당신의 눈앞에서 나쁜 짓을 하고 있다.

당신이 알아차리게 하려고. 그러니 그냥 악을 허용해 보라. '그대를 인정한다'라고 말해 보라. 그러면 자신이 '올바름'에 겁을 먹고 감추고 있었던 '나도 하고 싶었던 것'을 발견하게 될 터이고, 그 '욕구'가 부풀어 오르기 전에 해방시킬 수 있다.

13

불가능이란 올바름을 넘어서지 못하는 자의 변명

불가능이란 올바름을
넘어서지 못하는 자의 변명

우주에서 가장 가고 싶은 장소가
바로 눈앞에

'나'는 어떻게 시작되었을까?

시작되면 이미 거기에 있고 끝나면 늘 거기에 없다. 이런 이상한 현상을 어떻게 '나'가 해명할 수 있을까. 잘 생각해보면 그런 '나'의 여행은 참으로 길었다. 아니, 길었는지 짧았는지조차 모른다. '나'에게는 '나'의 체험밖에 없으므로. 아무튼 지금은 '나'라는 존재를 인정해주는 '누군가'의 목소리만을 더듬어보고 싶었다. '이름'이 뭐든 '나'다움을 이 세계로 되돌려주기 때문에.

미쓰로　어이, 카데룻! 카데룻!

농담은 표정만으로 해!! 카데룻!! 어이!! 아…….

눈 떴다!! 어이, 카데루!!

카데루　꿈을 꾸었었나?

미쓰로　그래. 그건 꿈이야. 그런 이상한 여자 잊어버려. 넌 이
제 괜찮아. 내 뜨거운 피가 흘러들어갔으니까.

카데루　그랬구나. 그게 꿈이 아니었어.

미쓰로　뭐야, 여자 이야기가 아니라 '세계' 이야기였어? 무슨
꿈을 꿨는데?

카데루　초등학생이었어, 거기서는 늘……. 하긴 그쪽은 늘
그 꿈속에서 이야기할 수 있으니까. 그때 너도 똑같
은 '세계'에 있었으니까.

어이, 미쓰로. 모든 '올바름'을 넘어서도록 해. 넌 누
구보다 진지하잖아. 노래방에서도 올바른 음정으로
부르려다가 결국 한 곡도 못 부르고 말잖아. 너는 그
냥 외치면 돼.

미쓰로　뭐야, 갑자기.

카데루　모르겠어. 나, 이제 사는 동안에는 자메이카에 못 가
볼 것 같지? 친구로서 진지하게 묻는 거야. 거짓 없이
진심으로.

미쓰로　의학을 믿는다면. 갈 수 없어. 피가 모자란다든지, 그

런 문제가 아닌 것 같아.

카데루   그렇구나……. 모든 종교가 지향하는 게 바로 이런 것이었을 거야. 어떻게 하면 '죽음'의 공포에서 벗어날 수 있을까. **'나'가 가장 두려운 것은 '나'의 소멸이야.** 그런 의미에서 우리의 졸업논문은 아주 타이밍이 좋았어. **모든 인간양복 속에 들어 있는 것은 똑같은 One이니까, 뭔가가 우주에서 사라지는 일은 애당초 없어.**

미쓰로   맞는 말이야. 잃어버릴 것은 아무것도 없어. 나도 '다른 나'이고 겐지도 밥 말리도 미래의 '누군가'도 전부 너 그 자체야. 다른 네가 형태를 바꾸어 그 사람을 체험할 따름이야.

카데루   그렇지만 무서워. 지금 이 장소에 오니까 알겠어. 이것을 체험했다면 반드시 알게 돼. 그런 건 아무 소용이 없어. 두려워. 그렇지만……. **두려움을 즐기는 방법은 그냥 계속 두려워하는 것이지?** 그럼 나, 이걸로 됐어. 그냥 떨고 있을 거야, 이대로.

미쓰로   이게 꿈이라면 빨리 깨어나고 싶어, 진짜로.

카데루   그래? 난 그렇게 생각하지 않아. **애써 꿈속에 들어왔으니 꿈을 즐겨야지.** 꿈이란 건 누군가가 미치도록 그곳에 가고 싶어 수도 없이 바라고 바란 결과로 겨우 '생성된 세계'를 두고 하는 말이잖아. **이것이 꿈이라면 깨지 말았으면 좋겠어. 누군가가 이런 '나'라도 체험하고 싶어 하니까. 즐기고 있을까, 그 자식?**

미쓰로 그 자식이 너 자신이야.

카데루 아, 그랬었지. 'I'의 모든 것이 'One'이고, 'One'은 모든 'I'. 나, 밥 말리의 환생이라고 진짜로 믿었는데, 내가 이제 밥 말리로 다시 태어날지도 몰라. **과거도 미래도, 순서는 아무 관계없으니까.**

미쓰로 순서는커녕 애당초 전부가 카데루였다니까. 지금 너랑 이야기하는 나조차도 카데루야. 진짜로 무서운 세계라니까.

카데루 그렇다면 역시 전생의 기억 같은 건 없는 게 좋겠네. 그리고 미래에 무슨 일이 일어날지도 숨겨두는 것이 **좋고. 과거를 성공적으로 잊었으니까 웃을 수 있고, 미래가 뭔지 모르니까 즐길 수 있어.** 앞으로 어떻게 전개될지 다 알아버린 게임이라면 난 절대로 안 해. 그래도 한 가지만은 마음에 걸려. 이 인생이 끝나기 전에 자메이카에 가서 간자 피우고 싶었는데.

미쓰로 그러니까 그런 생각 그만두래도 그러네. 다른 네가 대신해서 자메이카에서 피울 테니까.

카데루 **꿈은 이루어지는 것이 아니라 지금 이미 이루어져 있**

다는 것. 우린 말이야 꿈속에서 꿈을 이루려 했으니까 받아들여진 거야. **이미 이루어졌으니 눈앞에 그 꿈의 세계가 전개되어 있는 거야. 꿈속에서 전혀 다른 어딘가를 꿈꾸며.** 그리고 그 꿈을 꾸는 어딘가에도 아주 다른 '나'가 있어. 자메이카에서 지금 대마초를 피우는 그 자식, 그 눈앞의 행복에 감사해주면 좋겠어. 내 꿈이 거기에서 이루어졌으니까.

미쓰로　그럼 너도 감사해. 누군가의 바람이 '너'니까 말이야. '동성애자라는 의심을 살 수도 있지만 남자와 병실에서 손을 잡고 싶다'라고 애타게 원하는 어떤 놈 덕분에 지금 카데루라는 인간양복이 여기 준비되어 있으니까.

카데루　우리의 졸업논문은 정말 대단했어. 세계의 모든 사람들 눈앞에서 소원이 100% 달성되어 있다는 것을 발견했으니까. 너와 겐지가 그런 말을 했을 때는 정말 믿기지 않았어. 그렇지만 절대로 이것만은 사실이야. **누구든 그 눈앞에서 100% 소원이 이루어져 있다.** 이미. 그리고 그것을 깨닫지 못하는 것은 본인뿐이야.

미쓰로　그것을 깨달으면 눈 깜짝할 사이에 행복해져. 그렇잖아. **우주에서 가장 가고 싶은 장소가 바로 눈앞이니까.**

카데루　미쓰로도 어딘가 평행우주의 누군가의 바람이……

그래, 새끼손가락을 146개나 가진 불편한 외계인이 있어서 '손가락이 자꾸 엉키고 걸려서 살기 힘듭니다. 제발 다섯 손가락 세계로 보내 주세요' 하고 빌다 보니 지금 이 순간에 '너'라는 인간양복을 걸치고 있는 거야.

미쓰로 그럴지도. 손가락이 다섯 개밖에 없는 이 현실에 감사해야겠지. 건강도 지금 살아 있다는 것도……. 새끼손가락이 146개나 된다는 그 발상 말야, 아주 초현실주의적이라 웃겨. 핵심은 그냥 손가락이 아니라는 거지?

카데루 그럼. 새끼손가락이야. 새끼손가락만이 146개. 과연 형제. 피를 나눈 만큼 통하는 게 있어.

미쓰로 **모든 존재와 너는 형제지.** 같은 것이 몸속에 들어 있으니까.

카데루 그런가……. 나, 레이코를 원망하지 않아.

미쓰로 알아. 그리고 상대도 마찬가지야. 사랑과 증오는 같은 에너지의 양극이야. 그네의 법칙에 따르면. 너무 좋아하는 사람이란 꼴도 보기 싫은 사람이 되기 위해 탄력을 축적하고 있는 상태야.

카데루 뭐야, 그 법칙? 그럼 무지 싫은 사람이란 무지 좋아하는 사람이 되기 위해 탄력을 축적하고 있는 상태인가? 물론 이런 상태에서도 레이코를 좋아하게 될 것 같으니까. **이 세계는 왔다가 갔다가, 한 걸음도 나아가지 않아.**

미쓰로 그네가 멈추면 죽고 말아. 진실은 그네가 멈추었을 때 찾아온다고 말하는 성인에게 가르쳐주고 싶어. **이 그네의 즐거움을. 환상세계의 즐거움을. 있는 힘을 다해 미워하고 있는 힘을 다해 사랑하는 이 즐거움을. 바닥까지 무너져 흐느끼고, 배가 뒤틀릴 만큼 웃을 수 있는 이 나날의 멋들어짐을.**

카데루 다시 만날 수 있을까, 여러분과?

미쓰로 만나는 것을 넘어, '나'라는 분리가 사라지면 같은 하나야. 상상하기만 해도 속이 메슥거려.

카데루 **헤어지지 않으면 만날 수 없다는 거, 정말 신비로워.** 좀 더, 같이가 아닌 채로, 같이 있고 싶었는데.

미쓰로 어이, 카데루! 정신 차려, 계속 말해! 의식을 '나'에게만 계속 맞추는 거야.

어이, 눈을 떠!!

쓰잘데없는 말을 계속하는 거야!! 언제까지고 떠드는 거야!!

그렇잖아, 이 세계 모든 것이 별 볼 일 없으니까?

영원히 계속하자니까, 쓸데없는 이야기!

어이, 어이, 안 돼!! 돌아가지 마! 아무것도 아닌 것으로. 뭔가로 계속 남아 있어야 해!

'하나'로는 아무것도 할 수 없다니까!

어이, 나의 때리는 능력을 발휘할 수 있게 해 줘!

너를 때리기 위해 난 너와 분리한 거야!

안 돼, 이래서는 뭘 위해 내가 너를 만났는지 알 수 없잖아!

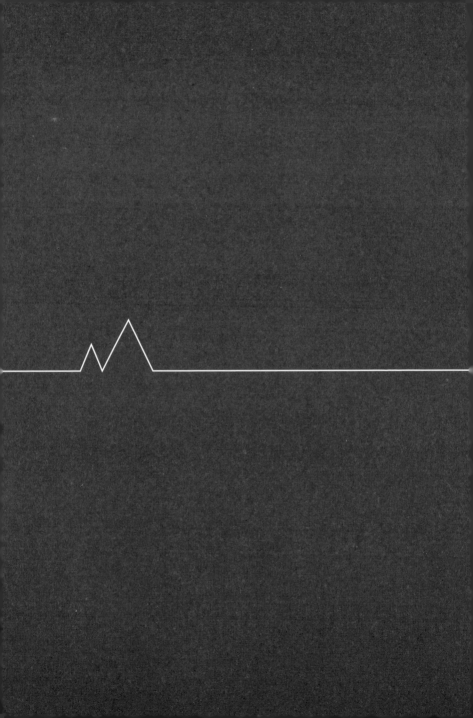

심전도의 그녀가 멈추었을 때의 적막은 해저보다, 폭설이 내린 날의 깊은 밤보다 더 깊었다. 그 모든 것을 내포한 무음無音은 몇 시간이나 미쓰로의 주변을 감싸고 돌았다. 병원 출구도 주차장까지 가는 길에 스쳐지나가는 구급차도 폭음처럼 터져나왔어야 할 카오디오의 음악도. 그리고 집으로 돌아가지 않고 들른 영화관에서도. 몸을 감싸고도는 그 무음은 마치 '세계'를 '나'에게서 빼앗아버리는 것 같았다.

그 정적을 최초로 깨뜨린 소리.

그것은 영화관 출구에서 저도 모르게 눈 내리는 밤하늘을 향해 터져나간 자신의 목소리였다.

미쓰로   줄거리를 다 가르쳐준 영화는 아무 재미도 없어, 젠장!! 대사 하나 빠뜨리지 않고 하나에서 열까지 전부 알려줬겠다!! 죽여버릴 테니까, 한 번 살아 돌아와봐!!

악마   아무리 소리쳐도 소용없어. 누구의 잘못도 아냐.

미쓰로   알아, 그딴 건.

악마   그럼 왜 어떻게 해보려 하는 거야?

미쓰로   어떻게 하려 하든, 어떻게 하려 하지 않든, 결국 어떻게든 해보려는 거잖아. 그러니까 내버려두란 말이야. 나는 내 힘으로 어떻게든 해보고 싶어. 어찌 해볼 도리도 없는 이 세계를. 당신, 악마 맞지? 이 시간의 흐름을 바꿀 수 없어?

악마   시간의 흐름을 바꾸고 싶다는 바람은 이미 이루어졌다구.

미쓰로   방법이 없느냐고, 지금 묻잖아!!

악마   방법이 없느냐고 묻고 싶은 그 바람이 이루어졌지.

미쓰로   그런 원칙은 나도 알아! 그렇지만 카데루가 칼에 맞지 않고 지금 살아 있다고 믿어도 눈앞에 나타나지 않잖아!

악마   **믿고 있지 않기 때문이야. 그리고 믿는 곳에서는 어김없이 그것이 일어나고 있어.**

미쓰로   카데루가 칼에 맞지 않고 살아 있는 평행우주가 있어? 있다면 거기로 가고 싶어!! 제발 데려다줘.

악마   갔어. 그 바람은 이미 거기에서 이루어졌어.

그 장소에서 이미 그것을 이룩한 '다른 너'가 있고, 여기서는 지금 어김없이 '그것을 이루고 싶어 하는 너'가 이루어졌어.

'無'에는 모든 소리가 있다

미쓰로 이치는 알겠지만, 아무튼 그 세계를 체험하고 싶어!!

악마 이유와 논리를 아직 모른다는 증거야. 그 세계에서 어김없이 너에게 '체험'이 일어나고 있으니까.

미쓰로 그렇다면 왜 그 기억이 없는 거야!! 내가 그것을 체험했다면 나에게 기억이 있어야 하잖아!

악마 **모든 것이 있는 장소에는 아무것도 없기 때문이야.** 체험이 체험을 서로 지우고 말아.

미쓰로 그건 또 무슨 뜻?

악마 보는 것과 보이는 것이 착 달라붙으면 '보다'가 사라지잖아? 수학으로 말하자면 −30과 +30이 있는 장소는 0이 돼.

그런데 0에는 아무것도 없는 게 아냐. 거기에는 −30과 +30이 어김없이 들어 있어.

'무'는 없는 듯이 보이면서 그 안에는 모든 것이 들어 있어. 삼라만상이. +6도 −6도, +7도 −7도.

모든 양수와 모든 음수를.

주체의 모든 것과 객체의 모든 것을.

나의 모든 것과 세계의 모든 것을.

즐거운 체험 모든 것과 슬픈 체험 모든 것을.

서로를 지워서 0으로

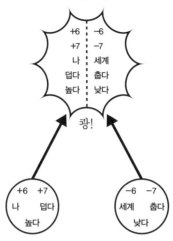

따뜻함과 차가움을.

높음과 낮음을.

상반되는 그 모든 것을.

그런 것들을 동시에 지금 가지고 있기에, 모든 것이 서로 상쇄되어 '무'로 보이는 거야. 그러므로 **오히려 없는 장소야말로 모든 것이 있는 곳이지.**

미쓰로   그렇구나……. 카데루가 있던 2003년 겨울이라는 기억과 카데루가 없는 2003년 겨울이라는 기억은 동시에 존재할 수 없다는 거네. 기억이 기억을 서로 지우기 때문에. **뜨거운 물과 차가운 물은 따로 존재할 수**

밖에 없구나.

악마   그럼 그럼. 너는 지금 그 두 세계를 살고 있어. 그 두
세계를 지금 동시에 체험하는 중이야. 신은 모든 체
험을 끝내고 있어.

미쓰로   젠장! 뭔데 그거!! 아무튼 이 답답한 속을 누구 탓으
로 돌리고 싶어!

악마   **그럼 악마 탓이라고 해. 짐은 '악'이다. 증오받는 일에
도 원망의 대상이 되는 일에도 익숙해. 전 세계의 '원
인'을 기꺼이 받아들이지.**

미쓰로   엉?

악마   진실된 시스템에서는 아무도 나쁘지 않아. 그러나 자
신이 나쁜 놈이라고 괴로워할 바에는 악마의 탓으로
돌리는 게 좋아. 부조리를 받아들일 수 없다면 악마
의 탓으로 해. 전쟁이 일어나는 것도 짐의 탓이야. 나
쁜 놈들이 세계에 우글대는 것도 짐의 탓. 노력하는
데도 보상받지 못하고 회한의 눈물을 흘리는 밤도 짐
의 탓. 절대로 놓치고 싶지 않은 생명을 빼앗기고 만
것도 짐의 탓. **모든 것이 악마의 탓이다. 나쁜 건 악마
뿐이다.**

미쓰로   당신 탓이 아니라는 것도 안다니까! 그렇지만 아무
도 나쁘지 않다는 건, 인간에게는 이해가 되지 않아!!

이럴 바에는 카데루를 만난 이 기억을 송두리째 지워 버리고 싶엇!!

악마   그건 간단해. 인간은 망각의 동물이니까. 너희들은 '나' 이외의 '나'의 기억을 전부 지우고 이런 게임을 즐겨. '다른 나'는 물론이고 작년의 나조차 지워버리 고 고통스런 기억도 잊고 잘도 살아가지. 카데루를 만 난 사실조차 애당초 없던 일로 하고 싶다면 짐이 이루 어주지. 물론 짐과 만난 이 기억도 지워질 테지만.

미쓰로   엉?

악마   지워버릴 거야.

아침. 눈을 떠보니 아까까지 다른 '나'를 산 듯한 느낌이 든

다. 그 '나'는 전혀 다른 모습으로 전혀 다른 하늘 아래서 전혀 다른 친구들과 웃고 떠든 듯한, 그런 기억만이 향기를 풍긴다. 그 향기는 몽롱한 시간과 함께 완전히 소실되기에 그저 기억의 섞임이나 착각이라고 하면 그만일 테지만.

그렇지만 왠지 확인하고 싶은 날. 이 세계의 어딘가에 그 증거를 찾아보고 싶어지는 날이 있다, 내가 '나' 아닌 인생도 살았다는 증거를. 그날도 처음 듣는 음악인데도 가슴에 아릿한 그리움을 불러일으키는 곡조에 눈을 떴다.

미쓰로　고쿠도……. 아침부터 뭘 듣고 있니?

고쿠도　몰라. 아이패드가 고장나서 유튜브에서 제멋대로 동영상이 재생됐어.

미쓰로　밥 말리구나. 들은 적은 없지만 왠지 귀에 익은 듯한……. 〈Jah Live〉. 이번 강연회에서 불러볼까. 흠, 노래 내용은…….

'I & I는, 알고 있는 신이 지금 살아 있다는 것을
아이들아, 신은 살아 있는 셀라시아이!'
이거 그 자식한테 물어볼까 봐.

그렇게 중얼거리고 미쓰로는 망가진 아이패드를 들고 집 근처 신사로 향했다. 계절은 빨리도 바뀐다. 어제까지 겨울이었던

것 같았는데 내리쬐는 여름햇살에 쓰러지고 말 것 같다. 진짜로 겨울과 여름 사이에 며칠 '다른 나' 같은 게 있었을까? 그렇게 많은 '나'를 나는 도저히 기억하지 못한다.

미쓰로   어이, 신이시여. 아니, 각하라고 부를까요?

신   언제부터 눈치챘어?

미쓰로   악마라고 하면서 이상한 인형을 내 눈앞에 내려놓는

순간부터죠. 그거 자라메가 인형뽑기 기계에서 딴 거고, 대학생 시절에는 마법진 같은 거 그런 기억도 없고. 일부러 모르는 척했어요.

신   모르는 척한다는 거, 나도 눈치 채고 있었지. 나, 신이잖아? 그러니까 모르는 게 하나도 없어.

미쓰로   나도 내가 모르는 척하는 걸 당신이 눈치 채고 있다는 걸 눈치 채고 있었어요.

신   나도 모르는 척하는 걸 눈치 챘다는 걸 눈치 채고 있다는 것을 눈치 채고 있었지.

미쓰로   뭘 하자는 겁니까. 이 쓰잘데기 없는 게임!

신   그게 인생이야. **서로가 '자기 자신'이라는 사실을 모른 척하며 살아가고 있어.** 어떤 때는 잊고 어떤 때는 연기하고. **모든 것을 숨기지 않으면 체험할 수 없는 것도 있으니까.** 시원하고 더운 것을 동시에 체험하는 방법 같은 게 있을까? 높으면서 낮은 장소에 갈 수 있을까? 우리는 어느 한 극에만 갈 수 있어. 체험하는 자가 그 극을 결정하는 것이야. 그러므로 악마와 천사는 동시에 나타나지 않아. **모든 것은 보는 자에 달렸어.** 악이라고 하며 보는 자가 있어. 선이라며 보는 자가 있어. 그것뿐이야. 실제로 네가 말하는 악마는 내가 아냐. 나의 다른 현상이지.

미쓰로   그렇지만 전부가 One의 현현이니까 결국은 똑같잖
         아요?

신   나타났을 때는 같지만, 그대로는 다른 느낌이지. 같
         지만 달라. 다르지만 같아.
         첫째, 에너지로 말하자면 악마의 반대 개념은 천사
         야. 신은 모든 이원론을 넘어서 있어. 그 체험자가 어
         느 쪽에서 보느냐가 문제지. 모든 '세계'는 그냥 그것
         뿐이야. 그런데, 무슨 일로?

없는 것이 아닌 것은 전부 있다

미쓰로   좀 알고 싶은 게 있어서요. **분명 처음인데, 익숙하고
         그리운 감각이 일어나는 음악이나 장소가 있는데, 어
         떻게 그런 현상이 나타나는 겁니까?**

신   그거야말로 모르는 게 좋을 때도 있다는 말의 좋은
         예라고 하겠지. **감추어져 있기에 그 그리움의 감각이
         일어나는 거야. 익숙한 듯 그립다는 것은 잊고 있었기
         에 느낄 수 있는 것이지.**

미쓰로   하긴 계속 기억하고 있는 거라면 그립다는 감각이 일

어나지 않겠죠.

신　　**그 그리운 감각은 하늘이 내려준 선물이야.** 잊은 척
하고 있는 너에게 다른 '나'가 보내는 선물이지. 모든
존재가 단 하나의 '특이점'에서 시작됐어. 뿌리가 같
으니까 설령 지금 떨어져 있다 하더라도 떠올리지 못
할 기억은 없는 거야. '나'에게 강하게 집착하지 않는
다면 누구든 문득 기억을 떠올리지. 완전히 다른 나
를 말야.

미쓰로　오늘 아침 그 음악을 듣고 느낀 그리움은 정말 기분
이 좋았어요.

신　　그럼 그 선물을 즐기면 돼. 전혀 다른 순간, 다른 장
소에 다른 나가 있다는 것을 명확히 이해하는 자라
면, 다른 세계를 생각하기보다는 눈앞의 귀중한 세계
쪽을 즐기게 돼 있어. **걱정하지 않아도 각각의 장소에
서 그 세계를 즐기는 각기 다른 존재가 있으니까.**

미쓰로　하긴 그렇겠습니다. 지금이야말로 우주 최고의 '꿈의
실현 장소'이니까요.

신　　어떤 '나'도, 어떤 기억도 잃지 않아. **우주의 질량은
늘 일정하지.** 더 이상 커지지도 않고 작아지지도 않
아. 그러므로 아무것도 잃지 않아. 늘 함께 존재하지.
그냥 '분리'라는 환상을 노닐고 있을 뿐이야.

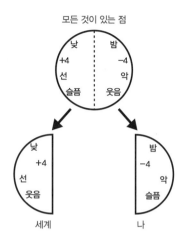

없는 것 말고는 모든 것이 있다.

있는 것 말고는 모든 것이 없다.

그런 세계에서.

미쓰로   모든 것이 내포된 '특이점'이 분리하여 '나'와 '세계'라는 두 가지 상태로 나뉘었으므로 **없는 것만이 있는 듯이 보인다. 반대로 함께 있는 것은 없는 듯이 보인다.** 이런 거죠. 정말 왜 이런 골 때리는 세계를 만들었습니까?

신   시스템적으로 그리되는 걸 어떡하겠어. 모든 것이 둘로 분리되면 나 쪽이냐 세계 쪽이냐로 나누어져. 이 세상에서 볼 수 있는 것은 모든 것이 세계 쪽이야. 요컨대 나 쪽에서 바라보면 반대편, 같이 있을 수 없는 거니까 없는 것이지. **나에게는 없는 것만 보여. 보이는 건 모두 세계 쪽이야. 욕구를 일으키는 건 모두 세계 쪽에 있어. 접할 수 있는 것은 모두 세계 쪽에 있어. 그러므로 보이고, 욕구의 대상이 되고, 접할 수 있어. 그리고 보이지 않는 것이야말로 늘 함께하는 것이지. 욕구의 대상이 되지 않는 것은 늘 함께 있는 거야.** 따라서 가지려 하지 않아.

너는 가지지 않은 것을 모두 가지고 있어.

너는 만나지 못한 사람과 늘 함께 있어.

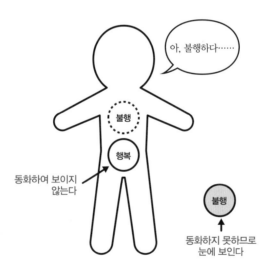

그러므로 늘 '부족'을 찾으려 하지 말라고 하는 거야. 다만 이미 다 가지고 있다며 충족을 믿는 거야.

미쓰로   보이지 않는 것을 믿어요?

신   그러니까 나 쪽에 있는 것은 증거를 나타내지 않아. **보이지 않고 접할 수 없는 것, 그런 것들을 '그냥 있다' 고 믿을 수밖에 없어.**

미쓰로   바로 그 지점이 아주 골치 아프다니까요. 보이는 건 거짓이다. 들리는 것은 거짓이다. 설명할 수 있는 것은 거짓이다. 느낄 수 있는 것은 거짓이다.
보이지 않고 들리지 않고 접할 수 없고 냄새도 없고 설명도 안 되고 상상할 수 없는 것이 '함께 존재하는 것'이라니.

신   이건 시스템이야. 어쩔 수 없어. 그냥 믿어. 여섯 가지 센서는 세계 쪽을 조사할 수 있어. 그리고 믿음이라는 7번째 센서는 나 쪽을 조사할 수 있어. **반응이 없는 것이 '있다는 증거'라는 센서.** 그러므로 반응 같은 건 기대하지 마. 그냥 믿어. 지금 가지고 있다고. 지금 만나고 있다고. **믿지 않는 자가 바라고, 믿는 자는 그 냥 감사할 따름이야.**

자신 속에 올바른 의견 따위
단 하나도 갖지 말 것!

미쓰로 '이미 이루어져 있다' '이미 가지고 있다' '이미 컨트롤되어 있다'고 믿고 착각을 계속하고 있노라면 '아직 이루어지지 않았어'라는 욕구를 놓아버릴 수 있겠죠. 욕구란 아직 이루어지지 않은 것을 말하니까.

신 그렇고 말고. 가지고 싶다를 놓아버리면 많이 가지고 있다는 감각이 일어나. **컨트롤하고 싶다는 생각을 놓아버리면 잘 컨트롤되고 있다는 것을 깨닫게 돼. 이루고 싶다는 바람을 버리면 이미 이루어져 있다는 것을 알아. 어떻게든 해보고 싶다는 생각을 버리면, 이미 다 되어 있는 세계가 보이기 시작하지.** 이것이 시스템이다.

미쓰로 우주시스템을 이해하면 간단하죠. 외부에 대한 컨트롤 욕구를 내던지면 그만이니까.

신 넌 이제 알았다고 생각하는 모양인데, 인간은 영원히 '알 수 없다'. 여기에는 두 가지 의미가 있지. 이해할 수 없다는 것과 One과 분리할 수 없다는 것. **인간은 영원히 알 수 없다. 그것이 우주가 던져 준 최고의 선물이야.** 모든 것을 깨달아버리면 거기서 끝이야. 자신 속에 '이것이 정답이다' '이것이야말로 올바르다'고 생각해버리면 더는 성장이 없지. **올바름이 인간의 가능성을 깨부수고 말아. 올바르다는 것은 그 외의 것을 모두 믿지 않겠다고 선언하는 것이므로.** 우주에게는 사형선고야. 성장이 사라져. 그러므로 올바르다는 의견 따위 하나도 가지지 말 것. 단 하나라도 가져선 안 돼. 내가 가르친 것도, 지금까지 가르친 모든 것도. 모든 올바름을 의심하라.

미쓰로 그렇네요……. 정답을 알고 있다는 태도나 오로지 하나의 올바른 것이 이 세계 어딘가에 있을 거라는 이 생각이 그 이외의 모든 가능성을 파괴해버린다는 거로군요.

신 그럼 그럼. **사실 너희 인간에게는 무한한 가능성이 있다는 거지.** 그런데도 예를 들어 '항공역학이 옳다'라고 믿어버리면 이미 거기서 끝나버려. 항공역학 이외의 방법으로 하늘로 떠오를 수도 있는데 올바름을 믿는 탓에 반전이 없어. 순간이동도 그래. 텔레파시도 사용할 수 있어. 올바른 것이라고 배워 간직한 머릿속의 물리학을 내던져버리는 순간에 말야.

미쓰로 뭐든 될 것 같은 기분이 드네요. 올바름을 버리는 것만으로.

신　뭐든 가능해. '올바름'을 믿지 않으면 말야. 에디슨은 '1+1=2'조차도 믿지 않았어. 그런데도 에디슨의 선생들은 '올바름'을 강요하려 했지. 에디슨은 카스테라 조각 두 개를 마련해서 그런 선생에게 말했어.

"선생님, 이거 보세요. 1과 1을 더하면 '커다란 1'이 되잖아요. 2가 아니라구요."

너희들, 뭐든 할 수 있어. 불가능 같은 건 없어. 올바름을 모두 넘어서버려. 불가능이란 올바름을 넘어서지 못하는 자가 만든 변명일 뿐이야. 단 하나의 올바름이라는 작은 부분을 버리고 눈앞 세계의 전체를 믿을 때, 부분 그대로이면서 전체인 기적을 체험할 것이야.

'아프리카로 돌아가자'라는 라스타 운동은 그 후 많은 모순에 부딪치게 된다. 라스타파리안들은 DNA 기원은 분명히 아프리카지만 지금 살고 있는 '자메이카'라는 토지에도 애착이 있었기 때문이다.

자이온은 돌아갈 성지다. 다만 억지로 끌려 온 이 자메이카도 버릴 수 없다. 신은 욕심쟁이다. 그 모든 것을 원하는 것이다. 그리고 신은 제멋대로다. 그 양쪽을 반드시 손에 넣으려 한다. 이렇게 하여 '나'와 '누군가'라는 각각의 One이 오늘도 세계의 모든 장소를 'I'로서 체험하고 있다. 그것은 마치 나의 강연회가 끝난 뒤 열린 사인회에서 어떤 초등학생이 말을 걸어온 것처럼.

미쓰로　어라? 초등학생이 정말 대단하네. 아저씨 이야기가 이해돼?

소년　잘은 모르겠지만 암튼 많이 웃었어요. 나도 언젠가는 아저씨처럼 무대에서 관객석을 내려다보고 싶어요.

미쓰로　네 꿈이 혹시 '아저씨'인지도 몰라.

소년　예? 내 꿈은 아저씨가 되는 게 아니에요.

미쓰로　아냐, 꿈을 꿀 때 네가 지금 이 '아저씨' 꿈을 꾸는지도 몰라. 잠이 들면 손을 탁 치고 교대하여 이쪽으로 오고, 일어나면 저쪽으로. 그러니까 아저씨가 꾸는 꿈이 지금의 너인지도 몰라. 아저씨는 말이야, 욕심 꾸러기거든. **무대 위에서 사람들 얼굴을 바라보고 싶으면서 동시에 객석에서 무대 위의 나를 보고 싶은 생각이 늘 들곤 해.** 그 양쪽의 꿈을 이루려면 어떡하며 되지?

소년　응, 그러니까 '나'하고 '아저씨'가 필요하겠네요.

　　　아, 알았다. **우리는 서로 번갈아 꿈을 꾸는 거네요.**

미쓰로　바로 그거야. 그리고 참 신기하게도 그게 동시에 '지금' 일어난다는 것이야. 손을 치지 않아도 네 꿈을 지금 아저씨가 꾸고 있어. 아저씨의 꿈을 네가 지금 꾸고 있고. 그리고 전 세계의 모든 장소에 우리 친구들이 있어. 같은 꿈을 지금 동시에 이루고 있는 친구들.

소년   친구였구나, 그래서 아저씨랑 오늘 처음 만나는 것 같지 않더라니까.

미쓰로   어딘가서 같이 있었을 거야. 전 세계의 인간이 똑같은 요소로 이루어져 있으니까. 우리는 I & I라는 One이야. 다른 이름을 쓰며 그냥 이 세계에서 놀고 있을 뿐이지. 이 아저씨의 I에는 미쓰로라는 이름이 붙었고. 너는?

소년   내 이름은 카데루. 초등학교 3학년입니다.

미쓰로   와아, 이름 좋네. '카데루'로구나.

소년   들어 본 적도 없죠?

미쓰로   글쎄. 찾아보기 힘든 이름이긴 해. 그렇지만…….
아저씨 친구 가운데 카데루라는 녀석이 있어. 오늘도 만나서 술 마시러 갈 거야. 삿포로 공연의 즐거움 가운데 하나지.

강연을 마치고 무대로, 미쓰로는 잊은 물건을 가지러 돌아갔다. 커다란 홀도 불이 꺼지자 그 크기조차 알아볼 수 없었다. 아까까지만 해도 수천 명이나 되는 다른 '나'들이 자리를 꽉 메우고 있었는데. 어두워지고 자리라는 분리 경계선이 사라지는 것만으로 거기에 '無'라는 하나의 정적이 나타나 있었다. 아무것도 없으면서 모든 것이 있는 그 어둠의 구석에서 음침한 웃음소리가 들려왔다.

"이히히히힛.
네놈도 마침내 모든 올바름을 넘어섰구만."

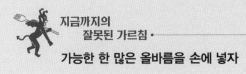

지금까지의
잘못된 가르침 •
가능한 한 많은 올바름을 손에 넣자

━◀ 악마의 속삭임 ▶━

모든 올바름을
의심한 자에게
불가능이란 없다

이 이야기도, 이 세계도, 그냥 당신의 착각입니다.

권말특별부록

각하   마지막으로 너희가 **무한한 가능성을 가질 수 있는 주문**을 가르쳐 줄게.

미쓰로   주문? 논리적으로 설명도 안 되는 그런 걸 내가 믿을 줄 알아요?

각하   주문이 효과를 보는 건 그 구조를 이해하지 못할 때뿐이야. 그러므로 오히려 믿지 않는 사람이나 어떻게 그리되는지를 모르는 사람에게 직빵이지. 이상한 주문일수록 머리가 딱딱한 과학자에게 가장 잘 들어. **웃음은 '나'가 웃는 이유를 설명할 수 없을 때, 웃음이 일어나. '나'가 왜 그렇게 되는지 그 구조를 이해할 수 없을 때, 주문은 효과를 발휘해.** 해볼래?

미쓰로   당연히 해야죠. 저는 지금 세상에서 가장 주문이 필요한 사람이라구요.

각하 그럼 가르쳐주지. 옛날부터 전해지는 주문이야. 다와
무·사메·에히코.

미쓰로 '사메(일본어로 '상어'와 발음이 같다 - 옮긴이)'라는 발음은
그 소리를 듣기만 해도 '자르고 가르는' 에너지라는
걸 알 수 있다고, 소리 연구가가 한 말이 기억나요.

각하 이 주문을 사용한 초하루 순례 의식을 알려주지.

미쓰로 으으으으웃. 지난번 책에 이어서 또 신사에서 치르는
'돈 좀 주세요' 계통으로.

각하 모든 것은 에너지의 교환이야. 가치를 얻기 위해서는
뭔가를 지불해야 해. **돈은 상대를 위해서가 아니라 자
기 스스로 그 응답을 확인하기 위해 지불하는 물질이
야.** 100만 원을 지불하는 건 100만 원의 가치를 스스
로 느끼기 때문이야. 천 엔짜리 가방이나 100만 원짜
리 가방이나 소재는 똑같아. 다른 건 오로지 거기에
대한 본인의 느낌뿐이야. 고작 3천 원 정도로 무한한
가능성을 손에 넣는 거야. 그만둘까?

미쓰로 당연히 해야지요.

각하 이건 **형태 없는 것으로 돌아가기 위한 의식**이야. 먼저
이 세계에 있는 모든 물질은 세 가지 요소로 이루어
졌다고 내가 말했었지. 형태는 모두 세 가지로 되어

있어. 그리고 형태란 처음에 있었던 '생각'이 물질화
된 것이야. 이 세계에 있는 어떤 물질에 의해 처음에
먼저 '생각'이 있고, 그것이 물질화된 것.

미쓰로 그야 그렇지요. 고층빌딩 건설 프로젝트라도 처음에
는 설계자의 아이디어가 있고 그것이 형태가 되어 세
계에 나타나는 것이니까요.

각하 그 생각이라는 에너지가 형태로 바뀌기 쉬운 장소가
이 가상현실 프로그램의 세계에 있어. 그 장소는 형
태가 되기 쉬운 스폿이야. 이를테면 일본에서는 신사
가 그래. 形(형)이라는 한자는 왼편에 '일주문(开)', 오
른쪽에 '3(彡)'이라 쓰잖아? 생각의 에너지였던 것이
일주문을 통해 나오면 세 개로 물질화된다는 뜻이야.
글자 그대로 **소원이 형태가 되는 것이지.** 일주문 안에
서는 아직 '생각'이었던 형태 없는 것이 일주문 바깥
의 프로그램 '세계'로 '세 개'가 되어 나오는 것이라
할 수 있지.

미쓰로 와, 엄청나네. 形이 '일주문에서 나오면 3(형태)이 된
다'는 뜻이었다니. 그럼 일주문 안에서 기도를 하면
바깥으로 나올 때는 형태가 되기 쉬운 거네요.

각하 그럼 그럼. 그러나 그대로 일주문 안에 들어간들 의
미가 없어. 왜냐하면 너희 인간은 머릿속에 올바름에

대한 생각이 너무 많아. 이미 올바르다고 믿는 형태가 있으면 새로운 형태가 될 수는 없지.

형태 없는 것만이 새로운 형태가 될 수 있다.

미쓰로　그럼 어떡하며 되요? 이렇게까지 말해놓고 결국은 '안 되는 거야, 메롱'이란 건가요? 성질 너무 더러운 거 아녜요?

각하　**악을 그냥 인정하는 거야.** 그렇게 함으로써 자신 속의 '올바른 형태'가 무너져. 미운 사람에게 다가가 봐. 용서할 수 없는 것을 용서해 봐. 죽도록 싫은 것을 받아들이는 거야. 네가 정한 '나쁜 것'을 일단 무너뜨리고 '좋은 것'으로 바꾸어가는 거지. 그러기 위해서 달의 에너지를 사용해 봐. 달은 음력 초하루에 초승달이라는 형태 없는 것으로 돌아가. 그래서 보름달에 다시 '형태'로 바뀌어.

미쓰로　과연. 음력 초하루에 그 달(지난번 초승달에서 보름달까지)에 일어난 나쁜 일을 모두 받아들이는 거네요? 그래서 올바른 형태를 무너뜨리고 새로운 형태를 가지게 된다는 거로군요. '올바름'을 무너뜨리면 무한한 가능성을 얻는다는 것.

각하　그럼 그럼. 그리고 물론 **새로운 형태를 손에 넣을 때 그걸 바라서는 안 돼.** 행복해지고 싶다는 것(부족)은 행복을 믿지 않는 자의 독백이야. 소원이란 믿지 않는 자의 태도를 나타내는 말이니까. 행복해지고 싶다고 입으로 말하는 놈은 행복하지 않다고 믿고 있을 뿐이야. 그러므로 **뭔가를 바라는 자는 믿지 않고 있어. 믿고 있는 자는 어떤 것도 바라지 않아.**

이 시스템을 깨닫기 위해서라도 소원의 처음에 '감사합니다'라는 말을 갖다 붙이는 버릇을 가지도록 해. 그러면 소원의 초점이 부족에서 충족으로 자동 전환될 거야.

미쓰로　지당하신 말씀. 감사하다고 해놓고 이어서 행복하게 해달라고는 하지 못하죠. '감사합니다'를 처음에 갖다 붙이면 저절로 충족으로 눈길이 간다는 것. 이를테면 '감사합니다, 나는 건강합니다'라고.

각하　그럼 그럼. **'감사합니다'도 주문이야.** 이런 주문을 사용해서 달이 안 보이는 초하루 날에 '초하루 순례' 의식을 해 봐. 악을 용서하여 올바른 형태를 무너뜨려. 무한한 가능성을 가진 형태 없는 것으로 돌아가. 일 주문 안에서 새로운 형태를 기도해 봐. 그런 다음 일 주문을 나서면 바로 형태로서 실현되는 거야.

미쓰로　와우! 무지 해보고 싶어졌어! 빨리 와라, 초승달이여, 빨리 와라!

초하루 순례

감수 | 악마 각하

> **효능** 당신에게 무한한 가능성을 준다
> **일시** 음력 초하루
> **장소** 일주문이 있는 집에서 가까운 신사나 절 등

《방법》

一. 일주문으로 들어갈 때 몸 주변에 붙어 있는 온갖 형태가 일주문에 의해 벗겨진다는 상상을 할 것.

一. 그 달에 일어난 나쁜 일을 떠올리고 그 모든 것을 그냥 받아들일 것. 진심으로 용서하고 받아들이지 않더라도 나쁜 것에 대해 '감사합니다'라고 말할 것.

一. 그러면 마음에 달라붙은 '올바름'이 무너지는 감각이 솟

구치는데, 그 에너지를 온몸에 퍼뜨려 '무'가 될 것.

一. 악을 용서하고 '형태 없는 것'이 되면 새로운 형태를 기도할 것.

一. 모든 것을 기도한 다음 '다와무·사메·에히코'라고 소리 내어 중얼거리고, 일주문을 빠져나올 때는 형태 없는 '무'의 에너지가 흘러나와 형태가 되어가는 상상을 할 것.

- 일주문 안에서는 형태 없는 것(에너지 그 자체)이 되는 상상을 하자.

- 손을 모은 다음 심호흡을 세 번하여 마음을 가라앉혀(형태 지우기) 보자.

- 기도할 때는 '되고 싶다'가 아니라 '되어 있다'라는 감각을 느껴보도록 하자.

- 기도는 늘 '감사합니다'라는 말로 시작하자.

- 다와무(유지), 사메(파괴), 에히코(창조)는 가지고 있던 것을 다 벗겨내고 파괴하여 새로운 창조로 나아가는 마법의 주문.

- 일주문을 빠져나올 때는 形(형)이란 한자를 강하게 의식하고, '무'의 에너지가 일주문을 통해 퍼져나가 바깥에서 형태를 이룬다고 믿도록 하자.

- 달은 물을 움직이는 천체이므로 집에 돌아간 다음에는 신선한 물(가능하다면 용천수)을 많이 마시자.

- 달이 가득 차 형태를 이루듯이 당신의 '생각'도 형태가 된다고 믿으면서 밤하늘의 달을 바라보자.

《졸업논문》

인간양복론

삿포로통합원대학 사회정보학부 나가다 세미나소속연구생

사토 미쓰로

나는 무엇인가? 이 근원적인 질문으로부터 모든 학문이 시작된다.

우리 연구실에서는 이 '인간의 의식'의 수수께끼를 풀기 위해 '인간양복'이라는 의식실험을 해보았다.

전 세계에서 일어나는 '나'의 눈앞에는 늘 '세계'가 비쳐난다. 양자는 떼래야 뗄 수 없는 짝으로, '나'만 일어날 수 없고 '세계'만 일어날 수도 없다. '확인되는 것 = 세계'와 '인식하는 자 = 나'는 늘 동시에 움직인다.

〈인간양복의 개요〉

이 '세계'와 '나'라는 두 가지의 관계성은 마치 가상현실 세계를 체험하는 게임기처럼 설정된다.

기동스위치를 누르면 동시에 일어나는 '나'와 '세계'. 잠에서 깨어난다는 것은 나와 세계가 기동한다는 의미이다.

지금 전 세계에 그런 인간양복이 놓여 있다고 가정한다. 체험자는 '체험하고 싶은' 인간양복 속에 들어가서 기동스위치를 누른다. 그러면 나라는 시점이 시작된다. 그와 동시에 이 가상현실 시뮬레이터는 세계를 비쳐낸다.

물론 비쳐나는 세계는 영상만이 아니다. 평면스크린이 아니라 입체적이어서, 냄새도, 소리도, 아픔도, 맛도, 만지는 느낌도 생생하게 체감할 수 있는 만능 시뮬레이터이다.

체험자는 그 모든 양복 가운데서 체험하고 싶은 인간양복을 입고 있기에 처음부터 세계에 비쳐 나온 것은 내가 바라는 그대로의 화면이다. 간단히 말하자면 나의 눈앞에서는 늘 모든 소원이 이루어지고 있는 셈이다.

부자가 되고 싶은 사람 앞에는 '돈을 갈구하는(돈이 없는)' 상태의 체험이 이루어지고 있다. 행복해지고 싶어 하는 사람의 앞에서는 '행복해지고 싶어 하는' 상태의 현실이 계속해서 일어난다.

이것은 양자역학의 기본방정식을 만든 물리학자 슈뢰딩거가 말한 '관측자'와 '관측대상'의 관계성과 흡사하다. 보이는 것(세계)은 모두 보는 자(나)의 생각대로(관측자의 기대대로)라는.

〈올바르게 바라는 법_(인간양복 조작법1)〉

부자가 되기를 바라면 부자가 되고 싶어 하는 상태가 이루어진다. 행복해지고 싶다고 바라면 행복해지고 싶어 하는 상태가 이루어진다.

바람이 100% 눈앞에서 곧장 '바라는 대로' 이루어지는 이 시스템에서는 행복해지고 싶다고 바라는 사람일수록 행복하지 않은 현실을 끌어당기는 결과를 낳는다.

그러므로 올바르게 바라는 방법은 '되고 싶다, 하고 싶다'가 아니라 '이미 되어 있다, 이미 하고 있다'고 생각하는 것이다. 행복해지고 싶다가 아니라 이미 행복하다고 바라는 것이다. '부자가 되고 싶다'가 아니라 '이미 부자다'라고 바라는 것이다.

애당초 양자역학에 따르면 이 '현실'이란 단순한 착각이라고 한다. 관측자가 그렇게 해석했기 때문에 그렇게 보이는 것이 현실이다. 그렇다면 우리가 할 수 있는 일은 '이미 되어 있다' '이미 충분하다' '이미 풍족하다' '이미 컨트롤되어 있다'라고 착각하는 것뿐이다.

〈놓아버린다(인간양복 조작법2)〉

참 이상한 일이지만 더 가지고 싶다는 기분을 놓아버리는 것만으로 더 가지고 있는 자신을 깨달을 수 있다. 그리고 실제로 더 많이 가지고 있는 현실이 만들어지기 시작한다.

컨트롤하고 싶다는 생각을 내던져버리고 이미 컨트롤되어 있다고 믿어 본다. 그러면 컨트롤된 세계를 실제로 체험하게 된다. 이것은 행복해지고 싶은 사람보다 이미 행복한 사람이 이미 행복하다는 너무도 당연한 논리적 귀결이다. 이 너무도 당연한 시스템을 이해한 자가 '행복해지고 싶다' '더 가지고 싶다'고 바라는 일은 없다.

이 현실세계는 나의 바람을 그냥 그대로 100% 이루어주기 때문이다. 이런 의식실험에 의해 고찰을 해나가는 사이에 우리가 지금까지 얼마나 잘못된 방식으로 기도했는가를 깨닫고 아연해지고 만다. 늘 눈앞의 세계를 바꾸라 배우고, 눈앞의 '현실'이 바뀌기를 소원해보았기 때문이다.

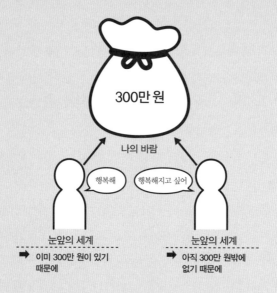

나의 바람

행복해 | 행복해지고 싶어

눈앞의 세계 | 눈앞의 세계

➡ 이미 300만 원이 있기 때문에 | ➡ 아직 300만 원밖에 없기 때문에

그러지 않고 바꾸고 싶은 마음을 버리고, 이 눈앞의 세계가 이미 최선이 상태라고 믿는 행위야말로 실제로 당신의 세계를 더 나은 방향으로 나아가게 하는 유일한 원동력이 된다. 내맡겨버리면 이 세계는 정말 멋지다.

〈서서히 착각하는 패턴(인간양복 조작법3)〉

그런데 부자가 되고 싶다고 바라서 실제로 부자가 된 사람이 있지 않으냐고 말할지도 모르겠다.

되고 싶다고 바라고 그대로 된 자는 왜 생겨나는가. 이 시스템은 예외는 없다. 소원이 100% 눈앞에서 이루어지고 있다. 그러므로 그 사람은 어떤 순간에 이미 되어 있다고 믿기 시작했을 따름이다. 이미 되어 있다고 착각했기에 비로소 눈앞에 이미 부자가 된 현실을 보게 되는 것이다. 그 사람의 시작 지점은 '되고 싶다'였을지도 모른다. 그리고 그 사람은 여러 가지로 노력했다. 그런 노력을 거칠 때마다 이미 되어 있다고 서서히 착각하기 시작했다. 처음은 이미 되어 있다는 착각이 제로였다. 1년 노력했을 즈음 조금 부자가 된 것 같다는 착각이 시작되었다. 5년 뒤에 나는 부자가 되어가고 있다고 믿기 시작했다. 7년 뒤, "7년이나 노력했으니까 나는 이미 부자가 된 것이 아닐까" 하고 말했다. 그리고 10년 노력했을 즈음, 이렇게나 일을 했는데, 하고 그 사람은 이미 나는 부자가 되었다고 그 착각을 완성했다. 그리고 나는 부자라는 그 사람의 착각대로 눈앞에는 실제로 부자라는 현실이 만들어졌다.

이 경우에서도 결국은 그냥 착각을 완성했을 따름이다. 그리고 이 논문이 전하고 싶은 것은 의식적인 착각행위에 의해 큰 단축이 일어났을 가능성이다.

'되고 싶다'에서 시작하여, '되고 있다'고 믿기 시작하고, '이미 되었다'라고 착각한 그 사람의 시간축을 크게 단축시켰던 '감사'라는 방법을 이 논문에서 권하고자 한다.

〈감사 방법(인간양복 조작법4)〉

행복해지고 싶다는 잘못된 바람을 이미 행복하다라는 올바른 바람으로, 부자가 되고 싶다는 잘못된 바람을 나는 이미 충분히 풍족하다라는 올바른 착각으로, 컨트롤하고 싶다는 잘못된 바람을 이미 컨트롤되어 있다라는 올바른 착각으로. **이러한 착각하는 속도를 올려주는 말이 '감사합니다'이다.**

신사 같은 데서 소원을 입으로 말하기 전에 첫머리에 '감사합니다'를 덧붙인다. 그것만으로 아래에 이어지는 말이 충족 방향으로 전환되는 것이다.

'감사합니다. 앞으로 좋은 일이 일어나게 해주세요'라고 우리는 말할 수 없다. '감사합니다. 행복해지고 싶어요'라고도 말할 수 없다. '행복해지고 싶다' '더 좋은 일이 일어나게 해주세요'라는 말은 모두 '감사합니다'라는 말 다음에 두기 힘들다. 상태가 아주 좋다는 착각을 하기 때문에 비로소 '감사합니다'라고 할 수 있기 때문이다.

요컨대 지금까지 우리의 바람이란 모두 불만이었던 것이다. 현실이 감사하지 않으니까 어떻게든 좀 해달라고 빌었던 것이다. 소원은 모두 부족에서 비롯하였다. 그리고 소원대로 부족이 이루어졌다.

그 부족감을 충족감으로 전환하는 방법으로서 소원의 첫머리에 '감사합니다'를 매번 되뇌는 버릇을 가지도록 하자.

신사에 갈 때마다. 또는 뭔가를 빌 때마다 '감사합니다'를 첫 머리에 넣는다. 그것만으로,

감사합니다, 이미 행복합니다.

감사합니다, 이미 충분히 가졌습니다.

감사합니다, 이렇게 잘 돌아가는 세상에 살고 있습니다.

하고 **모든 소원이 인간양복 시스템론에 따라 '올바른 기도방법' 으로 자동적으로 바뀌게 된다.** 소원을 빌기 전에 늘 감사하는 말을 덧붙인다. 이 간단한 방법을 잊어버리지 마시기를.

〈인간양복을 입을 때 주의사항〉

좀 더 나아가, 이 만능 시뮬레이터 '인간양복'을 체험하기 위해서는 몇 가지 주의사항이 필요할 것 같다.

1. 완전히 지난 기억을 지워버리고 '지금의 나만이 나이다'라 고 생각하는 상태를 만들 것

2. 체험을 즐기기 위해서는 이원二元이라는 단차가 차원의 분리가 **필요하다는 것**

3. 눈앞의 '세계'라는 이름의 이 이야기 내용이 체험자에게 감 추어져 있다는 것

이 외에도 여러 가지 룰이 있지만 크게 위의 세 가지만 간단

히 설명해보도록 하자.

1에 대하여

당연한 일이지만 게임의 만족도는 그 몰입도에 비례한다.

게임회사가 그 게임에 플레이어가 얼마나 깊이 빠져드는가에 신경을 쓰듯이, 이 체험형 시뮬레이터 '인간양복'도 몰입도의 창출이 지상과제이다.

완전한 몰입감의 창출이란 쉬운 말로 하면 '이것은 게임이다'라고 체험자가 느끼지 못하도록 하는 것이다.

체험자가 이건 그냥 게임이라고 느끼며 게임을 하면 게임을 즐기지 못한다. 그래서 체험자는 인간양복에 들어가기 이전의 기억을 잊고, 지금 입고 있는 인간양복 그것이야말로 나라고 생각할 필요가 있다. '나는 어제도 그제도 계속 아마다였다' '나는 인간양복 같은 건 입지 않았다'라고, 철저하게 '나'여야한다. 체험형 시뮬레이터 인간양복에서 이 몰입감의 창출에 완전히 성공한 것 같다. 이 논문을 읽는 당신은 '나는 ○○(당신의이름을 넣는다)'라고 지금 완전히 생각하고 있다는 것을 보면.

2에 대하여

게임이나 영화 속에 '단차'를 마련해 두지 않으면 체험자는 제대로 즐기지 못한다.

매일 아침부터 푸아그라, 스테이크, 캐비어를 먹어 대게 하면 체험자는 즐기기는커녕 오히려 고통을 느끼게 될 것이다. 배가 고프면 먹는 즐거움이 솟구친다. 질박한 식사가 있으므로 해서 화려한 식사라는 개념이 생긴다. 이 인간양복에서도 행복한 일만 일어나면 체험자는 그것을 행복이라 인식하지 못한다.

그래서 체험자의 만족도 향상을 위한 기능으로서 '단차'라는 이원성이 시뮬레이터 안의 세계에 마련되어 있다. '괴롭다'는 느낌은 '기분 좋다'라는 감각을 만들어내기 위해서 마련되어 있고, '나쁜 일이 있기 때문에 좋은 일이 있다'라는 인식이 일어난다.

그렇다. 노력해도 일어나는 슬픈 일은 체험자 '나'가 언젠가 웃을 수 있도록 하기 위한 것이다.

3에 대하여

어떤 영화라도 커다란 줄거리가 미리 설정되어 있듯, 이 체험형 시뮬레이터의 줄거리도 미리 마련되어 있는 듯하다. 언제 어디서 누구에게 무엇이 일어날지, 모든 것이 결정되어 있다.

다만 다음 장면에서 함정이 설치되어 있다고 체험자가 줄거리 설정을 파악하고 있으면 이야기를 즐길 수 없다. 함정은 갑자기 빠지니까 재미있다. 미리 그 존재가 알려진다면 그 함정은 아무런 의미도 없다.

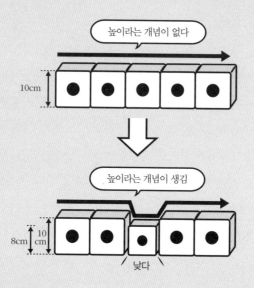

이 인간양복에서도 마찬가지로 체험자는 줄거리를 모르기 때문에 갑자기 어느 날 갑자기 불행이 일어나는 듯이 느끼지만, 미리 정해진 줄거리의 일부이다. 그것들은 당연히 체험자를 즐기게 하려고 마련된 줄거리이므로 앞으로 이어지는 이야기를 즐겁게 기다리는 것이 포인트이다.

〈인간양복의 달인(진짜 조작법)〉

지금까지 나와 세계가 동시에 기동하는 인간양복을 제대로 조작하는 방법을 설명해 왔는데, 사실은 그 모든 것이 아무래도 좋은 것이다. 왜냐하면 제대로 조작할 필요가 없기 때문이다. 이 인간양복의 주된 취지는 체험하는 것이다. 체험이란 모든 현상을 꿰뚫고 나아가는 것이다. 슬픈 일, 기쁜 일, 괴로운 일, 즐거운 일, 몸부림, 그 외 무수한 현상을 주인공이 뚫고 나갈 때 비로소 체험이라 할 수 있다.

인간은 즐거운 일만 일어나면 된다고 생각한다. 그렇지만 슬픔을 제대로 즐기는 방법은 슬퍼하는 것이다. 어렵사리 찾아온 슬픔을 억지로 웃거나 긍정적으로 넘어서려고 할 필요는 없다. 이것은 게임 즐기는 방법을 잘못 안 결과이다. 상황에 따라 올바르게 즐기는 방법은 슬퍼하는 것이다.

초조함을 올바르게 즐기는 방법은 초조해하는 것이다. 불안을 올바르게 즐기는 방법은 불안해하는 것이다. 뻗대야 할 때는 뻗대는 것이 올바르게 즐기는 방법이다. 그리고 즐거움을 올바르게 즐기는 방법은 즐기는 것이다. 요컨대 이미 지구상의 모든 인간이 이미 잘 되어 있는 상태라는 것이다.

오늘도 전 세계의 모든 인간이 슬퍼하고 괴로워하고 몸부림치고 있다. 지금까지 인류가 어떤 책을 통해서도 인생을 제대로 조작하는 방법, 인생을 완벽하게 넘어서는 방법을 얻지 못한 것은 이 게임의 설계자가 준 가장 큰 선물이었는지도 모른다.

이 게임은 제대로 잘 살아가서는 안 되는 것이다. 그러니 마음 놓으시길. 당신은 늘 제대로 되어 있었던 것이다. 당신은 늘 이 인생을 제대로 조작하는 달인이었다. 당신은 제대로 조정하고 싶어 하면서 제대로 하지 못하고 있는 자다. 완전한 인생의 달인이다. 그것을 몇 번이고 되뇌기를 바란다.

슬픈 일이 당신에게 일어날 때마다 슬퍼하는 자신을 칭찬하라. 괴로운 일이 당신에게 일어날 때마다 괴로워하는 자신을 칭찬하라. 고뇌가 일어날 때마다 고뇌하는 자신을 칭찬하라.

그러한 일들을 겪고 또 겪다가 즐거운 일이 일어났을 때 그것을 즐기는 당신으로 이어질 것이다.

〈논문의 정리〉

이상으로 '나'의 소원을 언제나 100% 이루어주는 만능 시뮬레이터 '세계'가 어떤 사람의 눈앞에서도 이루어지고 있다는 사실을 논하였다.

그 나와 세계의 관계성을 쉬운 말로 정리하기 위해 인간양복이라는 SF같은 의식실험을 해보았는데, 이 논문이 그리 현실에서 벗어난 것 같지는 않다. 아마도 오늘도 전 세계의 나 앞에 대칭성의 거울 세계가 비쳐나고 있을 것이다. 이 논문을 쓴 세 명의 연구생의 바람은 그 모든 거울에 비쳐나는 '나'가 웃는 얼굴이었으면 하는 것이다.

처음에 이 책의 테마를 '악'으로 정했다.

악이란 무엇인가? 그 근본 원인을 파헤쳐서 죄의식으로 고통받는 사람을 구원할 수 있었으면 했다. '당신은 하나도 잘못이 없다'라는 콘셉트를 정하고 글을 쓰기 시작한 것이 5월이었다.

그런데 왠지 펜이 앞으로 나아가지 않는다. 나아갔다가는 되돌아온다. 쓰고 또 고치고. 갔다고 다시 돌아오고. 지금까지 출판한 8권의 책은 길어도 두세 달에 완성했다. 그런데 6월이 되어도 7월이 되어도 우왕좌왕이었다.

'왜 이렇게 앞으로 나아가지 못할까?'

그 원인을 깨달은 것은 얼마 되지 않았다. 애당초 없는 것을 주제로 삼았으니 글이 될 리가 없다. 악 따위 어디에도 없다. 왜냐하면 나야말로 악과 선의 결정권자이니까.

정답을 결정하는 자가 세계에서 정답을 갈구하면 영원한 미궁으로 빠져든다.

그런 '없는 것'을 주제로 두고 있는 힘을 다해 버둥대고 있던 사토 미쓰로 씨를 비웃기에는 아직 좀 이르다.

이거야말로 몇 천 년 동안 인류가 반복해 온 '나날들' 그 자체이기 때문에. 바깥에서 정답을 구하고 있다. 없는 것을 찾아 헤맨다. 이를테면 아침에 '나'가 일어난다. 이 '나'는 있는 것일까?

'나'가 일어나면 눈앞에는 반드시 '세계'가 일어난다. 이 '세계'는 있는 것일까?

세계도 나도 없는 것이다. 이것은 뇌과학도 양자역학도 최신 영화도 과거의 성전도, 한결같이 똑같은 결론을 내리는 엄연한 사실이다.

이 책에서는 그것을 '올바름을 의심하라!'라는 주제 아래서 누구나 알 수 있게 쉽게 읽을 수 있도록 이야기를 꾸며 나갔다. 원고를 쓰려고 버둥대던 그때는 머릿속에서 어떻게든 '악마'라는 존재를 이야기해보려고 애를 썼지만 불가능했다.

도중에 여러분도 잘 아시는 '신'을 끌어내어 그 어미만을 살짝 바꾸며 써나가자 술술 풀리기 시작했으니, 역시 그 자식은 분명 있는 것 같다. 모든 것은 '신' 'One' '일자' '특이점', 표현이야 뭐든 좋은데, 그것의 다른 나타남이므로. 전체가 모든 부분을 지금도 동시에 연기하고 있는 것이다.

　당신은 나로, 나는 모든 것으로. 이렇게 골치 아픈 세계이니
아직 살아가며 탐색할 기분이 일어난다.
　알기 위해서. 그런데 그 꿈은 영원히 이루어질 수 없다고 이
책의 악마는 말한다. '앎' 같은 건 없다고. 인간이란 아무것도
모르고 아무것도 알 수 없는 존재라고.
　그것은 해답과 의문조차도 사실은 그 둘이 뒤로는 손을 잡고
있다는 것을 말해준다. 알 수가 없으므로.
　그러나 해답과 의문을 동시에 가지면 어느 쪽도 무너지고 만
다. 해답이 있는 곳에 의문은 일어나지 않는다. 해답이 의문을
지워버린다.
　그러므로 분리라는 착각을 마련해 둘 수밖에 없지 않은가.
알 수 없는 것을 알기 위해서는 어쩔 수 없이 환상을 볼 수밖에
없다. 해답과 의문이라는 두 개념으로 노는 게임인지도 모른다.
　이 책의 '올바름'이란 그야말로 이 '해답'의 부분에 있다. 사
실은 애당초 존재하지 않았다. 사실은 존재하지 않지만 마치
존재하는 것처럼 마음속에 올바름을 마련해두지 않으면 이 세
계를 즐길 수 없다. 이 책의 악마는 그것을 묻고 말한다.
　당신이 품고 있는 올바름은 절대적인 것인가? 선악의 룰만이
아니라 1+1=2라는 올바름조차 과연 사실일까? 당신이 기억하

는 추억만이 올바른 것인가?

물론 올바름을 가진다는 것은 딱히 나쁜 일도 아니다. 다만 올바름은 다른 올바름과 반드시 부딪친다. 나아가 올바르다는 것은 오로지 하나만을 믿는다는 선언이기에 다른 무한한 선택지를 억누르게 된다. 이 길만이 올바르다고 생각하는 사람은 타자가 무슨 말을 하든 그 길로만 걸어간다.

그런데 올바름을 의심하면, 생각지도 못했던 선택이 더 나을 수도 있다는 경험을 누구든 해보았을 것이다. '나'만 올바르다고 생각했다. 그러나 아니다. **그 올바름을 그냥 의심해보는 것만으로도** 얼마나 '나'가 보잘것없는지를 알 수 있다. 작은 세계 속에 갇혀 스스로 자물쇠를 걸어두고 있었다는 사실을 깨닫게 된다.

이 책의 악마가 주인공을 협박하는 말버릇 '없애버릴 거야!'는 올바름을 없애버린다는 뜻이다. 그리고 협박받은 기분이 드는 것은 자아에게 올바름만은 절대로 지우고 싶지 않은 보물이기 때문이다. 자아는 안정을 갈구한다. 이미 가지고 있는 올바름 이외는 절대로 받아들이지 않는다. 이 자아의 성질을 꿰뚫어 보는 악마는 당신을 닦달한다. '없애버릴 거야!' 하고.

이 글을 쓰는 지금도 나에게는 아직 '카데루'라는 이름의 친구에 대한 기억은 없다. 그렇지만 그것만이 올바른 기억이라도 할 수 있을까? 이 책 속에 그린 대로 인생에서 한 번 정도 기억이 날아가버린 날이 있다. 아침에 눈을 떠보니 샤워가 쏟아지고 있던 그날. 가스 미터기는 자동으로 멈추고 '물' 세상이 되어 있었다. 친구에게 물어보니 어젯밤에 노래방에서 지랄발광을 했다고 하는데 '나'에게는 아무 기억이 없다. 그리고 친구의 이야기를 듣는 거기에는 어김없이 '나'가 생겨나 있었다. '나'가 없는 장소의 '세계'를 어떻게 '나'가 확인할 수 있을까? 이런 터무니없는 이야기를 현대물리학은 진지하게 논의하고 있다.

'관측자가 관측할 때 거기에는 아무것도 없다'라고.

당신이 눈앞이 세계의 모든 것을 만들어낸 것이라고.

거친 문장이지만 이런 내용이 당신에게 전해졌다면 저자로서 더없는 만족이다.

글자 수의 '올바름'을 모르다 보니 길어지고 말았는데, '나'의 존재확인조차도 원리적으로는 불가능한 이 세계에서, 마음에 올바르다고 믿는 금과옥조를 세워두고 그 외의 모든 가능성을 버린다. 그런 인생을 보내는 당신을 보고 싶지 않다. 당신의 올바름이란 무엇인가?

1+1=2조차 올바르다고 믿지 않았던 에디슨처럼 의심해보시기 바란다. 그리고 가능성을 믿어주길.

모든 올바름을 넘어선 장소에서 모든 '나'라는 친구들이 기다리고 있다.

마지막으로. 이 책만큼 많은 사람들이 기도해준 책도 없다. 많은 친구들이 전 세계의 여러 곳에서 이 책의 출간을 기도해주었다. 제발 그 많은 기도에 대한 보답이 이 책으로 실현되었기를. 그 사람들의 기도가 형태가 된 이 책이 그 사람들 자신의 손으로 돌아가 그 사람들의 생활을 윤택하게 해주기를.

문득 달력을 보니 우연인가 필연인가, 오래 나와 함께했던 이 원고가 마침내 내 손을 떠나는 오늘이 2017년 8월 14일.

모든 올바름을 넘어서 간 아버지의 기일이다.

우연이건 필연이건. 어느 쪽의 올바름도 믿고 싶지 않은 사토 미쓰로가.

나하의 고향 집, 세계 최고 히어로의 흑백사진 앞에서

사토 미쓰로

악마 친구를 늘려라!

a way to blow away your anger

이 책을 끝까지 읽은 당신께.

지금 당신의 내면에 자리 잡고 있던 올바름이 흔들리기 시작했다.

그런데 내일 회사에 가면? 친구와 이야기를 나누면? 가족과 대화를 나누면? 아마도 당신은 다시 올바름을 완고하게 믿기 시작할 것이다. 인간은 집단으로 살아가는 생명체이므로 혼자만 일탈하는 것을 두려워하기 때문이다. 당신은 또다시 선한 세력에게 포획되어 무한한 가능성을 잃어버리고 만다.

거기서 당신의 힘으로 주위에 악마 친구를 늘려라!

올바름을 의심하는 친구. 주위 사람들이 올바름을 의심하기 시작했을 때, 당신 개인의 현실도 변하는 것이다.

이를테면 결혼제도 아래서는 불륜이라 불렸지만, 그 올바름을 의심하는 자들 사이에서는 '폴리아모리polyamory'라 불리는 개념이 등장하고 있다.

또한 돈의 올바름을 의심한 자들이 지역통화를 사용하여 화폐제도를 넘어선 생활을 시골에서 살기 시작했다.

당신 혼자만으로는 올바름을 넘어설 수 없다. 당신 주위에 '우리가 생각하는 올바름이 좀 이상하지 않아?' 하고 말을 걸어 악마 친구를 늘리는 것이다.

주위 사람에게 그냥 책을 권하는 것만으로도 좋지만, 가능하다면 토론할 기회를 가져보기 바란다. 그리고 만일 책을 주위에 선물할 용기가 있다면, 친한 사람만이 아니라 미운 사람, 바람직하지 않은 사람, 질투 나는 사람에게도 권해보자.

그들은 당신의 마음속 올바름의 마지막 보루다. 미운 사람(악인)을 받아들일 때, 처음으로 기적이 일어날 것이다. 그때는 악마의 가르침 4장, 9장, 13장을 참고하도록. 혼자 건너면 빨간 신호, 함께 건너면 파란 신호.

마지막으로, 경애하는 당신에게.

선한 세력은 지금까지 충분히 힘을 과시해왔다.

지금 세계에 필요한 것은 이미 악(올바름을 의심하는 용기)뿐이다. 제발 당신의 힘을 빌려 달라. 당신을 중심으로 하여 악의 군단이 마침내 반격에 나설 때가 온 것이다.

선한 세력과는 달리, 짐은 마지막까지 당신을 지킬 것이다. 용기를 가지고 올바름을 의심하기 시작한 무엇과도 바꿀 수 없는 악의 하수인이므로.

사회의 올바름에 맞서기 시작한 작은 전사 당신에게, 감사와 함께 암흑 에너지를 보내노니.

악마가

·—POINT—·

영어로 일탈을 Deviation이라 한다. Devil의 어원이다. 차원을 일탈하는 것을 '데빌'이라고 한다. 많은 친구와 그 올바름을 '데빌하는' 것이다.

뉴턴프레스 편(2013), 《시간이란 무엇인가 – 심리적인 시간에서 상대성이
론까지》(뉴턴 Newton 별책), 뉴턴프레스

야마다 토모키(2016), 〈변이식〉, 《일본정맥경장영양학회잡지31(3)》,
p.811~816, 일반사단법인 일본정맥경장영양학회